权威·前沿·原创

皮书系列为
“十二五”“十三五”国家重点图书出版规划项目

洛阳蓝皮书

BLUE BOOK OF LUOYANG

洛阳文化发展报告（2019）

ANNUAL REPORT ON DEVELOPMENT OF LUOYANG'S CULTURE (2019)

主　编／刘福兴　陈启明

社会科学文献出版社
SOCIAL SCIENCES ACADEMIC PRESS (CHINA)

图书在版编目(CIP)数据

洛阳文化发展报告.2019 / 刘福兴，陈启明主编
.--北京：社会科学文献出版社，2019.12
（洛阳蓝皮书）
ISBN 978-7-5201-5496-3

Ⅰ.①洛… Ⅱ.①刘… ②陈… Ⅲ.①地方文化-文化发展-研究报告-洛阳-2019 Ⅳ.①G127.613

中国版本图书馆 CIP 数据核字（2019）第192191号

洛阳蓝皮书
洛阳文化发展报告（2019）

主　　编 / 刘福兴　陈启明

出 版 人 / 谢寿光
责任编辑 / 仇　扬　张苏琴

出　　版 / 社会科学文献出版社·当代世界出版分社（010）59367004
地址：北京市北三环中路甲29号院华龙大厦　邮编：100029
网址：www.ssap.com.cn
发　　行 / 市场营销中心（010）59367081　59367083
印　　装 / 三河市东方印刷有限公司

规　　格 / 开 本：787mm×1092mm　1/16
印 张：22　字 数：329千字
版　　次 / 2019年12月第1版　2019年12月第1次印刷
书　　号 / ISBN 978-7-5201-5496-3
定　　价 / 168.00元

《洛阳文化发展报告（2019）》
编　委　会

主要编撰者简介

刘福兴 洛阳市委党校副校长、教授，中国写作学会会员，洛阳市优秀教师、优秀专家，洛阳市河洛文化研究会副会长，洛阳市文化产业研究院副院长，洛阳市公共文化服务体系建设专家委员会委员，洛阳市非物质文化遗产保护工作专家委员会委员。主要研究方向为文化建设、河洛文化。参与编著《河洛文化系列丛书（12卷）》《洛阳文化发展报告》《洛阳知识读本》《河洛文化论衡》等10余部；发表文章《洛阳牡丹为何甲天下》《弘扬河洛文化，重塑洛阳辉煌》等20余篇；主持参与“中原地方文化研究”“洛阳市村级文化建设问题研究”“洛阳市基层公共文化服务创新研究”等省市社科课题10余项；获省市社会科学优秀成果一等奖3项。

陈启明 洛阳市委党校市情研究部主任、副教授，洛阳经济社会研究中心研究员，洛阳市公共文化服务体系建设专家委员会委员，洛阳市非物质文化遗产保护工作专家委员会委员，洛阳市优秀专家、优秀教师。长期从事洛阳文化、区域经济发展的基础理论和应用对策研究。独著、主编和参编10余部学术著作，主要有《河洛文化系列丛书》《洛阳知识读本》《社会信用的结构与整合》《马克思主义中国化简明读本》《洛阳文化发展报告》等，发表学术论文30余篇，主持参与河南省社科规划课题、河南省政府决策课题、洛阳市社科规划课题50余项。参与完成洛阳市创建国家公共文化服务体系示范区制度设计研究课题，并通过文化部验收。获市级以上社科优秀成果一等奖10余项。

摘　要

《洛阳文化发展报告（2019）》由洛阳市委党校和洛阳市社会科学界联合会组织编写，全书由主报告、专题篇、区域篇、案例篇和大事记五部分组成，汇集了洛阳市委党校、洛阳市高等院校和政府部门专家学者的研究成果，较为全面地总结了2018年洛阳文化发展的基本情况、发展思路和主要成果，分析了洛阳文化发展存在的问题及对策建议，为洛阳国际文化旅游名城建设提供了理论依据，是洛阳文化领域重要的科研成果。

报告指出，2018年，洛阳市继续紧紧围绕国际文化旅游名城奋斗目标和全市“9+2”工作布局，持续推进文化传承创新体系和现代公共服务体系建设，加强公共文化服务体系建设，“书香洛阳”建设取得实效，公共图书馆、城市书房、农家书屋、城市游园服务效能持续提升。文化旅游业加速融合，第36届中国洛阳牡丹文化节、首届世界古都论坛、2018河洛文化旅游节成功举办。文物事业健康发展，隋唐洛阳城国家历史文化公园、二里头遗址博物馆加快建设，文物保护与利用各项工作进展顺利。在公共文化服务设施和效能提升、大遗址保护展示工程、“博物馆之都”建设、文化旅游转型升级、城市文明程度提升等方面都取得了较好的成绩。

展望2019年，洛阳市将以习近平新时代中国特色社会主义思想为指导，坚持以人民为中心，着力提供优秀的文化产品和服务，全面深化文化传承创新体系，深入挖掘历史文化资源，积极推进文化旅游“三个转变”，延续城市文脉，彰显古都特色，推动洛阳文化高质量发展。

目　录

Ⅰ　主报告

Ⅱ　专题篇

Ⅲ 区域篇

Ⅳ 案例篇

V 大事记

皮书数据库阅读**使用指南**

主 报 告

Main Report

B.1
2018～2019年洛阳文化发展分析与展望

陈启明 秦 华*

摘 要： 2018年，洛阳市继续紧紧围绕国际文化旅游名城奋斗目标和全市“9+2”工作布局，持续推进文化传承创新体系和现代公共服务体系建设，加强公共文化服务体系建设，“书香洛阳”建设取得实效，公共图书馆、城市书房、农家书屋、城市游园服务效能持续提升。文化旅游业加速融合，第36届中国洛阳牡丹文化节、首届世界古都论坛、2018河洛文化旅游节成功举办。文物事业健康发展，隋唐洛阳城国家历史文化公园、二里头遗址博物馆加快建设，各项工作进展顺利。展望2019年，洛阳将全面深化文化传承创新体系，深入挖掘历史文化资源，加强文化遗产保护利用，积极推进文化旅游

* 陈启明，洛阳市委党校市情研究部主任、副教授，研究方向为区域经济发展和文化建设；秦华，洛阳市委党校市情研究部讲师，研究方向为文化产业。

“三个转变”，延续城市文脉，彰显古都特色。

关键词： 洛阳 文化旅游 公共文化 文物保护

2018年，洛阳市以习近平新时代中国特色社会主义思想为指导，紧紧围绕国际文化旅游名城建设目标，继续以构建文化传承创新体系和现代公共服务体系重大专项为抓手，坚持文化高质量发展，在公共文化服务设施和效能提升、大遗址保护展示工程、“博物馆之都”建设、文化旅游转型升级、城市文明程度提升等方面都取得了较好的发展。

一 2018年洛阳文化发展总体态势

（一）加强思想道德建设

1. 深入学习贯彻习近平新时代中国特色社会主义思想

坚持举旗定向和政治引领，把学习贯彻习近平新时代中国特色社会主义思想作为首要政治任务，推动党的创新理论往深里走、往实里走、往心里走。把坚决维护习近平总书记的核心地位，维护党中央权威和集中统一领导作为最重要的政治责任和政治纪律，坚持不懈地用习近平新时代中国特色社会主义思想武装党员、教育群众，广大宣传干部“四个意识”“四个自信”进一步增强。

2. 严格落实意识形态工作责任制

坚持立根固本、铸魂塑人、鼓劲添彩、强筋壮骨、亮剑除弊，牢牢把握意识形态工作领导权。认真整改落实中央、省委意识形态工作责任制巡视检查反馈意见，把意识形态工作责任制纳入各级党委（党组）理论学习中心组学习，举办意识形态工作责任制专题培训班，成立督查组，开展意识形态工作责任制专项督查，层层压实了主体责任。印发《洛阳市意识形态工作协调联动会议制度》等制度性文件，进一步完善意识形态阵地管理机制。

3. 聚焦中心大事提升主流舆论引导力

坚持正确舆论导向，不断加强正面宣传，强化舆论引导。聚焦中心工作，在市属媒体开设“在习近平新时代中国特色社会主义思想指引下——新时代　新气象　新作为”等重点专栏，持续宣传洛阳市着力发挥优势打好“四张牌”、深入推进“9＋2”工作布局、加快建设副中心、打造全省增长极的生动实践。举办25场《百姓问政》、230多期《行风热线》，解决了一批群众关心的热点问题。

4. 加快推进媒体深度融合发展

出台《洛阳市推进媒体深度融合发展实施方案》，打造“牡丹融媒”等市级融媒体平台，指导支持县级融媒中心建设工作。洛阳报业集团积极建设洛报融媒体中心，努力打造形态多样、手段先进、具有竞争力的新型主流传媒集团。洛阳网开通了全新频道《洛阳政务信息摘要》，“让信息跑起来、让百姓少跑腿”，功能更优，影响力更强，共有122家单位进驻百姓呼声网上问政平台，每天发帖量近300条，开设了百姓呼声“洛阳舆情”微信公众号，搭建党和政府与群众互动沟通的桥梁，为洛阳重要决策的部署贯彻落实和经济社会发展营造良好网上舆论氛围。《洛阳晚报》致力于讲好洛阳故事、传播好洛阳声音，创新策划系列新媒体报道，在全市乃至全国引起很大反响，提升了主流意识形态的传播力、影响力。

5. 社会主义核心价值观引领力不断增强

大力开展文明城市创建，市民道德素质和城市文明程度不断提升。一是强化教育引导。加大公益广告宣传力度，深入开展弘扬好家风好家训主题活动，在全省率先建成市级家风家训馆，改造提升“河南第一个党组织——‘中共洛阳组’诞生地纪念馆”。二是深化文明创建。突出抓实事、提品质、惠民生，将文明城市创建与百城建设提质深度融合，“五项治理”初见成效，交通秩序上打出七策治堵“组合拳”；新时代文明实践中心和志愿服务中心建设全面推进，孟津、新安获全国文明城市提名城市。三是注重实践养成。建设“善行义举榜”1900多个，宣传老百姓身边的典型人物4100余人，全市志愿者注册人数达到109万。

（二）文化事业和文化产业稳步发展

1. 加快公共文化服务效能提升

积极推进市中心图书馆、市文化馆、市少儿馆和市直文艺院团排演中心项目建设。县级图书馆均达到国家三级馆以上标准。全市共建设完成乡镇（办事处）综合文化服务中心 187 个、行政村（社区）综合文化服务中心 3053 个。全力推进“书香洛阳”建设，建成投用“河洛书苑”城市书房 107 座，建设监控平台和全民阅读服务平台，组织开展了“经典诵读大赛”“书香伴成长”少儿阅读年系列活动、“河洛诗词大会”等品牌阅读推广活动，将每月 23 日定为“书香洛阳”主题读书日活动，文化部门与市电视台联合打造“书香洛阳·兰台读书会”，在新闻媒体开设“河洛书香”“书榜点击”“认真读书”“经典诵读”等专题专栏，让阅读融入生活，让城市散发书香。老城区、洛龙区、伊川县成功创建河南省文化先进县（区）。

2. 扎实开展各项文化惠民活动

成功举办 2018 洛阳新年音乐会和 2018 洛阳市新春戏曲晚会，新编历史剧《北魏孝文帝》参加“出彩河南·庆祝改革开放四十周年——中国豫剧优秀剧目北京展演月”活动，并在清华大学演出。积极开展对外文化交流，组织舞剧《关公》赴新加坡演出，组成文化交流团赴韩国扶余郡参加第 64 届百济文化节。洛阳市获 2019 年“东亚文化之都”创建扶持城市称号。成功举办“春满河洛·欢乐过年”、第 36 届中国洛阳牡丹文化节、河洛文化旅游节、庆祝改革开放四十周年相关文化活动。组织新时代红色文艺轻骑兵每周五、周六晚在市区 8 个广场绿地演出，2018 年 8 月以来演出 200 余场，受益群众 15 万余人次。“百姓文化洛阳云”各级各类活动场馆全覆盖，上线注册人数达到 10 万人。市直文艺院团完成公益演出 530 余场，放映公益电影 3.8 万余场，丰富了基层群众文化生活。

3. 加强非物质文化遗产传承保护

推进传统工艺振兴，完成 3 个国家级非遗项目、28 个省级传统工艺类项目、109 个传统技艺类项目和 76 个传承人的档案整理。承办“河南省非物质文化遗产生产性保护示范基地座谈会”。“洛阳唐艺金银器博物馆”等8家展示馆和传习所入选“河南省非物质文化遗产示范展示馆和示范传习所”，总数位列全省第2名。举办“红红火火过大年”“第十届河洛大鼓曲艺节”等多种形式的非遗展演展示活动。启动“2018～2019年洛阳市河洛大鼓进校园”项目，弘扬传统文化。

4. 加快文化产业发展

出台《洛阳市文化产业转型行动计划（2018～2020年）》，从建园区、扩规模，强龙头、添总量，增投资、扩消费，促融合、推双创，塑品牌、拓市场五个方面推动文化产业发展。扎实推进国家文化消费试点城市工作，举办洛阳市文化惠民消费月、第二届河洛文化大集、文化旅游惠民消费月、冬季文化旅游惠民消费季活动，初步形成以节会促消费的“洛阳经验”，《中国文化报》整版刊登洛阳市做法。成功举办首届中原文化旅游产业博览会，来自国内外的1500多家文化旅游企业参展。4个产业项目获得2018年省级高成长服务业专项引导资金570万元，3家企业成为省级文化产业示范基地，推荐13个产业项目、2个特色乡村争取2019年度省级高成长服务业专项引导资金。

5. 大力发展文化扶贫工作

聚焦全市重点任务，加强党的扶贫政策宣传，加大文化惠民演出力度，扶出“脱贫志”，提振“精气神”。文化部门积极开展“三区人才”专项工作，组织培训400余次，受训人员2万余人次。举办“‘河洛飞花’2018年河洛大鼓新创作节目文化扶贫专题巡演活动”，在基层贫困点演出《精准扶贫奔小康》《十九大铺好小康路》等8个河洛大鼓新创作节目。市文联组织知名书画艺术家到市武警支队、市消防支队慰问广大官兵，组织书画志愿者到洛阳第一职业高中、栾川实验高中等学校辅导学生，组织市书法家协会、美术家协会、音乐家协会、舞蹈家协会、戏剧家协会、影视家协会、民间文艺家协会七个协会的众多文艺志愿者参与乡村学校少年宫艺术教师培训活动，组织文艺志愿者开展文化下乡和书画捐赠活动。

（三）文化旅游成效显著

1. 统筹谋划文化旅游产业转型发展

为统筹做好全市旅游产业转型发展工作，2018 年洛阳市印发了《关于加快旅游产业转型升级建设国际文化旅游名城的实施意见》，明确了2018 年到2020 年全市旅游产业转型升级的指导思想、发展目标、发展思路、发展战略、具体任务和保障措施。5 月 11 日，组织召开了全市旅游产业转型发展大会，对全市旅游产业转型发展任务进行动员和部署，对以后洛阳市旅游业转型发展的方向和重点提出了明确要求，进一步凝聚全市发展合力，加快推进旅游产业转型发展，真正把旅游产业培育成洛阳市战略性支柱产业。

2. 编制全市旅游产业发展规划

2018 年洛阳市出台了《洛阳市创建全域旅游示范区实施方案》，对全市全域旅游发展工作进行了全面安排部署。编制了《洛阳市赏花经济旅游发展规划》和编制了《洛阳市自驾车游旅游总体规划》。指导有关县区完成《黄河小浪底津西湾旅游度假区规划》《汝阳白垩纪恐龙世界详细规划》《叫河镇鸾翔绿谷森林旅游度假区》等编制工作。出台并实施《洛阳市 A 级乡村旅游景区创建三年行动方案（2018 ~2020）》，着力抓好乡村旅游景区创建工作，推动乡村旅游工作提档升级。

3. 扎实推进重大文化旅游项目建设

加快推进“全域融合发展文化旅游业，建设国际文化旅游名城重大专项”33 个总投资 393. 5 亿元的重点文化旅游项目建设，通过建立台账、督查检查等方式加快推进项目进展，全年计划完成投资额 52. 45 亿元，截至11 月底已累计完成投资 50. 8 亿元，占年度计划的 96. 85%。其中，白云山国家旅游度假区持续提升项目、伏牛山地质博物馆、栾川四季滑雪小镇建设项目、龙门石窟景区西北服务区建设项目、洛邑水城项目等扎实推进。

4. 强力开展城市旅游品牌营销

利用杠杆效应，多策并举开展旅游宣传营销，着力擦亮洛阳旅游品牌，提升洛阳旅游影响力，取得积极成效。借力央视平台，开展洛阳旅游形象宣传，2018 年投入 2000 余万元在 CCTV－1 和 CCTV－13 并机播放 10 秒洛阳旅游形象宣传片。借力高铁媒体，拓展旅游周边市场，冠名 5 列“洛阳牡丹号”高铁列车，借助高铁列车内部的语音播报、LED 屏等媒体形式，对洛阳旅游进行集中、精准宣传。积极做好谋划，多渠道开展事件营销。借力抖音等新媒体平台，做好洛阳旅游线上营销宣传。编印了《2018 洛阳旅游指南》《洛阳市全域旅游地图》等 13 种计 20 万册旅游宣传品和书籍，制作了多语种洛阳城市旅游宣传片、旅游宣传视频。持续开展“引客入洛”工作。全年共引进旅游专列（旅游大巴团）47 列（团）近 3 万余人次，在全国近 30 个大中型城市形成了洛阳旅游的长期宣传效应。

5. 推动旅游产业融合高端化

大力推动旅游与文化、农业、工业等产业的融合力度，丰富旅游产品体系，提升旅游吸引力，大力推动文旅融合发展。成功组织举办了首届中原文化旅游产业博览会，以“创新、融合、共赢、发展”为主题，布展总面积 3 万平方米，来自国内外 1500 多家旅游文化企业参展，3 天时间观展人次达到 3.8 万人次。达成合作意向 36 个，总金额达 4.3 亿美元。着力推动工业与旅游融合。推荐中国一拖集团有限公司、河南华润电力首阳山有限公司、汝阳杜康酿酒有限公司等 3 家单位申报河南省工业旅游示范基地。着力推动农旅融合。依托沿黄河旅游带、伏牛山区等地的特色旅游资源，打造了孟津卫坡村、银杏仙庄等一批艺术村落和创意农庄。

（四）文物事业持续健康发展

1. 大遗址保护展示工程稳步推进

应天门遗址保护展示工程稳步推进，主体结构已封顶，正在进行屋面铜装饰和青石浮雕安装，年底工程主体按期完工，内部展陈设计初稿已基本编制完成，着手开展遗址层揭露展示工作。隋唐洛阳城“两坊一街”遗址保护展示工程主体全部完工。隋唐洛阳城九州池遗址保护展示工程一期主体完工，二期保护展示方案编制完成，已上报省文物局审批。隋唐洛阳城南城墙遗址保护展示工程项目一期（龙门大道以西 2.5 公里）已全面开工建设。汉魏故城太极殿保护展示工程设计方案二稿已修改完成，正在履行报批程序。

2. “博物馆之都”建设和文物活化利用步伐加快

一是博物馆基础建设稳步推进。二里头遗址博物馆项目建筑主体结构已全部完成，风水电等设备安装、智能化施工同步进行。洛阳契约文书博物馆已于11月28日正式开馆运营。洛阳古代艺术博物馆古代壁画保护研究中心工程建筑主体已完工，隋唐大运河文化博物馆项目已确定规划选址，国家和省发改委已同意将该项目列入国家大运河文化带建设规划。“中共洛阳组”旧址纪念馆维修方案已通过专家论证，班超纪念馆正在开展规划选址、方案编制等前期准备工作。体育博物馆、邮票博物馆等国有行业博物馆和孟津、伊川、宜阳、嵩县等县域博物馆正在有序规划建设中；2018年2月，洛阳市又有洛阳铁军博物馆和洛阳喜庆文化博物馆2家非国有博物馆获省文物局批复成立，全市经省文物局备案的各类博物馆、纪念馆已达69家，其中国有博物馆20家、非国有博物馆49家。洛阳市《关于建设博物馆之都工作实施意见》已经市政府常务会议研究通过，并正式印发实施。二是不断提升基本陈列水平，引进举办内容丰富、形式多样的临时展览，加大免费开放力度，满足群众文化需求。全年各博物馆共举办、引进了“天下无双品，人间第一花——故宫博物院藏牡丹题材文物特展”“丝路幻彩——洛阳博物馆藏唐三彩精品展”“低徊入衣裾——狗与汉晋生活”“骏犬啸天——戊戌狗年新春生肖文物图片联展”等30余个临时展览，不断满足群众日益增长的文化需求。5月，洛阳博物馆和河南博物院共同举办的“谁调清管度新声——丝绸之路音乐文物展”荣获第十五届（2017年度）全国博物馆十大陈列展览“精品奖”。

3. 传统村落和历史街区保护力度加大

大力推进传统村落保护相关工作，完成2018年传统村落保护发展省级财政补助资金的相关工作。启动老城历史街区的史家大院和林家大院整体维修保护“中法友好合作”的项目试点工作；完善洛阳涧西苏式建筑群维修保护方案，完成洛阳涧西苏式建筑群修缮保护工程中央财政专项补助经费的申报工作，2018 年国家文物局已拨付涧西区文物部门 1835 万元维修保护资金。

4. 文物保护基础工作不断夯实

依据省文物局工作要求，完成全省百城提质特色文化建设的阶段性汇报、河南省百城提质工程涉及文物保护情况、洛阳市古建筑日常保养维护检查报告、市本级第七批国保和省保保护区划核准情况 4 项工作任务。积极争取中央和省财政专项文物保护补助资金项目。开展文物保护单位调查测绘工作，完成各县全国重点文保单位的测绘工作。完成 55 处全国重点文物保护单位数字化文物保护标志碑的竖立工作。完成河南府城隍庙保护规划、洛阳安国寺保护规划、大运河文化带遗产资源保护利用重大项目——河洛文明运河片区展示工程计划等 42 项全国重点文物保护单位和河南省文物保护单位保护方案的审核转报工作。2018 年度共争取国家级重点文物专项补助资金 13389 万元、省保资金 803 万元。完成了 2019 年国家重点文物保护专项补助资金申报工作，共申报项目 15 个、资金 45640 万元。2018 年全市共有 33 家文物保护单位对外开放，截至 11 月底，全市开放类文物保护单位共接待游客 1148 余万人次，其中龙门石窟 350 余万人次、白马寺 215 万人次、隋唐洛阳城天堂明堂 80 万人次、关林庙 70 万人次。

（五）利用节会活动扩大河洛文化影响力

1. 第36届中国洛阳牡丹文化节再创佳绩

第 36 届中国洛阳牡丹文化节围绕“花开新时代　开启新征程”主题，突出时代风貌、突出文化特色、突出清新简约、突出务本责实，共举办了开幕式、世界古都论坛、新时代“一带一路”城市产融合作论坛暨第 36 届中国洛阳牡丹文化节投资贸易洽谈会、大运河文化论坛、第三届洛阳（国际）机器人暨智能装备展览会等 8 项主题活动，实施了以节促建等 8 项配套工程，取得了较好的综合效益。共接待游客 2647.31 万人次（境外 28.7 万人次）、旅游总收入 241.96 亿元（创汇 8498 万美元），同比分别增长 6.2%、8.3%。来洛参加经贸活动的境内外 500 强企业和行业 100 强企业达 120 家、同比增长 84.6%，签订亿元以上招商项目 114 个（10 亿元以上项目 31 个）、投资总额 904.2 亿元。

2. 2018河洛文化旅游节推陈出新

2018 河洛文化旅游节围绕“情满河洛 · 诗和远方”主题，突出思想引领、突出文旅融合、突出产业培育、突出文化惠民、突出河洛特色，共安排文化、旅游、会展、对外交流等 13 项活动，展示洛阳厚重历史和崭新风貌。首届中原文化旅游产业博览会搭建中原经济区文化旅游产品展示、研发、交流、交易的综合平台，设置中原文创旅游产品大赛暨“老家礼物”评选区、“一带一路”（国际）展区等 13 个主题展区和服务功能区，1000 余家文化旅游企业参展，满足游客和市民的观赏、采购需求。

3. 成功举办世界古都论坛

2018 年 4 月 19 日至 21 日，首届世界古都论坛在洛阳成功举办。本次论坛由中国博物馆协会、中国古都学会、河南省文物局、洛阳市人民政府共同主办。论坛共邀请了埃及、意大利等 20 多个国家和地区的专家学者、国际国内相关权威组织的代表，八大古都代表，科研机构、高校、学术团体代表等 80 位领导和专家参会。以“古老的文明　崭新的故事”为主题，围绕“古都文化遗产的保护利用与国际合作”“世界文明视野下的博物馆功能定位与发展”两个分主题，进行了开放的、充分的和富有建设性的探讨，会议最后签署了《洛阳宣言》。

4. 大力开展境内外旅游宣传营销

文物部门利用洛阳文物资源优势，积极开展文物外展工作。2018 年洛阳市赴四川成都，山西大同，内蒙古呼伦贝尔，浙江杭州、舟山、慈溪，江苏扬州，河南安阳、许昌、驻马店、信阳等地博物馆举办展览 15 个。通过开展文物外展，进一步加强了对外文化交流，扩大了洛阳历史文物和河洛文化在国内的影响力。会展部门积极打造品牌展会活动，成功举办首届中原文化旅游产业博览会、第三届洛阳国际机器人暨智能装备展览会、中国洛阳牡丹文化节投资贸易洽谈会、牡丹之约 · 全球跨境产业融合论坛等会议展览活动 38 场，有力地拉动了洛阳工业、文化、旅游、商贸等相关产业的发展。

二　洛阳文化发展面临的挑战

（一）思想道德建设方面

从宣传思想领域来看，全市意识形态巡视整改任务依然任重道远，意识形态工作责任制以案促改警示教育开展不够。媒体格局深刻变化使传统媒体发展面临的压力加剧，传统媒体与新兴媒体融合没有实现大的突破。文明城市创建工作长效机制尚有薄弱环节，宣传思想战线干部队伍工作作风、“四力”教育培训仍须加强。

（二）文化建设方面

从文化发展来看，基层公共文化服务效能有待提高，公共文化服务内容不丰富，吸引力不强。文化产业发展整体实力不强，文化产业增加值占GDP比重偏低，骨干企业和大项目少，辐射带动作用弱，文化资源优势还没有转化为产业优势。文艺创作专业人才不足，缺少精品力作。

（三）文化旅游方面

从文化旅游业发展来看，文旅融合深度不足，文化和旅游的资源与市场优势未真正显现，与西安、杭州等城市相比，文化旅游优势还未充分发挥。旅游国际化程度不高，入境游客数量偏低。旅游市场监管还应进一步加强，全市旅游环境还须持续优化。

（四）文物保护与利用方面

从文物保护与利用来看，还存在对中央和省市关于文物工作新的部署、新的要求认识上不去、理解不深刻、措施不得力、缺乏主动思维的现象，在加快文物资源活化利用上，步子不快、方法不多、效果不明显。同时，文物基础工作薄弱，专业技术人才青黄不接，文物安全隐患依然存在。

三　2019年洛阳文化发展对策建议

2019 年，洛阳市以习近平新时代中国特色社会主义思想为指导，坚持以人民为中心，着力提供优秀的文化产品和服务，全面深化文化传承创新体系，深入挖掘历史文化资源，积极推进文化旅游“三个转变”，延续城市文脉，彰显古都特色，推动洛阳文化高质量发展。

（一）持续加强思想道德建设

一是持续学习宣传贯彻习近平新时代中国特色社会主义思想和党的十九大精神。进一步加强党委（党组）理论学习中心组学习规范化制度化建设。坚持以考促学健全完善述学考核机制。加强理论宣传工作队伍建设，分层次建立理论宣讲专家库，优化“菜单式”理论宣讲服务平台，持续推进“党的创新理论万场宣讲进基层”活动，让科学理论“飞入寻常百姓家”。策划推出一批有影响的通俗理论类电视节目，加强重点理论频道和网上理论传播矩阵建设，推出一批网络理论宣传工作品牌。

二是严格落实意识形态工作责任制。全面加强党对意识形态工作的领导，着力构建党委统一领导、党政齐抓共管、宣传部门组织协调、有关部门分工负责的工作格局，进一步压实主体责任。加强对苗头性倾向性问题的分析研判，持续开展巡察、督查、报告等常态性工作机制，研究制定洛阳市意识形态工作责任制考核细则，落实属地管理原则，管好新闻出版、广播影视、文化市场、讲座论坛等，持续开展“扫黄打非”“净网”等专项行动，巩固发展网络空间日益清朗的良好态势。

三是持续推动核心价值观落细落实。深化中国特色社会主义和中国梦宣传教育，大力弘扬焦裕禄精神，深入实施市民思想道德素质、诚信守法、文明风尚提升行动。深化社会主义核心价值观教育、公益广告宣传、主题公园主题学校示范点建设，推动各行各业强化教育引导、实践养成、制度保障，广泛开展最美洛阳人等先进典型培养选树工作。坚持高质量规划、建设、管理，深入开展“五项治理”，大力推进百城建设提质和文明城市创建，持续深化移风易俗、扶贫扶志。推行《洛阳市志愿服务激励嘉许回馈办法》，加快学雷锋“文明使者”志愿服务站建设，总结提升“1122”诚信日品牌。

（二）持续推进公共文化服务体系建设

1. 着力提升公共文化服务效能

扎实推进市中心图书馆、文化馆、少儿馆、市直文艺院团排演中心项目建设。加强对已建成的城市书房的业务指导，组织开展各类阅读推广活动，提升“书香洛阳”建设水平，巩固“15 分钟阅读文化圈”。组织开展“河洛欢歌”系列文化活动，切实发挥基层综合性文化服务中心功能，加强对文化类社会团体的业务指导，进一步丰富人民群众的精神文化生活。

2. 着力抓好文化艺术创作生产

做好豫剧《大国工匠》、曲剧《大工长歌》、舞蹈诗剧《农历》等剧目的创作排演工作。做好新年音乐会、新春戏曲晚会、春节团拜会演出工作。做好第 37 届中国洛阳牡丹文化节优秀剧目展演月、“百场公益性文化演出”等惠民演出工作。围绕建国 70 周年等重要时间节点，组织完成好市委、市政府交办的重要文艺演出活动。筹备举办洛阳市青年戏曲演员、演奏员大赛及洛阳市歌舞剧院演艺有限公司业务比武工作。

3. 着力推进非物质文化遗产保护传承

贯彻落实《洛阳市非物质文化遗产保护条例》，完善配套制度。积极参与非遗博物馆建设，打造国内一流的非遗主题展馆。出台《洛阳市传统工艺振兴计划实施意见》，举办 2 期非物质文化遗产工作培训班。继续打造“河洛飞花”非遗展演展示系列活动，策划全国性的非遗专题展示（赛事）活动。积极申报国家文化生态保护区，制定省级文化生态保护试验区实施细则和保护计划。

4. 着力加强文化市场监管

落实好“一网通办”前提下“最多跑一次”改革措施，简化事前审批，强化事中、事后监管。以安全生产、消防安全、内容监管为重点，加强文化市场监管。每季度组织开展文化市场经营秩序专项行动、开展文化市场消防安全专项检查，根据时令特点及时开展安全检查。积极开展“双随机一公开”活动，每月开展抽查活动。加大案件查办力度，提案办案数量和质量。建立健全网络安全工作体系，做好重大活动网络安全保障工作。全方位提升网络安全领域工作人员的专业技能水平，探索建立网络安全动态感知系统，实时掌握网络安全风险。

（三）持续推进文化旅游产业转型升级

1. 扎实推进重大旅游项目建设

围绕“文化旅游业全域融合发展，建设国际文化旅游名城重大专项”，着力推进隋唐历史文化园区和白云山国家旅游度假区持续提升项目、栾川四季滑雪小镇建设项目、重渡沟旅游度假开发项目等一批重大项目的建设，完善推进机制和工作台账，确保重大旅游项目顺利推进。

2. 大力创建旅游目的地品牌

持续提升历史文化游、山水游、生态游、乡村游、研学游产品，打造一批世界知名、国内一流的旅游品牌，形成旅游核心吸引力。着力推动重点精品景区提升，大力创建旅游目的地品牌，实施旅游度假区创建、A 级旅游景区创建、研学旅游基地创建。促进栾川、嵩县、孟津、洛龙等县（区）开展国家全域旅游示范区创建工作，以点带面，推动全域旅游发展，促进全市旅游产业转型升级。

3. 完善旅游公共服务体系

持续开展旅游标准化创建工作。持续推进旅游饭店星级创建工作，指导华阳广场国际大酒店和白云山创建省级旅游标准化示范单位。持续推进旅游厕所革命，按照国家、河南省的安排部署，持续推进旅游厕所建设，2019 年新改建一批旅游公厕。不断提升智慧旅游水平，建设智能旅游咨询投诉服务系统，进一步提升旅游咨询服务的能力，指导县域智慧旅游发展及 3A 级以上景区智慧旅游建设。

4. 积极推动文旅深度融合发展

充分利用全市演艺团体资源优势，开展文化节日进景区、进酒店、进文化街区活动，丰富游客文化旅游生活。打造文化旅游品牌，深入挖掘文化旅游资源优势，着力将历史文化资源优势转化为产业优势、竞争优势、发展优势，打造世界知名的历史文化品牌。促进文化旅游消费，发挥节会平台优势，用好牡丹文化节、河洛文化节、中原文化旅游产业博览会等平台，积极培育文化旅游新业态，开发一批体验式、生活型、主题式的旅游产品。抓好文化产业园区建设提升，培育壮大龙头企业，实现文化产业增加值占 GDP 比重达到3%以上。办好第二届中原文化旅游产业博览会、第三届河洛文化大集，加快文旅融合发展，建立全产业链条，为全域旅游发展注入新动能，形成更多“诗和远方”。

5. 推动乡村旅游提档升级

实施 A 级乡村旅游景区创建行动，培育建设 10 个以上乡村旅游集群片区。力争 2019 年全市乡村旅游完成投资 33 亿元，乡村旅游经营单位达 4000 家，接待床位数量达 6 万张，年接待游客人数 4000 万人次，乡村旅游消费规模增至 40 亿元。培育 10 个乡村旅游特色村，打造 10 个 A 级乡村旅游景区，评定 5 家以上精品民宿，培育 2 家乡村旅游创客示范基地，开展乡村旅游人才培训 1000 人次以上。

6. 持续优化全市旅游市场环境

抓好全市旅游市场综合治理执法检查，逐步完善综合旅游监管和联合执法机制、第三方暗访常态化机制等。健全旅游投诉机制，快速准确处理好各类投诉案件，通过“互联网 + 旅游 + 12301 平台”，创新旅游市场监管长效机制。保证全市旅游市场秩序平稳，避免恶性旅游投诉案件及重大旅游安全事故的发生。

（四）持续加强文化遗产保护利用

1. 持续推进大遗址保护展示工程建设

稳步推进隋唐洛阳城国家历史文化公园工程建设，完成隋唐洛阳城九州池遗址保护展示工程一期环境艺术提升工程，争取二期保护展示方案尽快通过省文物局审批。做好汉魏洛阳故城遗址保护展示工程。汉魏故城太极殿保护展示工程设计方案二稿已修改完成，已上报国家文物局审批，争取尽快通过审批并启动前期工作。完成汉魏洛阳故城遗址内城东西城垣南端遗址保护展示工程。

2. 不断加强博物馆之都建设工作

加快推进二里头遗址博物馆内部装修、陈展施工等工作，确保2019年10月正式运营开放。继续做好隋唐大运河文化博物馆项目规划前期工作，紧密跟进洛阳丝绸之路博物馆选址动态，推进仓窖博物馆建设，继续做好体育博物馆、邮票博物馆等国有行业博物馆和孟津、伊川、宜阳、嵩县等县域博物馆建设。完成“中共洛阳组”旧址纪念馆维修和内部展陈提升工作，做好班超纪念馆规划选址、方案编制等前期准备工作，争取再有2家非国有博物馆获得省文物局备案。持续推进博物馆陈展数字化二期工作，推进八路军驻洛办事处纪念馆丰富陈展内容，做好洛阳古代艺术博物馆基本陈列、基础设施等的改造提升，推进周公庙博物馆整体保护规划建设，做好数字化博物馆建设工作。

3. 进一步夯实文物保护工作基础

继续探索与规划、住建、国土等部门联合办公机制，加强新型城镇化、工业化和新农村建设中的文物保护工作，坚决防止建设性损毁文物问题的发生。完成中国文物基金会“价值研究与传播计划”项目讲解词编写工作；督促协助有关单位做好古建维修工作；做好《邙山陵墓群保护规划纲要》修改报批工作；重点做好第八批国保单位申报工作。

4. 做好文物安全和行政执法工作

认真落实安全检查、督查等工作制度，督促对文物安全隐患及时整改到位。组织好对文物法人违法专项整治行动，切实打击文物法人违法行为，营造“保护文物人人有责、违法犯罪严肃追究”的良好局面，确保文物安全。按照国家文物局和河南省文物局要求，严格按审核标准进行方案制订和组织施工，保障专项资金专款专用及“三防”工程质量。深入推进全市文物安全专项整治行动，突出重点督导，建立长效机制，实施天网工程，着力抓好全市文物安全体系升级，推动文物安全工作迈向新阶段。

（五）持续加强对外文化交流和宣传

1. 着力开展城市旅游形象宣传

做好国内宣传营销工作，利用大台、大网、大报开展媒体宣传营销，继续完成高铁冠名和高铁交通枢纽的广告投放，策划应季旅游营销活动。积极“走出去”，重点做好国际旅游宣传营销，依托国家、省厅的渠道，实施旅游营销宣传积极“走出去”，着力展示洛阳旅游品牌世界形象。开展新媒体营销，通过微营销平台对接各县（市、区）和重点景区、酒店、旅社等官方微信，在洛阳旅游官方网站、微门户、App、抖音等渠道集中展示。

2. 深入开展文物外展交流工作

充分利用文物资源优势，深入挖掘文物的文化内涵和时代价值，积极开展对外文物展览合作和交流，不断提升洛阳文化的辐射力和美誉度。将根据省文物局的安排部署，利用条件积极寻求与更多的博物馆机构合作，深化文物对外合作交流，提高文物外展和参加学术研讨的频次，进一步提高洛阳文物、河洛文化在国内外的影响力。

3. 打造文化交流平台，讲好洛阳故事

一是办好第二届中国—中东欧国家文化遗产论坛。该论坛是中国—中东欧国家合作机制中文化交流的平台，目的在于增强中国与中东欧国家的沟通渠道。二是办好第二届世界古都论坛。继2018年4月第一届世界古都论坛成功举办后，洛阳市已确定2019年继续举办第二届世界古都论坛，并逐步将世界古都论坛发展成为洛阳市固定的国际文化交流平台，充分利用这一优秀平台，讲好洛阳故事，传播洛阳声音。三是办好二里头遗址发现60周年国际学术研讨会。二里头遗址是目前可以确认的中国最早的王国都城遗址，是探索中国早期文明和国家起源、夏文化、夏商王朝纪年及分界的关键性遗址。举办遗址发现60周年国际学术研讨会，邀请国内外知名专家学者参加，就二里头遗址的价值和内涵，以及早期文明和国家起源等问题进行交流研讨，进一步提高中国最早都城的世界影响力。

专 题 篇

Reports on Subject

B.2
河洛文化研究的学术回顾与展望

薛瑞泽　许智银*

摘　要： 三十年来，河洛文化研究取得了长足进步。不同时期研究重点各有不同，从最初十年以寻根问祖和服务经济为主，发展到以发掘河洛文化内涵和创立文化产业为中心的第二个十年，在最近十年，则以建设华夏历史文明传承创新区和增强民族文化自信心为研究重点。随着河洛文化研究的深入，从国家到河南省乃至洛阳市，相继成立了一系列以河洛文化命名的研究会、研究所和研究中心，保证了河洛文化研究工作的有序推进和深入展开。河洛文化研究已经取得了许多令人欣喜的成果，既有多项国家级课题的完成，也有系统的自成体系

* 薛瑞泽，河南科技大学人文学院院长、教授，历史学博士，研究方向为秦汉魏晋南北朝史、河洛文化；许智银，河南科技大学人文学院教授，文学博士，研究方向为汉唐文学、河洛文化。

的理论专著出版，还有每年一次河洛文化国际研讨会论文汇集出版。在未来河洛文化研究中，应当加强规划，协调各方学术力量，集体攻关，提升学术水准，推动河洛文化研究走向纵深。

关键词： 河洛文化　河洛文化研究　学术回顾

1989 年 9 月 14 日中秋节，“首届河洛文化国际研讨会”于洛阳开幕，来自海内外的参会专家学者文化人士 120 余人，围绕河洛文化的渊源、发展及其在中华民族文化形成、发展中的重要地位和历史意义等，进行了交流探讨，标志着河洛文化研究迈出了第一步，至今已经过去三十年了。三十年来，河洛文化研究取得了许多举世瞩目的成就，扩大了国内国际影响，但仍然存在许多不足和问题，希望引起广泛关注和进一步思考。

纵观河洛文化研究的三十年，可以分为三个十年予以检讨。第一个十年，河洛文化研究以寻根问祖和服务经济为主；第二个十年，河洛文化研究以发掘河洛文化内涵和创立文化产业为中心；第三个十年，河洛文化研究以建设华夏历史文明传承创新区和增强民族文化自信心为重点。其间也有一些历史延续，一些热点交错，一些创新纷争，但基本上不脱离主流方向。

一

自 1989 年至 1998 年为第一个十年，受中国改革开放初期的社会大环境影响，地域文化“寻根热”风起云涌，发展经济引进外资成为当务之急，“文化搭台，经济唱戏”盛行一时，河洛文化研究也不例外。从 1989 年到 1992 年，洛阳市历史学会和洛阳市海外联谊会组织召开了三届主题为“根在河洛”的河洛文化国际研讨会，迅速在全国学术界掀起了河洛文化研究的热潮。1989 年中秋节“首届河洛文化国际研讨会”于洛阳召开后，美国

《星岛日报》以“华侨祖根在河南一带，追溯历史一脉相承”为主题，予以报道，表达了海外华胄思乡念祖的共同心声。1990 年 10 月 3 日（中秋节），“第二届河洛文化国际研讨会”再次在洛阳召开，会议重点突出“根在河洛”的文化主旨，从客家源流和姓氏、族谱等方面入手，促进了河洛文化在民族血缘方面的深入探讨，拓宽了人们的视野。1991 年 9 月 22 日（中秋节），“第三届河洛文化国际研讨会”于洛阳召开，很好地巩固了前两届会议的成果。时过一年后，1993 年 10 月 8 日至 12 日，“中华炎黄文化与河洛文明国际学术研讨会”在河南省巩义市召开，会议由中华炎黄文化研究会、河南炎黄文化研究会、巩义市人民政府发起，与会学者 170 多人，他们来自全国各地，包括台湾及香港地区，还有的来自美国、日本等国。参会论文依据历史文献、考古资料、民俗调查、神话传说等，从不同角度肯定了河洛文明在中国古代文明发展中的地位，探讨了河洛人向外迁徙的历史及影响等问题，达成的共识认为：河洛文化是华夏文明的核心，它吸收和融汇了周围地域文化的精髓，不断丰富和创新，从而形成了博大精深的特点。

在宣传弘扬河洛文化的同时，洛阳市政府提出了“让洛阳走向世界，让世界了解洛阳”的口号，彰显了河洛文化服务地方经济发展的意图，这也是河洛文化研究初期的导向所在。1994 年 3 月 15 日，《文史知识》第 3 期“河洛文化专号”在北京出版，这是该刊继“齐文化专号”和“吴文化专号”之后举办的第三个区域文化专号，得到了中共洛阳市委、洛阳市人民政府的大力支持和全国学术界的积极响应。北京大学张岱年教授，北京师范大学刘家和教授，厦门大学韩国磐教授，杭州大学陈桥驿教授，河南大学朱绍侯教授，郑州大学李民教授，南开大学罗宗强教授，中国社会科学院历史研究所李学勤研究员、史为乐研究员，中国社会科学院哲学研究所衷尔钜研究员等，都为“河洛文化专号”提供了力作。1994 年 4 月 21 日《人民日报》（海外版）摘发了专号的 7 篇论文，向国际学术界推介河洛文化。之后，洛阳市地方史志编纂委员会办公室又召集相关专家学者，召开了“河洛文化专号”出版发行座谈会，扎扎实实地将河洛文化研究推进了一步。1995 年 3 月 22 日，原洛阳工学院（现河南科技大学）河洛文化研究所成立，这是一个将学术研究与教学相结合的研究机构，主要开展以河洛文化为中心内容的学术活动，并对全院师生进行河洛文化教育，着力从人才培养方面推广河洛文化，很有远见卓识。1995 年 9 月 11 日，中共洛阳市委统战部发文成立了河洛文化研究院，下发文件中提到成立动机时说：这是“为了加强河洛文化的研究与开发，进一步弘扬中华民族的传统文化，开展爱国主义教育，增进海内外炎黄子孙对祖国的向心力和凝聚力，促进社会主义两个文明建设”。挂牌仪式后，相关媒体争相报道，无形中引起了社会各界对河洛文化的广泛关注，促进了招商引资等经济项目的合作。自 1998 年开始，河洛文化研究院相继组织洛阳市的专家学者，在洛阳市图书馆开展了河洛文化系列学术讲座，听讲的人员涉及社会各个阶层，使河洛文化得到了进一步的普及。

二

自 1999 年至 2008 年为第二个十年，河洛文化研究进入一个相对稳定的沉淀期，学者们开始总结反思，深入探寻河洛文化的学术内涵和意义等，同时将河洛文化的发展与文化产业相结合，希望找到助推河洛文化研究的新途径。大家一致意识到，河洛文化如果只是作为一种媒介附庸于经济，显然是不利于河洛文化本身高层次研究的。鉴于河洛文化研究院只是一个多元构成的松散机构，成员分布在各个单位，没有专门组织和统一规划的持续学术研究项目，为了推动河洛文化研究向纵深发展，2002 年 9 月，洛阳师范学院“河洛文化国际研究中心”成立，下设河洛文化研究中心、河洛文化资料中心、河洛文化教育中心等机构。河洛文化研究中心在宣传上有了很大的进步，如在《人民日报》（海外版）开设专栏系统介绍河洛文化，在《寻根》杂志发表系列文章推进河洛文化研究等。2005 年 9 月，河洛文化国际研究中心被批准为河南省第二批普通高等学校人文社会科学重点研究基地，[①] 使

① 本段撰写参考了洛阳师范学院河洛文化国际研究中心网站，http：//dephp. lync. edu. cn/bmzy/hlwhweb/。

河洛文化的研究驶入了正轨。

2002 年 10 月 15 ~ 17 日，“河洛文化与台湾”研讨会在郑州举行，此次会议是对河洛文化进行专题研讨的发端，具有重要意义。会议由全国台联、河南省台联、河南大学、河南博物院主办，来自海峡两岸的学者以及《人民日报》、新华社记者 60 多人参加了会议。全国政协副主席、台盟主席张克辉向大会提交了名为《台湾方言的故乡——中原》的论文。学者们从语言、民俗、移民、信仰等不同角度，就河洛文化与台湾地缘、血缘、史缘等关系，进行了多方位的交流研讨。台湾学者指出，河洛文化不仅孕育了台湾文化，更培育了台湾同胞的成长，台湾同胞与包括中原在内的大陆同胞不仅同种同文，而且是同祖同乡。河洛文化在台湾民间影响深远，张巡、陈元光、岳飞等都像神一样受到人们的敬仰和崇拜，从一个侧面反映了台湾与河洛文化的渊源关系。[①] 此后，河洛文化研究再次得到上级领导的重视，吸引了全国众多专家学者的目光。

2004 年是河洛文化研究极不平凡的一年。自 2004 年 5 月上旬开始，全国政协副主席罗豪才深入河南进行考察，并于 5 月 11 日和 12 日先后在开封和郑州召开了学术座谈会。罗豪才指出：河洛文化作为中原文化的核心，也是中国传统文化的根源和主干，在中国五千年文明史中占有重要地位。研究河洛文化的起源、传承及影响，不仅对继承、弘扬中华民族优秀传统有重要作用，而且对凝聚海外侨胞、促进祖国统一有着特殊的意义。当时的中共河南省委书记李克强，对河洛文化研究做出了重要批示：“文化建设是实现中原崛起的题中应有之义。中原文化又有丰富的底蕴（河洛文化也是中原文化的一个方面），应加强这方面的研究，使其优秀的传统得以传承，精华得以光大，并在建设现代化文明中起推动作用，同时，也有利于统战、旅游方面的工作……省政协可以考虑发挥优势，以一定的民间组织形式予以推动，党委有关部门予以支持。”2004 年 6 月 1 日，河洛文化研究工作领导小组在

① 河南省社会科学院：《河洛文化研讨会情况简介》，河南省社会科学院河洛文化网站，http：//hlwh. hnass. com. cn/zlian3. htm。

郑州成立，并召开第一次会议。河南省政协副主席陈义初任领导协调小组组长，王玉英等11名同志为小组成员。领导协调小组由河南省政协、郑州市政协、洛阳市政协、省外事侨务办、省侨联、省台办、省社科院、郑州大学、河南大学等单位的领导和专家学者组成。为了加强河洛文化的宣传、交流和研究，6月1日还正式开通了河洛文化研究网站。陈义初在会议上讲话说："河南是中华民族的主要发祥地，河洛文化是中华优秀传统文化的精髓，是连接海外华侨华人、港澳同胞和两岸同胞的精神纽带。20世纪80年代末，研究河洛文化的热潮在我省兴起，学术界召开了多次研讨会，发表了许多研究论文，出版了不少研究专著，取得了丰硕成果，今年我们申报的'河洛文化的内涵、传承和影响'研究课题，已被列入全国社科基金委托项目。河洛文化领导协调小组的成立，标志着研究工作将进入一个新的阶段。河洛文化研究网站的开通，为河洛文化研究信息传播构建了新的平台，为扩大宣传提供了新的途径，为学术交流开辟了新的渠道，为提高河洛文化研究在国内外的影响力开拓了新的空间。"这些举措及其产生的社会效益是巨大的，尤其是以研究课题形式申报国家社科基金，有力推动了河洛文化的高规格学术性研究。

继河洛文化研究工作领导小组在郑州成立后，2004年9月28日，"河南省河洛文化研究中心"揭牌仪式在河南省社会科学院举行，这是省委省政府对研究河洛文化的巨大支持，再次将河洛文化研究推向了一个新高度。河南省社会科学院院长王彦武发言说：河洛文化源远流长，传播影响海内外，是华夏文明的重要组成部分，是联结世界华人的重要纽带。研究河洛文化，弘扬河洛文化精华，不仅对宣传河南、树立河南的良好形象具有重要作用，而且对推动三个文明建设、促进中原崛起有重要的现实意义。河南省政协副主席陈义初强调说：研究河洛文化和成立河洛文化研究中心，从北京到河南，上下非常重视；省委、省政府、省政协的主要领导同志都很关心并给予了很大的支持，深入研究河洛文化意义重大。当前，我们要努力做到四个促进。一是促进认同感，二是促进祖国的团结统一，三是促进学术的繁荣与发展，四是促进政协港澳台侨的工作在一个新的层面上不断创新。他希望河南学术界的专家学者要和全国乃至世界学术界加强合作与交流，克服急功近利的浮躁情绪，深入扎实地进行研究，在河洛文化研究领域做出自己应有的高水平的贡献。①

2004 年 11 月 26～28 日，“第四届河洛文化国际研讨会”在郑州、洛阳两地召开。这次会议由全国政协港澳台侨委员会、政协河南省委员会主办，郑州市政协、洛阳市政协、河南省社会科学院和洛阳师范学院共同承办。全国政协副主席罗豪才，中共河南省委副书记王全书，河南省政协主席范钦臣，中共河南省委常委、郑州市委书记李克，河南省政协副主席陈义初等出席了会议。世界各地的专家和学者向大会递交了 93 篇论文，结集为《根在河洛——第四届河洛文化国际研讨会论文集》一书，由大象出版社出版。内容大致分为三类：其一是河洛文化本身的综合研究，从不同角度探讨了河洛文化的起源、内涵、传承、历史地位和影响等问题；其二是河洛文化的对外影响，特别是在台湾地区及东南亚的影响；其三是河洛地区的思想史及文学史研究等。专家们一致认为，河洛文化不仅是中华民族远古文明的曙光，也是中原文化的核心，是中国传统文化的根源和主干，在中国五千年文明史中占有重要地位。洛阳因其特殊的地理位置，对中国古代文明的重大贡献以及十三朝古都的历史条件，使它在河洛文化的发展中长期处在中心地位，对促进中华民族的团结、中华文化强大的生命力和凝聚力，产生了不可估量的影响。研究河洛文化的起源、传承及影响，不仅对继承、弘扬中华民族优秀传统有着重要作用，而且对凝聚海外侨胞、促进祖国统一有着特殊的意义。②

乘着 2004 年河洛文化研究热潮的东风，洛阳河洛文化研究院于 2005 年 9 月 1 日举行了第二届院务会议。会议强调：要通过发挥河洛文化研究成果，发展文化产业，扩大洛阳影响，吸引更多的海内外同胞到洛阳寻根问祖，投资兴业，为洛阳的经济和社会发展做出贡献。此次会议将河洛文化研究院的工作定位于普及、宣传方面，为了配合河洛文化旅游节的进行，从 9 月 30 日至

---

① 本部分撰写参考了河南省社会科学院河洛文化网站，http：//hlwh. hnass. com. cn/。

② 本部分据《第四届河洛文化国际研讨会纪要》写成。

10月22日，河洛文化研究院组织邀请洛阳市相关学者，举办了数场河洛文化讲座，如徐金星研究员的“河洛地区和河洛文化概说”、蔡运章先生的“河洛文化”、薛瑞泽教授的“汉唐间河洛地区农业经济”、毛阳光博士的“隋唐时代洛阳的西域胡人与河洛文化”等。洛阳河洛文化研究院的定位和各种活动，对河洛文化的深入研究无疑起到了一定的推动作用。2005年10月21日，由洛阳市政协主办，洛阳师范学院与洛阳市社科联、政协港澳台侨联络委员会承办的“洛阳市河洛文化学术研讨会”在洛阳师范学院召开，全市100余名学者参加了会议，徐金星、薛瑞泽、赵振华、李德方、蔡运章、毛阳光等10位专家学者，就洛阳城市地位、河洛文化的特点等问题进行了主题发言。这是为配合2005年洛阳市河洛文化旅游节而举办的系列活动之一，也为2006年在洛阳举行的“第五届河洛文化国际研讨会”打好了基础。

2006年也是河洛文化研究值得一提的一年。2月24日，经民政部批准，中国河洛文化研究会在北京成立，来自全国各地的学者60余人与会相庆，全国政协副主席张思卿、罗豪才、张克辉出席了大会，全国政协港澳台侨委员会主任郭东坡当选为中国河洛文化研究会首任会长。罗豪才致辞说：河洛文化诞生、繁荣在中原，并由此传播到全国各地和海外，影响历史发展数千年。加强对河洛文化的研究，不仅对于传承中华优秀传统文化，培育和弘扬民族精神，凝聚包括港澳同胞、台湾同胞和海外侨胞在内的中华儿女，为振兴中华、完成祖国统一大业做出贡献，具有深远的意义，同时对于中国思想史、华侨史、海外关系史等研究具有重要的学术意义和参考价值。中共河南省委副书记王全书发言说：河洛文化是以洛阳为中心的古代黄河与洛水交汇地区的物质与精神文化的总和，是中原文化的核心，也是中华传统文化的精华和主流。河洛文化以“河图”“洛书”为标志，体现了中华传统文化的根源性；以夏商周三代文化为主干，体现了中华传统文化的传承性；以洛阳古都所凝聚的文化精华为核心，体现了中华传统文化的厚重性；以“河洛郎”南迁为途径，体现了中华传统文化的辐射性。[①] 2006年4月26～28日，由

① 根据薛瑞泽参加大会的记录整理。

全国政协港澳台侨委员会、河南省政协等联合主办，洛阳市政协、河南省社会科学院承办的“第五届河洛文化国际研讨会”于洛阳举行，海内外专家学者400多名共聚伊洛之滨，以河洛文化与汉民族为主题，交流了各自在河洛文化研究领域取得的成果，提交了240余篇论文，其中90多篇论文由河南人民出版社结集出版。

中国河洛文化研究会的成立，使河洛文化的研究踏上了新的台阶，每年一届的河洛文化国际研讨会如期举行，有力地推动了河洛文化研究的持续深入，打开了河洛文化研究的新局面。2007年10月22~25日，“第六届河洛文化国际研讨会”在安阳召开，海内外学者260人出席了会议，美国、新加坡、韩国以及中国台湾、香港等专家共提交论文133篇，围绕“河洛文化与殷商文明”这一议题，展开了广泛讨论。大家一致认为，深入研究河洛文化意义重大，因为河洛文化不是一般意义上的地域文化。河洛文化与闽台以及客家文化的历史渊源密切相关，客家先民出自河洛，闽台姓氏根在中原大地。殷商文明不仅发达，而且影响深远，甲骨文的发现和考释，在中华文明乃至人类文明发展史上具有独特的贡献和地位。《周易》的变通思想，对构建和谐社会和现代化管理具有一定的指导意义。河洛文化研究的重点应突出其学术性和理论价值，也要重视研究其现实意义。

2008年9月22~24日，“第七届河洛文化国际研讨会”在河南省巩义市召开，参会者来自全国各省市，包括香港、台湾地区，以及美国、日本、马来西亚、巴西等国，共近300人，提交论文153篇，会前结集的《河洛文化与闽台文化》论文集收录了85篇，由河南人民出版社出版。会议的议题为“河洛文化与闽台文化”，包括河洛文化的内涵与传承、河洛文化的南迁与影响、河洛文化与客家文化、河洛文化与闽台姓氏、河洛文化与相关区域文化的关系等。中国社会科学院学部荣誉委员、民族研究所原所长、研究员杜荣坤，福建师范大学公共管理学院教授陈伯强，台湾中华综合发展研究院民族文化研究发展中心研究教授葛建业，日本琦玉工业大学教授冈本光生，武汉华中师范大学历史文化学院院长、教授王玉德，安阳周易研究会会长秦文学，国防大学教授常巧章，河南科技大学河洛文化研究所教授薛瑞泽等做了研讨发言。河南省政协副主席、中国河洛文化研究会常务副会长陈义初总结本届河洛文化国际研讨会的特点是水平更高、范围更广、研究更深。他提出希望说，河洛文化研究是一项长期的复杂的系统性工程，需要在研究过程中注意处理好四个关系：一要处理好发掘与扬弃的关系；二要处理好传承与发展的关系；三要处理好研究与普及的关系；四要处理好求同与存异的关系。陈义初的讲话为下一步开展河洛文化研究指明了方向。

三

自 2009 年至 2018 年为第三个十年，河洛文化的研究趋于丰富多样，伴随着互联网创新创业“全民双创”的呼声，以及国务院《中原经济区指导意见》对河南的战略定位，河洛文化成为华夏历史文明传承的重要内容，越来越多的学者开始关注河洛文化的“传承”与“创新”，发掘河洛文化的精神内涵，全面展示河洛文化的物质文明和非物质文化遗产成果。2009 年 10 月 20 日至 22 日，“第八届河洛文化国际研讨会”在平顶山举办，500 余位学者及文化界人士，会聚鹰城，其中来自中国台湾的嘉宾有 100 多名，创历届该地区参会人数之最。本届会议的主题为“河洛文化与姓氏文化”，北京大学考古文博学院教授、博士生导师、中国河洛文化研究会副会长李伯谦，做了题为“考古学视域下的河洛文化”的发言，著名作家二月河的发言题目为“河洛文化是民族文化之根”，中国科学院遗传与发育生物学研究所研究员、中华伏羲文化研究会副会长袁义达的发言内容为“略论中国姓氏的科学性”，台湾经济科技发展研究院总院长、台湾观光学会理事长唐学斌交流了自己对“河洛文化的源起与核心：河洛文化与姓氏文化的关系”的看法。全国政协副主席白立忱，全国政协港澳台侨委员会主任、海峡两岸关系协会会长、中国河洛文化研究会会长陈云林，河南省委书记、省人大常委会主任、中国河洛文化研究会顾问徐光春等领导，出席开幕式并做了讲话。白立忱说，一年一度的河洛文化国际研讨会已成为连接海峡两岸、连接海内外华人的精神纽带，成为展示学术研究成果的有效载体和促进文化交流的一个崭新平台。陈云林总结了河洛文化研究取得的丰硕成果，在过去的20年里，河洛文化研究大致经历了两大阶段。第一阶段，主要以地方主导，奠定了学术基础，并引起了较高层面的关注。第二阶段实现了地方与高层面的互动、省内与海外的互动、学术研究与弘扬宣传的互动，使河洛文化研究上升到了新的高度。河洛文化的研讨活动逐步推广，研究队伍日益壮大，研究成果丰硕，宣传弘扬效果明显。20年来，经过学者们的深入研究与研讨，对河洛文化的认识逐渐深化，在一些基础性研究和关键问题上取得了重要的研究成果：一是河洛文化不仅仅是地域文化更是中华传统文化的根源与主干；二是河洛文化是连接海峡两岸的精神纽带。河洛文化研究应该致力于深入挖掘中华文化的优秀传统和精神价值，更广泛地融入两岸文化交流，团结两岸同胞共同继承和弘扬中华文化优秀传统，凝聚推动两岸关系发展的共同意志，发挥共谋中华民族伟大复兴精神力量的重要作用。这是推动河洛文化研究的指导思想和努力方向。今后，应花大力气推动河洛文化研究从河南走向闽南，走向台湾，走向海外；河洛文化研究应更加侧重面向台湾同胞、港澳同胞和海外侨胞。要妥善处理好内容和形式的关系、深入和普及的关系、学术研究与文化推广的关系，使该项研究活动始终保持一种旺盛生机和良好的发展态势，取得更大的研究成果。徐光春说，今后要借助河洛文化国际研讨会这个重要平台，坚持不懈地打好河洛文化这张牌，有效整合河洛文化资源，广泛开展各种文化活动，推动中原文化的交流传播，让中原文化焕发出更加耀眼的光芒。要搭建文化交流之桥，增强合作共赢的吸引力。深入开展河洛文化研究，切实举办好河洛文化国际研讨会，坚持开放包容、互利共赢，以文搭台、以文引客，通过举办一系列重大文化活动，把海内外华人对河洛文化的向往转化为与河南人民的交往，把各路商家对中原文化的心动转化为助推河南发展的行动，让河南与世界的交流交往更加广泛、合作发展更加紧密。三位领导的讲话既有总结，亦有期待，对河洛文化研究的深入开展具有指导意义。

2010年9月28日，“第九届河洛文化国际研讨会”在广州开幕，讨论主题是“河洛文化与岭南文化”，与会专家学者300多人，就河洛文化与客家、潮汕、广府文化，河洛文化与岭南民俗、艺术及其他文化，河洛文化与岭南文化的传播等相关议题，展开了探讨交流，会后由河南人民出版社出版了论文集《河洛文化与岭南文化》。全国政协副主席陈宗兴出席开幕式并讲话，他希望通过大家的努力，使河洛文化再次焕发出巨大的生机和活力，为中华民族的伟大复兴提供强有力的精神支撑。陈云林讲话强调，深入研究河洛文化有利于中华文明探源，有利于海内外华人华侨对中华文化的认同，有利于中华和谐社会的构建。河洛文化、闽台文化、赣鄱文化、岭南文化与客家文化相互有着密切的千丝万缕的地缘、血缘、法缘、文化关系，被台湾同胞和海外华人华侨公认拥有同一祖根。黄龙云致辞说，几千年来，岭南文化与中原文化相互影响、互动互补，成为多元一体中华文化格局的重要组成部分，成为中华文化百花园中的一枝奇葩。周镇宏讲话指出，深入研究河洛文化在南粤大地的传承与发展，系统梳理岭南文化与河洛文化深厚的历史渊源，对于弘扬中华民族优秀传统文化意义格外重大。

2011 年 4 月 15 ~ 17 日，“第十届河洛文化国际研讨会”于台北举行，会议主题为“河洛文化与台湾”，由全国政协港澳台侨委员会指导，中国河洛文化研究会、台湾中华侨联总会联合主办。来自海峡两岸、港澳地区以及日本、韩国、马来西亚、美国、越南、澳大利亚、新西兰、菲律宾、阿根廷等国的专家学者及侨团代表近 400 人与会，70 多位专家学者在大会和分组会上做了发言和交流，达成共识认为，河洛文化具有鲜明的“根”文化特征，考察历史会发现，河洛文化对台湾文化的形成与发展产生了深刻的影响，台湾文化中深厚的民族精神、人伦道德理念、习俗信仰规范等，如姓氏、堂号、生活习惯、节庆活动，莫不与河洛文化紧密相关。此次会议加强了两岸联系，增进了民族情感，推动了文化交流。2011 年 10 月 10 ~ 12 日，由中国河洛文化研究会、洛阳市人民政府共同主办的“纪念邵雍诞辰 1000 周年暨邵雍思想国际学术研讨会”于洛阳举办，来自国内外的专家学者和邵氏宗亲代表 500 多人，就邵雍的学术思想及其历史地位进行了交流探讨。国际易学联合会首席顾问、中共中央宣传部原副部长龚心瀚，全国新闻工作者协会名誉主席、人民日报社原社长邵华泽，国际易学联合会名誉会长、香港中华文化学院主席何志平，中国河洛文化研究会常务副会长陈义初，省社科联党组书记李恩东，中国河洛文化研究会秘书长王玉英，省社科联副主席孟繁华，市领导杨炳旭、师清翔，以及中华邵氏宗亲会会长邵钦祥等出席了会议。邵雍是北宋时期著名的思想家、易学家、历史学家和诗人，也是河洛文化的继承和发展者，他晚年定居于安乐窝，声名远播。研讨评价了邵雍的著作、学术思想、理论、成就及对易学发展的贡献等，也是对河洛文化的纵深研究。

2012 年 10 月 10 ~ 11 日，“第十一届河洛文化国际研讨会”于赣州举行，仍由全国政协港澳台侨委员会、中国河洛文化研究会、河南省政协主办，会议主题为“河洛文化与客家文化”。赣州号称客家摇篮，“河洛——客家”具有内在的逻辑性，集中体现为精神特质与文化内涵的一脉相承，彰显了河洛文化的辐射性，包含了客家文化的溯源。会议分组讨论了中原汉人南迁与客家之形成、客家文化之内涵与特点、河洛文化与赣鄱文化、河洛文化与周边地域文化等议题。面对全国各地及台湾地区河洛文化的专题研究，2012 年 12 月 18 日，由洛阳市社会科学界联合会主办，河南科技大学承办的“河洛文化与华夏历史文明传承创新区建设”学术研讨会，在河南科技大学开元校区开幕。来自全省和洛阳市的社科专家学者 100 余人参加了会议，分别就河洛文化研究中存在的问题、洛阳在华夏历史文明传承创新区建设中的地位、崤函文化与河洛文化的关系、河洛文化与世界文明等问题进行了研讨交流。与会学者认为，河洛文化是以洛阳为中心的一种区域文化，也是中国传统文化的主体和中国主流文化的代表，洛阳在河洛文化与华夏历史文明传承创新区建设中理应发挥重要作用。大家就洛阳在河洛文化与华夏历史文明传承创新区建设中的作用纷纷建言献策，来自社会各界的几百位学者及学生进行了认真的听讲和记录，充分体现了河洛文化的巨大魅力和影响。

2014 年 6 月 11 ~ 12 日，“第十二届河洛文化国际研讨会”在厦门举行，会议主题为“河洛文化与闽南文化”。海内外与会专家学者近 200 人，提交论文 110 篇，汇编为《河洛文化与闽南文化》论文集，由河南人民出版社出版。河洛文化是中华民族独特的精神标识，与客家文化、台湾文化、华侨文化息息相关，研究者之间的深入交流，丰富了河洛文化的研究内涵和范围，对促进海峡两岸文化交流、人员往来、两岸关系和平发展等都做出了积极贡献。应学界要求，2014 年 11 月 20 日，由洛阳市社科联和洛阳理工学院联合主办的“河洛文化与华夏历史文明传承创新”学术研讨会，再次于洛阳召开，广州市社科联、河南省社科院、河南大学、郑州大学以及洛阳市河洛文化研究领域的100 余名专家学者到会，采用主题发言和分组讨论的形式，围绕洛阳如何传承弘扬河洛文化、建设华夏历史文明传承创新示范区、运用丝绸之路与大运河申遗成果加快建设中原经济区文化示范区等议题展开了深入交流，对洛阳建设中原经济区文化示范区起到了一定的推动作用。2014 年 12 月 6 日，“河洛文化研究高层论坛（2014）”在郑州举行，这是一次高规格的学术研讨活动，由中国河洛文化研究会、河南省社会科学院、河南省政协港澳台侨和外事委员会主办，河南省河洛文化研究中心、河南省社会科学院历史与考古研究所、河南省社会科学院中原文化研究所、《中原文化研究》杂志社承办，主题为“深化河洛文化研究”。中国河洛文化研究会顾问、中共河南省委原书记徐光春，中国河洛文化研究会顾问、河南省政协原主席王全书，中国河洛文化研究会常务副会长、河南省政协副主席邓永俭，中国河洛文化研究会常务副会长陈义初，中国河洛文化研究会秘书长、河南省政协港澳台侨委员会主任陶振江，河南省社会科学院院长喻新安，河南省社会科学院党委书记魏一明等出席研讨会并致辞，来自北京大学、中国社会科学院、河南省社会科学院、郑州大学、河南大学、河南师范大学、河南科技大学、安阳师范学院、信阳师范学院、洛阳师范学院、洛阳理工学院、洛阳市社科联、三门峡职业技术学院等单位的领导、学者和嘉宾 100 余人，围绕主题建言献策，共商河洛文化研究发展大计，既有回顾反思，亦有前瞻规划，各大媒体予以了广泛宣传，对促进河洛文化的纵深研究功莫大焉。

深化河洛文化研究离不开台湾学者的参与支持，继 2011 年 4 月“第十届河洛文化国际研讨会”于台北举行，2015 年 10 月 13 日，由中国河洛文化研究会和中华侨联总会联合主办的“第十三届河洛文化国际研讨会”在台湾新北市召开，主题仍为“河洛文化与台湾”，来自海峡两岸、香港地区以及美国、韩国的专家和学者150多人与会，提交论文70余篇，从多个方面探讨了河洛郎的含义和名称来源、河洛文化对台湾地区的深刻影响、河洛文化与闽台地区土著文化的融合、台湾朱子学与洛学的渊源、客家文化在世界的播迁、河洛文化与海上丝绸之路等议题，丰富的研讨成果进一步深化了河洛文化研究的内容和方向。洛阳始终是河洛文化研究的中心，为了助推河洛文化研究向纵深发展。2015年11月20日，洛阳市社科联、洛阳理工学院主办了主题为“河洛文化与‘一带一路’的学术研讨会”。应邀参会的200余名省内外专家学者，围绕洛阳在丝绸之路中的地位与意义、推动洛阳全面融入“一带一路”倡议进行了热烈讨论。中国社会科学院考古研究所原所长刘庆柱发言说，丝绸之路是“政治之路”“外交之路”“和合之路”，是中国走向世界之路，也是世界走向中国之路。会后出版了《河洛文化与“一带一路”》论文集。一个月后，2015年12月23日，由洛阳师范学院河洛文化国际研究中心、洛阳市社会科学联合会、中原经济区智慧旅游河南省协同创新中心和郑州大学亚太研究中心联合主办的“洛阳学国际学术研讨会”在洛阳召开，来自中国、日本、韩国的20多位专家学者做了专题报告，200余名师生聆听了研讨。日本明治大学文学部的气贺泽保规教授以“中国中古洛阳与洛阳学的意义”为题，介绍了中古时期洛阳重要的历史地位和作用，罗列了自己在洛阳石刻文献整理方面所做的工作，他认为洛阳学的研究是极为必要的，应该由海内外学者的共同努力来推进。大家达成共识致认为，洛阳在诸多方面对古代东亚世界产生了深远的影响，构建洛阳学具有重要的学术意义。此次国际研讨会是继2010年11月在日本明治大学举行的“洛阳学国际研讨会”之后，以洛阳学为主题的第二次国际研讨会，韩国学者的加入，体现了中、日、韩三国学者对洛阳历史文化地位的认可，提升了洛阳学的研究层次，进一步推动了洛阳学和河洛文化研究向多层次、多领域、国际化的方向发展。

2016年是洛阳学界高度看重的一年，金秋9月的21~24日，“第十四届河洛文化国际研讨会”于洛阳召开。会议由全国政协港澳台侨委员会、河南省政协、中国河洛文化研究会共同主办，参会专家学者200余名，分别来自全国15个省和香港、台湾地区，以及美国、韩国等国家，研讨主题为“河洛文化与华夏历史文明的传承及创新”。这一主题此前已在2012年和2014年，由河南科技大学和洛阳理工学院承办的河洛文化专题研讨会上进行过讨论，有了一定的学术积累，本次研讨的重点主要是河洛文化与“一带一路”、河洛文化与程朱理学、河洛文化与洛阳等，此次研讨会取得了丰硕成果，会后出版了学术论文集。

“洛阳学”是河洛文化研究的重要部分，继2015年洛阳师范学院举办第二次以洛阳学为主题的国际研讨会后，“2017洛阳学国际学术研讨会”于2017年9月26～27日在洛阳召开，会议由河南省社会科学院、洛阳市社科联发起，河南科技大学、洛阳师范学院、洛阳理工学院、河南省华夏历史文明传承创新基金会参与主办。国内外100余名专家学者围绕洛阳学的建构与内涵、洛阳学与“丝绸之路”、洛阳学与河洛文化关系、古都的“洛阳模式”、洛阳建设国际文化旅游名城等议题展开了广泛深入的讨论。河南省社科院院长张占仓发言认为，开展洛阳学研究可以提升区域和国家文化软实力与影响力。日本明治大学东亚石刻文物研究所所长气贺泽保规发言说，洛阳与日本在历史上有着密切联系，这是推动洛阳学发展的基础。中国古都学会原会长、陕西师范大学教授朱士光指出，洛阳学研究的切入点应该是古都文化，洛阳古都文化主要体现在择中建都文化、礼乐文化、尊儒重教文化、佛道文化等方面。大家对“洛阳学”的研究充满了期待。

厚重的河洛文化是民族文化自信心的重要源泉和根本，2018年9月28～29日，“河洛文化与文化自信”学术研讨会在洛阳举办，会议由洛阳市社会科学界联合会、洛阳理工学院共同主办，与会专家学者来自全国各地共计130多位，贡献了自己的研究成果，会后80余篇论文被结集出版。大家围绕“河洛文化与文化自信”“河洛文化的创造性转化与创新性发展”“河洛文化及其核心精神”等议题，畅所欲言，热烈讨论了河洛文化的内涵研究、文化自信、河洛文化的创新性发展等问题，一致认为，要站在历史的新起点，坚守中华文化立场，立足当代中国现实，结合当今时代条件，放眼世界和未来，坚定文化自信，勇于担当打造华夏历史文明传承创新区的重任，提升河洛文化的世界影响力。

四

展望未来，河洛文化研究可谓正当其时，方兴未艾，任重而道远，我们有理由相信，河洛文化研究一定能更上一层楼。

首先，河洛文化研究的组织机构已经初具规模，从国家级中国河洛文化研究会到省级河洛文化研究中心，再到市级河洛文化研究院，然后到高等院校的国际河洛文化研究中心、河洛文化研究基地、河洛文化研究所等，河洛文化的机构设置愈来愈健全完善，保证了河洛文化研究工作的有序推进和深入展开。1995 年 3 月 22 日，原洛阳工学院（现河南科技大学）“河洛文化研究所”成立，中心积极开展人才培养工作，定期对学生举办河洛文化研究讲座。2006 年申报专门史硕士点获批后，2007 年开始招生，至今已培养了数十名热爱河洛文化研究的研究生，其中有的考上了博士继续深造，成为河洛文化研究的后备力量。2011 年 3 月，洛阳市人文社科重点研究基地——河南科技大学“河洛文化研究中心”成立，中心依托学校高层次的教师队伍，将学术研究与教学相结合，一方面开展河洛文化研究工作，一方面培养储备人才，河洛文化专门史研究生已经成为河南科技大学的一个亮点。1995 年 9 月，洛阳市“河洛文化研究院”成立，多年来，利用全市的人文社科人才力量，协调组织开展了许多宣传普及河洛文化研究的工作，打开了洛阳市河洛文化研究的新局面。2002 年 9 月，洛阳师范学院“河洛文化国际研究中心”成立，三年后，被批准为河南省第二批普通高等学校人文社会科学重点研究基地，至今仍是推介宣传河洛文化的重要力量。2004 年 9 月 28 日，依托河南省社会科学院的“河南省河洛文化研究中心”正式成立，社会科学院高层次专门研究队伍的加入，无疑使河洛文化研究如虎添翼。2006 年 2 月 24 日，由全国政协牵头的“中国河洛文化研究会”在北京挂牌，这是第一个以地域文化命名的研究会，表明河洛文化不同于一般地域文化，这也是河洛文化研究人员的殊荣，为河洛文化研究形成热潮送来了春风雨露，河洛文化研究之花必将全球绽放。

其次，三十年来河洛文化研究已经取得了许多令人欣喜的成果，打开了河洛文化研究的新局面，铺垫了河洛文化研究高涨势头的基础。单是国家级别的项目就有多项，如 2004 年，由陈义初主持的国家社会科学基金重大项目“河洛文化的起源、传承与影响”获得批准立项，四年后圆满结项，出版了 6 部专著：程有为的《河洛文化概论》、王永宽的《河图洛书探秘》、任崇岳的《中原移民简史》、李绍连的《河洛文明探源》、杨海中的《图说河洛文化》、李乔、许竟成的《固始与闽台》等，加深了对河洛文化根性特征和根性精神的认识，推动了河洛文化研究的学术深入，对实现国家和平统一和中华民族的团结起到了重要作用。2006 年，原洛阳大学（现洛阳理工学院）史善刚等申报的《河洛文化与民族复兴研究》丛书，成功获得了国家社会科学基金特别委托项目的资助，至 2010 年完成丛书六种：史善刚的《河洛文化与中国易学》、董延寿的《河洛思想文化研究》、安国楼的《河洛文化与客家文化》、温玉成的《河洛文化与宗教》、杨海中的《河洛文化与闽台文化》、薛瑞泽的《河洛文化的对外传播与交流》，由河南人民出版社出版发行，受到了学界的好评，也取得了一定的社会反响，评论推介多有嘉许。2009 年，由河南省社会科学院杨海中副研究员任首席专家的国家社会科学基金重大项目“河洛文化与闽台关系研究”获得立项，于 2016 年底结项，先后出版了七部专著：刘加洪的《河洛文化与客家优良传统》、任崇岳的《台北知府陈星聚评传》、龚国光的《河洛文化与赣鄱文化》、罗勇、邹春生的《河洛文化与客家文化述论》、汤漳平的《河洛文化与闽南文化综论》、何绵山的《闽台五缘简论》、杨海中的《周代礼乐与河洛文化》，被赠予历届河洛文化国际研究会的专家学者后，得到了高度赞扬，再度掀起了河洛文化研究的热潮。

报纸杂志上的河洛文化研究栏目，也是助推河洛文化研究的主要阵地。1994 年 3 月，《文史知识》推出了“河洛文化专号”，这一期专号共收集文章 29 篇，其中宏观论述河洛文化的 7 篇文章全部被《人民日报》（海外版）

转载，如张世军的《弘扬河洛文化　重振古都雄风》、张书田的《河洛文化——文明史上的一朵奇葩》、张岱年的《河洛在中国文化史上的地位》、刘家和的《说洛阳为天下之中》、韩国磐的《河洛文化　源远流长》、李学勤的《河洛的历史地位与河洛文化的性质》和朱绍侯的《河洛文化与河洛人、客家人》等。其他类型的文章有罗宗强的《汉魏文章与洛阳》、王志民的《“洛阳纸贵”——说左思〈三都赋〉》、蔡运章的《河图洛书之谜》、沈福伟的《伊朗文化、印度文化和洛阳》和衷尔钜的《二程及其洛学》等，学术价值自不待言。2004 年 8 月到 11 月，在河南省社会科学院协助下，《光明日报》理论部“河洛文化研究专栏”相继发表了一系列研究河洛文化的论文和大型研究报告，扩大了河洛文化的影响力。《河南科技大学学报》（社会科学版）、《洛阳师范学院学报》和《洛阳大学学报》所开设的“河洛文化”研究专栏，共同构筑了河洛文化研究的重要方阵，对河洛文化研究起到了积极的促进作用。现已停办的《河洛春秋》和《河洛史志》，也对河洛文化研究起过重要作用。洛阳历史文物考古研究所与洛阳市历史学会主办的学术季刊《河洛春秋》，1983 年 7 月创刊，每期约 9 万字，主要刊登以研究洛阳历史、文物考古方面的学术论文为主。由洛阳地方史志办公室主办的方志类季刊《河洛史志》1982 年创刊，原名《洛阳市志通讯》，1985 年改名《河洛史志》，主要内容为河洛文化的微观层面研究。

已经召开的十四届河洛文化国际研讨会每届都有论文汇编出版，如首届的《河洛文化论丛（一）》，1990 年 8 月由河南大学出版社出版，精选论文 30 篇，既有宏观研究，也有宗教文化研究，还有对外传播以及都城文化探究，研究内容相对具体。第二届的《河洛文化论丛（二）》，1991 年 7 月由河南大学出版社出版，收集论文 35 篇，从整体来看水平较第一部高，研究内容增加了经学文化的内容，其中不乏一些有分量的作品。这两部关于河洛文化的论文集对于促进河洛文化的研究起了有力的推动作用。第三届的论文集为《夏商文明研究》，没有突出河洛文化研究的主旨，对全国夏商文化研究起到了一定的推动作用，但对刚刚兴起的河洛文化研究显然不利，之后种种原因使河洛文化研究陷入沉寂。陈义初主编的《根在河洛——第四届河洛文化国际研讨会论文集》，2004年8月由大象出版社出版。全书分上、下两册，收录论文75篇，共68万字。内容大致分为三类：一是河洛文化本身的综合研究；二是河洛文化的对外影响特别是在台湾地区及东南亚的影响；三是河洛地区的思想史及文学史研究。有些学术观点较之以前有所进步，但存在低水平重复的现象，应引为鉴戒。第五届的《河洛文化与汉民族散论》，2006年4月由河南人民出版社出版，主要探讨了数千年来中华民族发展的历史轨迹及其启示。第六届的成果为《河洛文化与殷商文明》，2007年10月由河南人民出版社出版，收录论文92篇，肯定了河洛文化的根源性、主流性、传承性、辐射性等。第七届的论文汇编为《河洛文化与闽台文化》，杨海中主编，2009年5月由河南人民出版社出版。第八届的论文集为《河洛文化与姓氏文化》，2009年10月由河南人民出版社出版。第九届的论文汇编为《河洛文化与岭南文化》，2010年1月由河南人民出版社出版。第十届论文集为《河洛文化与台湾文化》，2011年4月由河南人民出版社出版。第十一届论文汇集为《河洛文化与客家文化》，2012年9月由河南人民出版社出版。第十二届论文集为《河洛文化与闽南文化》，2014年5月由河南人民出版社出版。第十三届论文汇编为《河洛文化与台湾》，2015年10月由河南人民出版社出版。第十四届论文集为《河洛文化与华夏历史文明的传承及创新》，2016年9月由河南人民出版社出版。十四届河洛文化国际研讨会每届突出一个主题，展开细致讨论，全面深化了河洛文化研究的内涵和外延，传播到海内外，影响极大。2018年2月，河南人民出版社在前期基础上策划出版了“河洛文化研究丛书”30种，蓝色系精装16开，是对河洛文化研究的一次深度梳理，探抉发微、内容广泛、立论深刻、学术与普及兼容。既有对河洛文化精神内涵、物质文化、制度文化的探讨，也有对河洛地区一些典型人物、作品、传统风俗、教育、文化等的研究，如《河洛文化与赣鄱文化》《固始与闽台》等。

此外，潜心研究河洛文化的专家学者还出版了许多自成体系的理论专著，数量之大不可一一罗列，仅就目之所及做一略述。第一个十年有：孟令俊的《河洛古今》，1991年7月中州古籍出版社出版，该书梳理了河洛历史的演变；孟令俊的《河洛文化纵横》，1993年9月中州古籍出版社出版，16万字，是较早关注河洛文化的论著；洛阳市第二文物工作队的《河洛文明论文集》，1993年7月中州古籍出版社出版，收有论文40余篇；史善刚的《河洛文化论纲》，1994年7月河南人民出版社出版，26万字，是论文集性质的书籍，显示了河洛文化研究的价值与趋向；河南省社会科学院河洛文化研究所的论文集《洛汭与河图洛书》，1996年3月河南科学技术出版社出版，对河图洛书进行了深入研究；周文顺、徐宁生主编的《河洛文化》，由郑州大学港台人文研究中心与河南省台办共同完成，1998年9月五洲传播出版社出版，38万字，是一部系统研究河洛文化的学术专著。

第二个十年有：郑淑真、萧河、刘广才主编的《根在河洛》，24万字，2000年10月华艺出版社出版，是一部探讨台湾与河洛关系的著作，对台湾与河洛的渊源关系做了初步探索。薛瑞泽的《汉唐间河洛地区经济研究》，30万字，2001年10月陕西人民出版社出版，是一部研究河洛地区经济史的学术专著，主要从农田水利建设、农业区划、粮食作物和经济作物的种植以及作为农业经济补充的林牧渔业的发展状况等方面着手，探讨了汉唐间河洛地区的经济发展状况，极大地丰富了河洛地区的经济史研究；侯超英、刘福兴主编的《河洛文化系列丛书》，2003年5月九州出版社出版，是全面介绍河洛文化的多卷本学术丛书，全套12册，包括魏晓彤、侯超英主编的《洛阳史话》，王智俊、张光第主编的《洛阳山水》，焦振亚主编的《河洛风情》，王红星、张宝利主编的《洛阳牡丹》，刘福兴、钱为强、谢社军主编的《河洛饮食》，刘福兴、许锁孚、张宝剑主编的《洛阳帝宅春秋》，袁君敬、朱志仁主编的《洛阳科教史话》，刘福兴编著的《河洛宗教史话》，侯超英、黄素霞选注的《洛阳名胜诗选》，张文萍选编的《洛阳历代文选》，朱志仁、袁君敬主编的《洛阳历代名人》，吕新江主编的《洛阳神话传奇》等，文字通俗易懂，雅俗共赏，具有知识性、趣味性、可读性；张华、萧河、刘广才编著的《台湾河洛郎》，15万字，2003年12月华艺出版社出版，主要探索中国台湾地区移民与大陆特别是与河洛地区的关系，是国内第一部论述河洛郎对台湾开发的贡献以及河洛文化对台湾文化影响的书籍；王绣主编的《魅力洛阳——河洛地区文物考古成果精华》中英文本，2005 年 12 月大象出版社出版，将近百件考古发现的文物精品，按史前时期、夏商周时期、汉魏时期、隋唐时期和五代宋元时期编排，再现了千年帝都的辉煌；薛瑞泽、许智银的《河洛文化研究》，30 万字，2007 年 10 月民族出版社出版，对河洛文化的研究概况、相关概念、河洛文化的发展分期及影响等，进行了深入的研究，是一部新世纪河洛文化研究颇具学术价值的力作。

第三个十年有：唐颐的《图解河图洛书河洛真数》，2010 年 1 月陕西师范大学出版社出版，认为河图洛书是中华文化，阴阳五行术数之源；王伯章编著的《中华民族精神根源——河洛文化》，2011 年 6 月河南人民出版社出版，论述了河洛文化是中华民族精神的根源，主要内容包括河洛文化经典概念、河洛文化的形成、齐鲁文化继承发展了河洛文化、河洛文化理论探讨、河洛文化辐射在中国台湾地区、中华姓氏起源海外华人寻根等；洛阳博物馆编《河洛文明》，2012 年 6 月中州古籍出版社出版，是为配合洛阳博物馆“河洛文明”展览而出版的画册，通过文物图片，展示了河洛地区悠久的文明与历史；刘保亮的《河洛文化视野下新时期河南文学的乡土风骚》，2012 年 12 月河南人民出版社出版，探讨了河洛文化对新时期河南乡土文学的影响，通过追踪河洛地域的王都文化、理学文化、道家文化的历史语境，从权力书写、叙事伦理、道家话语三个方面探寻新时期以来阎连科、李佩甫、刘震云、刘庆邦等河南作家相对一致的文学主题，呈现其颇具地域特色的群体精神镜像，从而在全球化和多元文化的语境下绘制中国当代地域文学中的“文学豫军”地图，在目前打造中原华夏文明传承创新区中彰显中原文化与文学的历史演变轨迹与当代风貌；徐金星、郭绍林、扈耕田等的《河洛文化论衡》（上下册），2014 年 10 月中国文史出版社出版，由洛阳市社会科学界联合会组织洛阳市社科专家完成，是一部关于河洛文化的“百科全书式”著作，全书十四章涵盖了河洛文化的学术界定、学术研究史，河洛地区的古代都城文化、思想史、宗教史、史学史、文字学史、文学史、古代艺术史、教育史、科举史、科技史、民俗史、姓氏文化史及河洛文化与其他国内外古代文化的交流史等。专著之外，河洛文化专家学者已发表的学术论文数量更多，仅在知网上检索以“河洛”为题名的结果就有600多篇，其他内容涉及河洛文化研究的篇章更不胜枚举，作者们独到的见解、严密的论述，都是河洛文化研究的宝贵成果。

影视方面宣传河洛文化的也有很多，如2005年5月，五集电视专题片《纵横中国·洛阳篇》，在香港凤凰卫视中文台黄金时间播出，引起了人们对洛阳的关注。2006年3月，五集《解密东方河洛文化系列——华夏文明之根》，再次在香港凤凰卫视中文台黄金时间播出，五集为河图洛书，“龙马负图，神龟贡书”；五大学派，儒家、道家、佛学、玄学、理学；《周易》，六经之首；大迁徙，西晋、中唐、晚唐河洛人向闽南一带的大规模迁徙；根在河洛，河洛人根在河洛，再次产生了轰动效应。2007年开拍的《大唐儒将开漳圣王》，由香港著名导演范秀明执导，是一部反映客家文化的大剧，生动讲述了唐初名将陈政、陈元光父子率领将士建漳开台的历史故事，对祖国统一大业有着积极的促进作用。

回望过去，从以洛阳为中心的研讨活动，发展到以河南为中心，再到广东、台湾、江西、福建等地大型学术研讨会的举办，从进入学界的视野到成为一个重要的学术热点，河洛文化研究已经成为在海内外有影响的文化品牌。尽管河洛文化的研究还存在这样那样的不足，如基本的理论问题并未彻底解决，河洛文化的概念、地域范围、性质、特点等，至今未有一个较为权威且为学术界所接受的研究成果；学术研究的功利化色彩明显，为了每年召开一次的河洛文化学术研讨会，学者撰写论文几乎成为参会的入场券，导致低水平重复研究同一问题的现象不时出现；研究队伍鱼龙混杂，主流学者参与较少，高水平人员多是兼职，缺乏专职队伍；各种研究机构虽然较多，但组织不力，发挥作用有限；高水平的具有代表性的研究成果还很欠缺，河洛文化研究其学术的认可度较低；等等。总的看来，经过三十年的精耕细作，河洛文化研究专业人员队伍素质提升，河洛文化研究成果丰硕，积淀深厚，影响不断扩大，尤其是跨学科人才的参与，新媒体技术的运用，为未来的河洛文化研究提供了充足的力量，必能使河洛文化研究走上康庄大道。

展望前景，提出几点建议，仅供参考。其一，中国河洛文化研究会应当发挥其最高学术团体的学术引领作用。每年可以仿照各级社科规划课题，发布一些课题，让学者通过竞标的方式按获得的课题项目展开研究，这样既可以引领学术研究的方向，也可以避免低水平的重复。其二，中国河洛文化研讨会的召开应当进一步提高学术水平，对参会的论文以及收入论文集的论文进行筛选，把水平较低的论文筛选掉。其三，规范学术。提倡学者学术自由的同时，引导学者从事高水平的学术研究，鼓励原创性研究成果，坚决抵制低水平的重复。其四，以河南省河洛文化研究中心为依托，容纳各地市的学术研究机构和学者，组织强大的学术队伍，进一步深入展开河洛文化研究。其五，继续组织学者开展集体攻关，对河洛文化研究的基本问题拿出权威的、为更多学人接受的学术结论。其六，吸纳学术界更多的主流学者参与河洛文化研究，使河洛文化研究成为学术界的热门学科。其七，创办一份以书代刊性质的学术杂志，使河洛文化研究的学术成果有发表的平台。同时可以进一步提升中国河洛文化研究会的学术声望。

正如陈义初所言："河洛文化被视为中华民族文化的核心文化，是我国众多的地域文化之根。河洛文化研究有利于中华文明探源工作的深入，有利于弘扬我国优秀的传统文化；有利于祖国的和平统一，有利于海峡两岸人民及世界华人对中华民族的认同、中华文化的认同和祖国的认同。由此，河洛文化研究需要与当前的现实密切联系，与实现伟大的'中国梦'紧密结合，为中华民族的伟大复兴做出更大的贡献。"在经济全球化、文化多元化日新月异的今天，深入研究河洛文化不仅有助于新时代中国特色社会主义建设，推动实现中华民族的伟大复兴，而且对建设人类命运共同体也有着积极的促进作用。河洛文化光芒万丈，弘扬河洛文化任重而道远，研究河洛文化永无止境。

B.3

洛阳市“博物馆之都”建设研究报告

刘福兴　张亚飞　刘　薇　李文初*

摘　要： 博物馆是彰显人类历史沉淀与深厚文化底蕴的主要场所，也是城市独特的文化标志。“博物馆之都”这一概念提出之后，国内许多城市纷纷提出要打造并采取了一系列行动，也取得了很好的成效。洛阳市2017年正式提出建设“博物馆之都”，两年来工作推进很快，截至2018年底已建成各类博物馆、纪念馆69座。但在发展中还存在诸如场馆、人员经费、科研、政府政策等方面的问题，因此，下一步应着力在提高政府支持力度、加快非国有博物馆产业集聚发展、完善“博物馆之都”建设的战略规划等方面下功夫，以期顺利实现建设“博物馆之都”的目标。

关键词： 博物馆　博物馆之都　洛阳

“博物馆之都”是一个人文概念。2009年，英国博物馆委员会提出了“让民众成为博物馆的核心，让博物馆成为社会的核心”的发展理念①，世界各国越来越重视博物馆建设。对于一个有90万处不可移动文物和2000多万件可移动文物的中国来说，当前各处共有5354座博物馆，分布于全国各

* 刘福兴，中共洛阳市委党校副校长、教授；张亚飞，中共洛阳市委党校讲师，博士；刘薇，洛阳市第二外国语学校教师；李文初，洛阳市文物局博物馆科科长。

① 《“博物馆之都”藏何玄机》，新华网，http://www.xinhuanet.com/comments/2017-12/01/c_1122041125.htm，2017年12月1日。

地。[1] 博物馆是彰显人类历史沉淀与深厚文化底蕴的主要场所，也是城市独特的文化标志。习近平总书记指出，“博物馆是中国历史的保存者和记录者，也是当代中国人民为实现中华民族伟大复兴的中国梦而奋斗的见证者和参与者”。[2] 国内许多城市纷纷提出要打造“博物馆之都”“博物馆之城”，并采取了一系列行动。洛阳自2017年正式提出建设“博物馆之都”以来，依托自身原有丰富的传统文化资源，在建设国际文化旅游名城、打造公共文化服务体系示范区等重要项目中，不断加快建设的步伐，市委市政府和主管部门制定出台了一系列博物馆建设和管理的文件和举措，多种措施有力地促进了国有博物馆和民营博物馆的共同发展，两年过去了，洛阳市“博物馆之都”的建设情况怎样，建设过程中存在哪些不足，国内同类城市有哪些可供借鉴的经验，对比亟须进行阶段性的调研和总结。

一　洛阳市“博物馆之都”建设的现状

洛阳市“博物馆之都”建设有着明显的特色资源优势和政策优势。洛阳市委市政府的高度重视和博物馆行业从业者的积极努力，使“博物馆之都”建设自2017年启动以来，取得了明显的建设成效。

（一）总体情况

洛阳是1982年国务院首批公布的历史文化名城，历史上先后有13个王朝在此建都。全市现有世界文化遗产3项6处，全国重点文物保护单位43处，省级文物保护单位122处，其他不可移动文物9000处。悠久的历史，灿烂的文化，给洛阳留下了丰厚的文化遗产。据第一次全国可移动文物普查统计，全市国有馆藏文物419918件（套），非国有博物馆在册藏品51914件（套），为洛阳市博物馆事业发展提供了得天独厚的条件。洛阳市现有各类

① 《谁是“博物馆之城”》，新浪网，http://city.sina.com.cn/nz/bwgzc.html。

② 习近平：《致国际博物馆高级别论坛的贺信》，《人民日报》2016年11月11日。

博物馆、纪念馆69座，其中国有博物馆20座，非国有博物馆49座。初步形成了以国有博物馆为支撑、以非国有博物馆为重要补充的博物馆展示体系。据统计，2016年全市各类博物馆共接待游客746万人次；2017年，全市各类博物馆共接待游客817万人次；2018年，全市各类博物馆共接待游客840万人次。博物馆接待游客总量每年均有较大幅度提升。总体表现出以下几个特点。

（二）特色优势

洛阳是历史文化名城，悠久的河洛文明为洛阳留下了大量宝贵的历史文化遗物和遗迹，民间收藏之风有着悠久的历史和浓厚的氛围，这是洛阳市非国有博物馆得天独厚的发展条件。

一是文物存量丰富。2016年，第一次全国可移动文物普查统计，洛阳全市国有馆藏收藏单位49家，文物藏品419918件（套）；非国有博物馆在册藏品51000余件（套），涉及玉石、宝石、陶器、瓷器、金银器、钱币、古籍图书、金属证章和生活用具等9类，覆盖从西周时期到近现代的3000年历史阶段。二是博物馆数量增长较快，民办博物馆异军突起，分布均衡。2018年全市共有博物馆69家，三级以上博物馆11家，其中非国有博物馆49家，分布在老城区7家、西工区5家、瀍河区6家、涧西区4家、高新区2家、洛龙区15家、偃师市1家、新安县4家、伊川县1家、孟津县1家、嵩县2家、伊滨区1家。洛阳龙门博物馆是河南省唯一一家国家二级非国有博物馆。三是文化内涵代表性强。包括以“河图洛书”“周公制礼作乐”为代表的寻根文化，以白马寺、龙门石窟等为代表的儒释道宗教文化，以伏羲、伊尹、周公姬旦、杜甫、范仲淹、二程、朱熹等为代表的名人文化，以牡丹画、牡丹瓷、牡丹茶、牡丹酥、牡丹药枕等牡丹系列自然文化，以青铜制造技术、制陶技术、造纸术、印刷术等技术和错金银铜鼎、铜尊、盂、俑、盘、匜、铜壶、石磬唐三彩陶器等器物为代表的古代科技文化。四是级别高、影响力大。洛阳市有世界文化遗产3项6处，全国重点文物保护单位43处，省级文物保护单位122处，其他不可移动文物9000处；非物质文化遗产国家级8项，省级58项，市级135项，县（市）区级以上非物质文化遗产项目1057项。以民办博物馆为例，2018年累计平均开放300多天，游客累计参观410万余人次。洛阳市的第一家非国有博物馆是2003年成立的洛阳龙门博物馆，而井喷式发展开始于2011年，2012年审批13家，2013年7家，2014年13家，2015年7家，2017年6家，2018年2家。全市18家非国有博物馆拥有自己的网站，40家已纳入百度百科或360百科。

（三）政策优势

1. 国家公布了一系列博物馆管理政策

自2005年文化部公布《博物馆管理办法》后，2015年3月国务院总理李克强签署第659号国务院令，公布我国博物馆行业第一个全国性的法规文件《博物馆条例》。2014年8月《国家文物局关于民办博物馆设立的指导意见》（文物博发〔2014〕21号）发布。2016年3月16日颁布出台了《中华人民共和国慈善法》和2016年5月11日国务院办公厅转发的文化部等部门《关于推动文化文物单位文化创意产品开发若干意见的通知》等法规、文件。2017年7月14日国家文物局出台了《关于进一步推动非国有博物馆发展的意见》（文物博发〔2017〕16号）。这些文件为博物馆尤其是非国有博物馆的发展提供了资金筹集、内部管理、扶持政策的依据，也为洛阳市出台相关政策提供了前提条件。

2. 洛阳市成立了专门机构和配套政策，在资金、土地等方面给予有力扶持

2013年1月，洛阳市民营博物馆协会正式成立。2013年7月，市政府在河南省率先出台《洛阳市人民政府关于促进民办博物馆发展的意见》（洛政〔2013〕82号），2016年3月1日又出台了《洛阳市关于加快构建现代公共文化服务体系的实施意见》（洛办〔2016〕2号），在“提高各级公共文化机构服务能力”内容中，专门提出“逐步将有条件的民办博物馆、行业博物馆纳入免费开放范围，逐步扩大文物建筑及遗址类博物馆免费开放范围”。2018年12月，市委、市政府正式印发《洛阳市建设博物馆之都工作实施意见》（洛发〔2018〕25号）（以下简称《意见》），将非国有博物馆

发展作为洛阳市“博物馆之都”建设的重要环节，明确提出要加强人才培养和引进，建设文物博物馆专家队伍，成立讲解服务公司，规范讲解服务；设立打造“博物馆之都”专项资金，鼓励各博物馆设立基金；建立健全非国有博物馆扶持管理政策，规范建设运营，依据国家政策落实各类博物馆在财政、税收、金融和土地等方面的优惠政策；还提出了深化博物馆旅游，推广博物馆精品旅游线路，打造洛阳市“博物馆研学”品牌，推动相关产业融合等。从用地、资金、税收、人才政策等方面对民办博物馆发展予以扶持，《意见》中对非国有博物馆的财政扶持包括非国有博物馆的场馆建设补助和免费开放运转补助的标准和具体要求。2013 年至今，省、市财政先后 3 批次共拨付洛阳市非国有博物馆扶持资金 280 万元，对 21 家先期开放的非国有博物馆给予了资金扶持和补贴。2014 年，洛阳市文物局会同市财政局组织专业人员对洛阳市先期开放的 21 家非国有博物馆的免费开放工作进行了绩效评估。2017 年 11 月，对 2014 年至 2015 年 12 月已免费开放但未获得政府资金扶持的 20 家非国有博物馆进行绩效考核，并根据考核结果，报请洛阳市政府发放 211 万元补助资金。

二　洛阳市“博物馆之都”建设存在的问题

虽然洛阳市“博物馆之都”建设推进迅速，成效显著，但也存在瓶颈和一些问题。

（一）场馆问题

从调查全市 69 家博物馆现有开放场所的情况来看，洛阳下辖县（市）中仅有偃师、新安 2 个县建有国有博物馆并对外开放，其余县仍没有建成国有博物馆，与洛阳文物大市和历史文化名城的地位不相称。受土地、成本等条件限制，大部分非国有博物馆的场馆狭小、位置偏远、分布零散，甚至个别场馆建在居民楼或办公楼里面，现实情况直接制约着非国有博物馆的可持续发展、陈展的提升和游客接待量的增长。

（二）人员经费问题

国有博物馆受编制和经费预算的限制，专业技术人员青黄不接，如洛八办纪念馆编制只有10人；古代艺术博物馆、隋唐大运河博物馆等日常工作经费不足的问题也比较突出。非国有博物馆缺乏资金稳定来源，私人开办的非国有博物馆，博物馆的藏品收集和日常经费均由个人支出，为了博物馆的正常开放只能不断压缩各项支出，如人员经费、用电和用水支出等，严重制约陈展提升、科研活动的开展、消防安全、藏品的增加与日常维护等。民企开办的非国有博物馆可以得到企业稳定的资金支持，但受民企的经营状况影响较大，比如洛阳真不同水席博物馆和洛阳周氏银器博物馆，因企业经营资金问题，严重压缩博物馆从业人员数量等。合作开办的非国有博物馆，博物馆的日常经费也靠个人支出，面临与私人开办的非国有博物馆同样的问题。

（三）科研问题

在对洛阳市博物馆调查中发现，多数博物馆缺乏相关专业人员，原因有三：一是管理者对此不重视，其往往重视藏品的收藏，而忽视专业技术人员的引进；二是人才的待遇太低，资金和管理体制的问题使专业技术人员的待遇不能得到保障与提高，这是博物馆留不住人才的主要原因；三是专业人员内部身份不明确，因为人员紧张，专业人员在博物馆日常运营中，往往是一人多“职”，如科研、文员、打杂和跑腿等身份互换互用，待遇不佳，责任则随职务变换不断增多。

（四）政府政策的问题

政策衔接存在问题，对民办博物馆的影响尤其明显。如2013年7月，洛阳市政府出台的《洛阳市人民政府关于促进民办博物馆发展的意见》（洛政〔2013〕82号），虽然已经对41家免费开放的非国有博物馆先后发放扶持资金491万元，但由于该政策不适用于新环境下的非国有博物馆的发展需求，已于2017年4月由市政府发布的《洛阳市人民政府关于公布规范性文件清理的决定》（洛政〔2017〕41号）文件废止。2010年1月29日《国家文物局 民政部 财政部 国土资源部 住房和城乡建设部 文化部 国家税务总局关于促进民办博物馆发展的意见》（文物博发〔2010〕11号）明确要求各地切实解决非国有（民办）博物馆的馆舍与税收优惠等问题。2017年7月14日，国家文物局发布《关于进一步推动非国有博物馆发展的意见》（文物博发〔2017〕16号），明确提出非国有博物馆用电、用水、用气、供暖价格执行当地居民标准等优惠待遇。但洛阳的相应配套政策没有及时跟上，即使出台了相关政策，相关部门也没有出台可操作性的细则，导致政策难以落实，如土地划拨、用电、用水、用气和供暖价格等。同时也存在博物馆自身不熟悉相关政策的问题。如，根据《财政部国家税务总局关于非营利组织免税资格认定管理有关问题的通知》规定，非营利组织免税资格的认定，需要向相应级别的税务部门提出申请（在省民政登记的，向省税务部门申请；在市、县登记的，向市、县税务部门申请），而很多非国有博物馆不了解相关政策，未完成非营利组织免税资格认定，所以享受不了相关免税政策。

三 外地“博物馆之都”建设的基本经验

21世纪初，国内许多历史文化名城提出建设“博物馆之都”，经过十几年的努力打造，取得了十分显著的成效，通过梳理，大体有以下几个方面的经验。

（一）充分利用丰富的文化资源

国内开展“博物馆之都”或“博物馆之城”建设的城市绝大多数是传统文化丰富的城市，具有深厚的文化底蕴和丰沛的文物资源。如西安及陕西境内星罗棋布的文物资源，不仅数量如过江之鲫，其年代跨度、文化类型、文物等级在世界范围内也算得上独一无二的；成都这座拥有近5000年历史沉淀的城市，有上百家历史自然博物馆；昆明和南京也是历史文化名城。

（二）充分发挥国有博物馆和非国有博物馆各自的影响

所有开展“博物馆之都”或“博物馆之城”建设的城市，都非常重视国有博物馆和非国有博物馆的共同发展，甚至非国有博物馆在数量和政策上具有更大的优势。据统计，截至2017年2月底，成都市已注册登记博物馆150家，其中国有博物馆48家，非国有博物馆102家。[①] 成都市的非国有三级博物馆占全国非国有国家级博物馆数量的41.7%，在全国排名第一。其中，建川博物馆藏品数量达到110万件（套），在馆舍面积、社会影响力方面都十分突出，是目前全国最大型的非国有博物馆之一，也是全国非国有博物馆的代表。西安博物馆类型非常发达和齐全。主题类博物馆、专题类博物馆、遗址类博物馆、艺术博物馆、高校博物馆、乡村博物馆、地铁站博物馆、儿童博物馆、行业博物馆等各类型的博物馆比比皆是。

（三）充分发挥和利用高校的科研优势

西安高校众多，教育资源丰富，人文学科积淀很深，文博考古专业尤为发达，博物馆相关专业人才培养与储备情况良好。西安交通大学、陕西师范大学、西北大学、西安美术学院等都有自己的博物馆。西安也非常注意吸收各类专业人才投身博物馆事业的发展。如肖飞舸曾供职于法国领事馆，因为痴迷于中国传统文化，最终选择了博物馆行业。金沙遗址博物馆宣传营销部副主任、“80后”女孩秦晴所在的宣传营销部，大部分也都是热爱文博的“90后”年轻人。

（四）充分利用国家战略和政策机遇

西安作为践行国家“一带一路”倡议的重要城市，新丝绸之路的起点

① 《博物馆总数全国第一，成都当之无愧博物馆之城》，新浪网，http://sc.sina.com.cn/news/2017-04-19/detail-ifyeimqc4766918-p5.shtml，2017年4月19日。

城市，积极利用相关政策，把博物馆建设置于重要位置，其主要分为三步：2010年为建设启动期，以曲江新区博物馆建设为试点，启动“博物馆之都”计划，年内完成15～20座博物馆的建设；2011年为主要发展期，全年建成35～40座涵盖历史、军事、宗教、工业、民俗、教育等多个领域的博物馆，初步形成主题鲜明、门类齐全、脉络清晰、布局合理的“博物馆城”构架；2012年为巩固提升期，全年建成10～20个专题性博物馆，主要用来填补门类空白，扩充陈展内涵，彰显文化品位。① 昆明市早在1979年就成立昆明市文物管理委员会，全市14个县（市）区都设立了文物管理和保护机构，相继出台了《昆明市名人故（旧）居保护暂行办法》《关于加强不可移动文物申报公布的工作方案》《昆明市人民政府关于加强文物保护工作的通告》《关于进一步加强文物保护与利用工作的通知》《昆明市人民政府办公厅关于全面提升历史文化名城品牌吸引力的实施意见》等文件。

（五）与旅游业紧密结合，实现良性互动

成都有全世界影响力最大的三国时期的遗迹——武侯祠博物馆；有中国规模最大、保存最完好、知名度最高的诗圣杜甫遗迹地——杜甫草堂博物馆；有见证中国进入21世纪第一个重大考古发现的金沙遗址博物馆；有中国最大的民间博物馆群落——安仁建川博物馆；有亚洲最大的昆虫博物馆——华希昆虫博物馆；有全国唯一拥有全套手工蜀锦制作工艺和展示的非遗传习所——蜀锦织绣博物馆；有全国最具规模和影响力的老爷车研究基地——三和老爷车博物馆；有世界唯一以收藏姓氏牌位和研究姓氏文化为主题的博物馆——百家堂姓氏文化博物馆。自1992年，杜甫草堂博物馆首倡恢复“人日游草堂”活动以来，博物馆便成为全国乃至世界人民的旅游目的地。

同时，为了促进博物馆旅游事业的发展，文创设计与馆藏文物结合也是各个城市“博物馆之都”建设的成功经验。2016年底，南京市博物总馆、

① 《西安一百家博物馆名单　每周逛一个能逛两年》，新浪网，http：//sc. sina. com. cn/news/2017－04－19/detail－ifyeimqc4766918－p5. shtml，2014年5月20日。

南京书画院（金陵美术馆）、金陵图书馆三家单位被文化部、国家文物局确定为文化文物单位文化创意产品开发试点单位；南京市博物总馆、南京书画院、金陵图书馆、南京市文化馆、南京市明城垣史博物馆等文博单位被省文化厅、省文物局列为省文创开发试点单位。近年来，南京先后举办了博物馆文创产品设计大赛、“我为城墙做设计”大赛，打造了红色文创产品系列、六朝文创产品系列、城墙文创产品系列、金陵画派文创产品系列、非遗文创产品系列等文博文创产品体系和“状元郎”“红楼”等特色文创品牌。一批体现南京历史文化特色的文创产品受到热捧和好评，进一步扩大了南京文创产品的社会影响力，在传播中华文明、彰显古都风采、活化文物利用、引领社会风尚等方面发挥了积极的作用。

四　洛阳市“博物馆之都”建设的对策

根据洛阳市“博物馆之都”建设中存在的问题，借鉴国内“博物馆之都”建设先进城市的经验，笔者认为洛阳市应在以下几个方面着力。

（一）提高政府支持力度

针对非国有博物馆发展的实际情况，因地制宜，制定出符合洛阳市非国有博物馆发展的地方性法规，对非国有博物馆关心的土地划拨、税收减免、政府购买服务，以及用电、用水、用气和供暖价格等方面的问题，要明确责任，建立有效的监督机制，督促落实。对国有博物馆要合理规定编制，扩展政府购买服务，对无力承担的服务项目，政府可以在国有博物馆和非国有博物馆中实施购买人员服务和文化项目的措施，引导博物馆健康、积极发展。政府可拿出一定的资金，用以奖代补的形式提高非国有博物馆的科研能力、增加开放时间。指导非国有博物馆依法注册为慈善组织，可以接受社会捐赠、取得公开募捐资格或发起设立基金会，拓宽融资渠道；根据 2013 年 6 月 8 日国家文物局下发的《关于推进国有博物馆对口支援民办博物馆工作的意见》，加强国有博物馆对口支援民办博物馆工作，针对民办博物馆的实际需求，开展人才支援和技术支援，提高非国有（民办）博物馆质量和服务能力，凡依照《博物馆管理办法》登记注册，法人治理结构基本规范，藏品体系健全且产权明晰，展示服务工作基础较好，在本地区具有一定代表性，正常运行三年以上且年检合格的民办博物馆，可列入国有博物馆对口支援范畴；扶持民办博物馆协会的发展。

（二）加快非国有博物馆产业集聚发展

2013 年以来，洛阳市文物局配合市委、市政府，不断开展广泛深入的调研，积极准备，先后与万安山、龙门美术馆、开元八号、孟津县魏坡村古民居开发公司、八里唐艺术文化公园、洛阳师范学院（新校区）以及洛邑古城等多家单位商洽非国有博物馆产业集聚区建设的合作事宜，寻找最为适合建设、发展的合作场地和项目。

1. 促进产业集聚形成

从 2011 年开始到目前，已有 49 家非国有博物馆正在运营，非国有博物馆分布全市 5 县 8 区内，为了改变洛阳市非国有博物馆目前存在的诸多问题，特别是普遍存在的场地不足、资金紧张、交通不便等突出问题，集聚发展已势在必行。政府可以采取政策优惠（土地、税收等）将闲置的房产或土地划拨给非国有博物馆建设集聚区；政府也可直接投资建设博物馆集聚区，利用集聚区平台，培育新生非国有博物馆。通过集聚区平台，整合非国有博物馆资源，设立共同基金，解决非国有博物馆运营资金困难；设立文创公司，集中优势统一开发文创产品；整合科研力量，研发文化产品，为研学游提供项目。目前，洛阳师范学院历史文化学院在洛阳市非国有博物馆集聚区建设中成绩突出，已有洛阳三彩艺术博物馆、洛阳“洛阳铲”博物馆和洛阳石画博物馆等非国有博物馆集聚，而且洛阳师范学院还设立相关的公司，为非国有博物馆的发展服务。

2. 拓宽产业发展渠道

集聚虽然有优势，但不能忽视非国有博物馆发展中的优秀博物馆，如果不调查，就把优质的非国有博物馆资源整合到集聚区中，非但不会促进非国有博物馆的发展，还会制约非国有博物馆的发展，比如洛阳围棋博物馆，其创办人是洛阳双元围棋文化发展有限公司法人，设立博物馆的初衷就是宣传围棋文化，每年向博物馆输送50多万的运营资金，目前正在向围棋产业化发展，如围棋相关的研学游、围棋文创产品开发等。如果把洛阳围棋博物馆迁至集聚区，势必会影响其整个产业链的完整。还有洛阳无篱圆石雕艺术博物的举办人是王荣立先生，是一位儒商，其投资600余万元建立博物馆，一是个人兴趣爱好，二是为伊滨区增加一个传承文化的基地，三是为其经营的企业服务。如果把其设立的博物馆迁至集聚区，势必造成资源的浪费。非国有博物馆的广泛分布和小范围集聚，也有助于形成洛阳市博物馆星罗棋布、重点突出的博物馆体系，对于洛阳市打造布局合理、层次分明的“博物馆之都”具有非常重要的意义。洛阳市文物部门结合洛阳市非国有博物馆的个体需求，因势利导、整合经营，着力打造区域热点景区，让洛阳市非国有博物馆真正成为打造洛阳市国际文化旅游名城的重要力量。

3. 各部门配合，加强文物部门的引导

近年来，洛阳市文物部门按照“确保质量、规范管理、巩固成果、健康发展”的思路，正在大力提高非国有博物馆建设和运营水平。为推动非国有博物馆数量和质量的提升，不断加强对非国有博物馆的业务指导和培训，优化非国有博物馆陈展内容，提升陈展水平和质量。同时依托各博物馆馆藏资源，与旅游景区、非物质文化遗产、工业遗产、生产制造、图书销售等行业相结合，为博物馆发展注入新的元素和创意，形成各自的特色。引导其积极运用先进的现代传媒技术，丰富展示手段。如利用网络信息工具，以视频直播、VR体验、数字化展示等手段，将博物馆的藏品和文化内涵展示出来，吸引广大受众特别是青少年关注博物馆。着力提高博物馆文化创意和版权资源利用水平，促进各非国有博物馆增强自我发展能力。比如运用现代工艺和技术，设计、开发、生产、销售文物的仿制品、衍生品，形成集研发、生产、销售于一体的完整产业链，从博物馆藏品资源中挖掘文化价值，打造博物馆IP品牌，逐步形成集文化艺术展示、文博创意、社会教育、旅游产业为一体的文化产业集聚区。

虽然洛阳市文物部门在非国有博物馆的发展上取得了一定的成绩，但非国有博物馆的发展道路还很漫长，还需要各部门的通力协作，从政策、资金、土地、税收、人才培养、宣传等方面，给予非国有博物馆实实在在的“实惠”，希望非国有博物馆更好地为国际文化旅游名城建设，为打造“博物馆之都”贡献重要力量。

（三）完善“博物馆之都”建设的战略规划

其一，逐步丰富博物馆的类型，形成覆盖全市辖区的巨大的博物馆网点群。现有的博物馆，以洛阳市博物馆为代表，是以历史顺序为脉络综合性展示古代文明的陈列方式。未来的博物馆建设，要更多地从横向的文化类博物馆、专题性博物馆、高校博物馆等各种类型博物馆的建设和完善方面来布局。其二，实行差异化发展，发挥各类博物馆的特色。形成以大型博物馆为主导，高校博物馆、艺术博物馆为主体，小型博物馆为补充的塔状结构。在职能上，大型博物馆带动旅游，艺术博物馆带动研究，高校博物馆带动教学。在布局上，聚散结合，以城市中心为主，郊县为辅。其三，注重文化场馆间的互补互动，在规划布局上，可以有意识地将博物馆与美术馆、剧场、图书馆、电影院、书城等设计在相邻或相近的位置，形成文化场馆的合力。同时，注重博物馆周边环境的规划与设计，增进城市公共文化空间的内涵与功能。其四，注重博物馆的建筑特色，增强城市的艺术设计感与视觉标识系统。其五，创新博物馆文物展品的陈列展示系统。其六，创新博物馆的讲解与公共教育功能。其七，鼓励民间力量投资举办各类小型博物馆，给予一定的政策支持与学术指导、行业监管。其八，注重博物馆人才队伍的培养、储备、引进，定期对博物馆的工作人员进行政策、专业等方面的培训。其九，建设统一的网站，发布所有博物馆的信息。

B.4

洛阳市红色资源保护开发利用研究

李宏伟　张晓晨*

摘　要： 红色资源是社会主义先进文化的主要构成，具有资政育人的重要作用。洛阳市拥有光荣的红色传统和丰富的红色资源，优势明显。洛阳市红色资源尚处于浅层次的开发阶段，存在保护开发意识淡薄、资金投入不足、管理体制不顺、创新意识不强等问题，应从多方面着手、多举措发力，提升洛阳红色资源开发和利用水平。

关键词： 红色资源　资源保护　开发利用

红色资源是在新民主主义和社会主义现代化建设时期，中国共产党在领导各族人民进行革命斗争和现代化建设实践中所形成的，能够为我们今天所开发并具有重要价值意义的各种精神及其物质载体的总和。①

洛阳地处中原，西依秦岭，东临嵩岳，北靠太行山，南望伏牛山，境内山川纵横，地形复杂多样。由于其特殊的地理位置和重要的战略地位，从新民主主义革命时期开始，洛阳既是中国工人运动、农民运动的主要地区，又是中国共产党和革命武装建立起来的革命老区，中原地区党组织的主要诞生地，也是社会主义建设时期的重要工业基地。在中国共产党的领导下，留下

---

* 李宏伟，洛阳市委党校党史党建教研部教师，研究方向为党的建设；张晓晨，洛阳市党校组织人事处干部。

① 肖发生：《定位与提升："红色资源"的再认识》，《井冈山学院学报》2009 年第 1 期。

了许多可歌可泣的红色故事，涌现出了一批批世代相传的英雄人物，形成了独具特色的红色遗址和红色精神。洛八办纪念馆、解放军三打抱犊寨旧址、豫西抗日独立支队队部旧址等革命旧址，洛阳市烈士陵园、焦裕禄事迹展览馆等社会主义建设时期红色教育基地，构成了洛阳市红色资源的主要内容。新时代，深入研究洛阳市红色资源状况，深度挖掘红色资源内在价值，将洛阳红色基因与时代精神紧密结合，充分发挥红色资源的精神指引作用，对于加快推进洛阳经济社会发展，为洛阳的改革开放再出发提供强大的精神动力，具有重要的政治意义和实践意义。

一　洛阳市红色资源保护开发利用的优势与机遇

作为中国共产党在河南乃至中原地区梦想起航的地方，洛阳在深入挖掘中华优秀传统文化、继承革命文化、发展当代社会主义先进文化以及讲好中国故事方面，有着得天独厚的优势。

（一）红色资源丰富，分布广泛

洛阳市是革命老区和社会主义工业化重点建设城市，有着光荣的革命历史和优良传统，是红色资源的富集区。洛阳红色资源具有数量多、分布广、种类齐全的特点与优势。从时间跨度看，洛阳红色资源几乎覆盖了中国革命、建设、改革实践的全过程，1921 年 11 月，领导陇海铁路工人大罢工的中国共产党洛阳组在洛阳机务段诞生，这是中国共产党在河南省乃至中原地区的第一个党组织，开启了党组织在河南领导工人运动的序幕。抗日战争期间，1939 年 11 月，中国共产党在国民党第一战区长官司令部所在地——洛阳建立了八路军驻洛办事处，成为共产党在中原地区的中转站和连接延安与华北、华中抗日根据地的交通枢纽。新时期，作为焦裕禄精神孕育形成的地方，洛阳市中信重工焦裕禄事迹展览馆全面展现了焦裕禄精神的孕育形成过程。从空间上来看，呈现零散分布与集中分布特点，主要分布在城区、孟津县、新安县、偃师市和伊川县；从类型上来看，形态类型多种多样，革命历史遗址、重要机构旧址、重要事件旧址、烈士陵园、纪念馆（室）、领导人故居、烈士纪念碑等红色文化遗址遍及河洛区域。

（二）知名度高，影响深远

光荣的革命传统和优秀的历史传承决定了洛阳红色资源禀赋优越，质量较高。在现有红色资源中，有一些属于国家级和省级革命文物保护单位，部分革命遗址在省内外具有较高的知名度和影响力。其中，国家级文物保护单位2处：洛八办纪念馆、洛阳烈士陵园；省级文物保护单位5处；市级文物保护单位有7处。[①] 值得一提的是，有些红色遗址是我党重要的历史文化资源，在革命战争和建设史上具有显著地位，很多革命事迹和英雄人物更是家喻户晓、深入人心。比如，“中共洛阳组”诞生地纪念馆记录了河南省第一个党组织成立的光辉历史，彰显了洛阳工人阶级勇立时代潮头的巨大勇气和宝贵精神。抗日战争时期，遵照毛泽东指示建立的洛阳八路军办事处，是中国共产党领导的八路军在国民党统治区设立的公开军事办事机关之一，在护送干部、中转物资、开展统战等方面做出了重大贡献，刘少奇、朱德、彭德怀等党的高级干部曾多次经过洛阳或在洛八办短暂工作。1948年4月8日，解放军攻克洛阳后，毛泽东代表党中央发来《再克洛阳后给洛阳前线指挥部的电报》，亲自制定洛阳城市管理方针，对全国城市接管工作具有普遍的指导意义。127师师史馆是河南省爱国主义教育基地，127师前身是叶挺独立团和秋收起义部分武装组成的中国工农红军第四军主力，是一支具有光荣历史传统的老红军部队。这些红色资源在全国都有很大的影响力，其精神薪火相传，影响着一代又一代的中国人。

（三）政策支持，开发潜力巨大

红色资源不同于一般的物质文化资源，其蕴含着丰富的革命精神和厚重

---

① 牛建立、赵雅坦、冯桂香主编《洛阳爱国主义教育红色资源巡礼》，河南人民出版社，2015，第448页。

的历史文化，凝聚了中国共产党人为国为民的初心和使命，具有资政育人的重要作用。改革开放以来尤其是党的十八大以来，国家出台了一系列支持革命老区发展的优惠政策，洛阳红色资源保护与开发利用迎来发展契机。如国家出台《关于加大脱贫攻坚力度支持革命老区开发建设的指导意见》，强调支持老区建设红色旅游经典景区，要给予财政资金支持；加大跨区域旅游合作力度，着力开发红色旅游产品；加强老区革命历史纪念场所建设维护，有计划抢救影响力大、损毁严重的重要革命遗址。《2016～2020 年全国红色旅游发展规划纲要》注重红色旅游的理想信念教育功能，更加突出强调红色旅游的内涵式发展。河南省也相应地出台了实施方案。2018 年 7 月，中共中央办公厅、国务院办公厅印发了《关于实施革命文物保护利用工程（2018～2022 年）的意见》（简称《意见》），《意见》强调要从巩固党的执政地位、筑牢意识形态阵地的战略高度，从坚定“四个自信”的战略高度，充分认识加强新时代革命文物工作的重大意义，要做好夯实革命文物基础工作、加大革命文物保护力度、拓展革命文物利用途径、提升革命文物展示水平、创新革命文物传播方式五项重点工作。[①] 另外，洛阳地理区位优势明显，交通便利，红色资源与周围其他旅游景观组合较好，为红色资源整合开发利用提供了不可或缺的有利条件。

二　洛阳红色资源保护开发利用的现状及存在问题

（一）洛阳红色资源保护开发利用的现状

洛阳拥有光荣的红色传统和丰富的红色资源，在全国具有一定的典型性和代表性，具有极大的开发利用价值。“洛阳有 190 处红色文化资源，其中，烈士陵园、纪念馆、烈士墓等纪念设施有 46 处，重要机构旧址有 66

① 《关于实施革命文物保护利用工程（2018～2022 年）的意见》，http：//www.gov.cn/gongbao/content/2018/content_5312199.htm。

处，重要历史事件旧址36处，党史人物故居42处。”[①] 近年来，在中央、河南省大力支持下，洛阳红色资源开发利用迈入快车道，红色资源保护开发从数量和发展速度上，整体呈现稳步增长态势。截至目前，洛阳市已有7个红色遗址成功入选国家级和省级文物保护单位，大部分红色资源得到一定的抢救和保护，红色资源教育功能不断强化，相当一部分已经成为党政机关、学校、企事业单位学习党的历史、加强党性锻炼、进行爱国主义教育的重要场所，渐次成为洛阳市文化传承创新体系和党性教育的重要组成部分。社会力量参与红色资源保护开发探索迈出重要一步，如栾川引导社会力量投资开发解放军三打抱犊寨旧址，将其打造成抱犊寨红色旅游风景区，有些知名遗址已经成为精品旅游线路上的重要节点景区，政治价值、文化价值、教育价值和经济价值都表现得比较明显。

（二）洛阳红色资源保护开发利用存在的问题

受主客观因素的制约，洛阳市红色资源尚处于浅层次的开发阶段，利用率较低，普遍存在以下问题。

1. 保护和开发意识淡薄

洛阳市红色资源虽然数量较多，质量较高，但大多数革命历史资源并没有被充分挖掘和保护，究其原因，除了多数地处山区导致交通不便外，主要还是当地政府和群众对保护革命遗址的意义缺乏足够的认识和重视，造成红色资源的开发力量不强，对外宣传力度不够，使得部分红色资源未能得到较好的保护，有的甚至还未被命名，其本身所具有的物质和精神价值未能充分发挥，也一定程度上限制了老区的社会经济发展。

2. 资金投入不足

红色资源开发利用看似简单的物质修复保护工作，实际上是一项系统的文化遗产保护工程，这就决定了在景点建设、公路交通和电力等基础设施建

---

① 牛建立、赵雅坦、冯桂香主编《洛阳爱国主义教育红色资源巡礼》，河南人民出版社，2015，第432页。

设上需要投入大量的资金。红色资源多处于边远山区，面临开发难度大、成本高、见效慢等问题，对社会力量缺乏吸引力。各级政府虽意识到红色资源的重要性但苦于财政紧张，专项保护和维修经费普遍投入不足，使一部分重要红色资源得不到应有的保护和利用。同时，开发资金不足也制约了红色资源产品的转化和效用的发挥。

3. 管理体制不顺

行政管理体制机制不完善是区域内红色资源的整合开发利用水平不高的重要原因。洛阳市红色资源分布于所辖15个县（市）区，管辖归属清晰但相互间统筹协调不畅。一方面，红色资源开发利用涉及多个单位和部门，而各管理部门条块分割，各自为政，协调难度较大，严重制约了红色资源的综合开发。另一方面，洛阳市红色资源保护利用缺乏政府规划和指导，行政管理体制不顺导致监管缺失，没有专门的法规制度，在政策倾斜和实施力度上，存在厚古薄今现象。难以形成统一资源、统一规划、整体布局的区域深度融合发展格局，导致红色资源开发一直停留在点上，难以充分发挥以点带线、以线带面、点线面结合的跨区域联动效应。

4. 创新意识不强

红色资源是一种精神性和教育性非常强的特殊载体，蕴含丰富的文化内涵和核心要义。因此，高水平发掘红色精神资源和与时俱进的展现形式，是做好红色资源资政育人工作的关键。当前，洛阳市红色资源种类多样，知名度高，但多数红色遗址馆藏资源略显单薄，展示方式比较单一，展示内容多有雷同。内容研究挖掘的深度还不够，仅停留在革命故事和先进人物的简单介绍，主题不够突出，影响了红色文化对人民进行精神洗礼及灵魂震撼作用的发挥。如原先“中共洛阳组”诞生地纪念馆展示内容和形式单一，基础设施不够完善，特色不够鲜明，仅有几间老房子，其建筑风格和规模不够庄重严肃，与作为河南省第一个党组织的诞生地的重要历史地位不相匹配，独特的政治文化资源优势没有充分发挥。

三 提升洛阳红色资源保护利用水平的对策建议

红色资源内含中国共产党人理想信念的火种、红色传统的基因，是一笔宝贵的精神财富和丰厚的政治资源，保护红色资源、弘扬红色传统是新时代中国共产党人的使命和责任。“无数革命先烈留下的优良传统是永远激励我们前进的宝贵财富，任何时候都不能丢。对于红色文化资源，我们既要注重有形遗产的保护，又要注重无形遗产的传承，大力弘扬红色传统。”① 红色资源是洛阳又一张特色鲜明的名片，开发和利用好红色资源，对构建文化传承创新体系、提升党性教育质量，打造红色领航新高地，以红色精神推动洛阳党的建设高质量和经济高质量发展具有重要意义，应从多方面着手、多举措发力，提升洛阳红色资源开发和利用水平。

（一）加大宣传，提高红色资源开发利用的重要性认识

政府应加大红色资源保护的宣传力度，向红色遗址所在地群众宣传红色资源保护的重要意义和措施，宣传党史、国史、人民英雄事迹，增强其保护红色资源的自豪感和责任感。同时，洛阳市自然生态旅游资源突出，历史人文资源厚重，要统筹规划洛阳优质的旅游资源开发，结合当地资源优势，积极发展红色旅游，有计划有步骤地推进红色资源向红色旅游资源的转化，切实把红色文化财富转化为物质财富，促进当地经济社会发展，提升政府和群众保护红色资源的积极性、主动性。

（二）加大红色资源保护与开发的资金投入

红色资源开发不同于一般的资源投资，必须解放思想，创新工作思路，鼓励多方参与，加大资金投入，形成政府主导、社会参与、公众参与的多元

① 《习近平：不能失去红色旅游的底色》，央视网，http：//news. cctv. com/2016/07/23/ARTIEO5lVEhgXqA3cdoLefMt160723. shtml。

主体开发格局。一是充分发挥政府在红色资源开发方面的主导性和影响力，设立红色资源建设专项资金，加大红色资源的抢救与保护，将红色资源保护和开发费用纳入当地财政年度预算，支持红色资源开发利用所必需的基础设施和配套设施建设，为红色资源开发利用提供必要的发展条件；二是从税收、土地等方面给予政策优惠，探索建立适合红色资源开发的投融资体制，拓宽融资渠道，鼓励、支持和引导民间资本、社会资本进入红色文化领域，为红色资源开发利用提供资金保障。

（三）加强区域合作，推进深度融合发展

红色资源记录了中国共产党人不同时期对远大理想和政治信念不懈追求的光辉历史，是塑造理想信念、资政育人的鲜活教材，无论从红色资源内在价值的普遍性意义还是从其现实教育性意义来说，都需要打破自家“一亩三分地”的思维定式，抱团组合充分发挥区域合作发展协调机制的作用，实现区域红色资源整合开发协同发展。走强强联合、资源整合之路，是开辟洛阳市红色资源开发利用新局面的有效途径。一是加强区域协调与跨区合作。发挥河洛区域（豫西北）发展论坛等会议、论坛的桥梁作用，既能强化洛阳市与周边县市区红色资源统筹协调联系，也可以串联豫西北五市红色资源，寻找资源之间的结合点共同发展，打造豫西北地区红色资源开发最优组合，形成一个区域内互惠合作、区域内外联合、内外共同发展的开放式红色教育共生系统，实现互联互通、共享共赢的目的。二是探索“红色＋”模式助力红色旅游发展。坚持大旅游发展战略，整合洛阳市红色、绿色、古色文化旅游资源，推动红色资源与厚重的古代文化、自然生态及风土人情深度融合发展，探索“红色＋”产业发展模式，打造大洛阳红色旅游圈。

（四）创新形式，深挖红色资源精神内涵，打造特色品牌优势

红色文化是红色资源的“根”和“魂”。洛阳市红色资源开发基础比较好，发展潜力较大。一方面，成立红色资源与文化发展研究院，加大革命历

史文献资料的收集整理研究工作，从众多物质载体中提炼精神意蕴，深度挖掘其中的核心价值，形成具有普遍性的革命价值，丰富红色文化内涵，推动红色资源创造性转化和创新性发展；另一方面，在保证革命文化的真实性、思想性和严肃性的同时，创新方式方法，用活用好红色资源。创新教育方式，在传统展示和讲解基础上，加入声光电等现代媒体技术，丰富解说内容和形式，增加参观者的体验感、参与感，提升红色文化在党性锻炼和爱国主义教育方面的质量和效果。同时，借鉴社会主义文艺创作方法，采用话剧、戏曲等鲜活的形式将洛阳市独特的革命、建设、改革历史呈现出来，把红色元素融入城市建设中，比如在涧西建设焦裕禄广场，在新区建设洛阳解放纪念广场，在老城机务段原址扩充“中共洛阳组”诞生地纪念馆等，实现红色资源保存路径的多元化，更好地发挥红色文化在引领时代主流和社会新风尚等方面的导向作用。

B.5
大运河文化带视域下洛河文化带建设问题研究

刘保亮*

摘　要： 洛阳因洛河而名、而兴。打造洛河文化带，不仅是作为国家战略的大运河文化带建设的重要构成，而且也是洛阳作为隋唐大运河起点城市必须肩负的历史责任，这既是洛阳打造华夏历史文明传承创新区的文化使命，也是建设中原经济区副中心城市的时代需要。目前洛河文化带建设虽然初见成效，但仍存在"隋唐大运河中心"的品牌彰显不够、顶层设计有待加强、运河文化的深入开掘不深、景观建构质量不高等问题。借鉴国内先进城市水文化开发的成功经验，"洛河文化带"应成为洛阳城市的一个重要发展战略，要深入挖掘、整理、保护、展示洛阳的运河文化遗产与文化遗迹，打造标志性的文化景观，重点推进文化旅游，大力发展"洛河＋"文化产业。洛阳作为隋唐大运河的诞生地和中心地，在全国大运河文化带建设中应当而且也可以大有作为，不仅要主动承担起大运河文化带的核心支撑任务，还应充分彰显不同于运河沿线其他城市的独特优势和魅力，相信随着洛河文化带建设的深入发展，洛阳一定会打造成为古今辉映、"诗和远方"兼得的地方。

关键词： 洛阳　大运河文化带　洛河文化带

* 刘保亮，洛阳理工学院人文与社会科学学院副院长、教授，博士，研究方向为地域文化与地域文学。

"中国大运河"是最具中国特色的世界文化遗产，它被称为"古代科技宝库""古代文化长廊""历史名胜博物馆"，是"中华民族流动的血脉"，是中华文化独特的精神标识。习总书记站在增强中华民族文化自信的战略高度指出，要古为今用，深入挖掘以大运河为核心的历史文化资源。保护大运河是运河沿线所有地区的共同责任，大运河是祖先留给我们的宝贵遗产，是流动的文化，要统筹保护好、传承好、利用好。① 无论是隋唐大运河还是京杭大运河，都是与国家民族有着"命运共同体"关系的文化载体，其运河历史是一部气势恢宏的民族文化自信的史志，这使今天对于大运河文化带的构想与实施，不仅成为对中华文化"根""魂"的历史叙事，更是"面向现代化、面向世界、面向未来"的创造性转化与创新性发展，是谱写中华民族伟大复兴的世纪工程。

在大运河文化带建设中洛阳占有重要地位。洛阳是中华文明鼎盛时期具有世界影响的隋唐大运河的中心和枢纽，同时也是海上丝绸之路和陆上丝绸之路的交汇点，是丝绸之路与大运河文化契合度最高的区域。当年隋炀帝营建洛阳东都，设计"洛水贯都"，诏命"发河南诸郡男女百余万，开通济渠。自西苑引谷、洛水达于河"，拉开了开挖大运河的恢宏序幕。今天的洛河走向与运河故道基本一致，目前穿越洛阳城市的这一段洛河，即为隋唐大运河通济渠的渠首段。由此，打造洛河文化带，不仅是作为国家战略的大运河文化带建设的重要构成，而且也是洛阳作为隋唐大运河起点城市必须肩负的历史责任与当代使命。

一　打造洛河文化带的重要意义

（一）打造洛河文化带是融入国家大运河文化带发展战略的需要

中国大运河作为目前仍在使用的"活态文化遗产"，是世界建造时间最

---

① 王齐：《以十九大精神为指导，加快推进大运河文化带建设》，《中国工程咨询》2018 年第 3 期。

早、线路最长、规模最大、使用最久的人工运河，其空间跨度涉及河南、安徽、江苏、浙江、河北、北京、山东、天津等8个省市。“大运河文化带”建设是中华文明复兴的地标性工程，“国家提出的运河文化发展战略，意在通过对运河沿线区域文化资源的挖掘、整理、研究、利用，增强不同文化之间的整合与融合，实现文化遗产的科学保护、利用、传承，将文化资源转变为生态资源、经济资源，增强文化自信，提升中国文化的影响力，从整体上实现文化强国战略”①。“大运河文化带”战略构想提出以来，运河沿岸8省市都有积极回应和行动。北京，在“十三五”规划中提出打造3个文化带，“大运河文化带”名列其中，制定了《北京市大运河文化带保护建设规划和五年行动计划（2018～2022年）》，抓好通惠河、白浮泉、玉河故道以及八里桥、西海子公园等文化遗产的保护，做好明清通惠河、玉带河故道和北运河故道以及沿岸古码头的复建，重点在大运河通州段彰显蓝绿交织、水城共融的城市特色。扬州作为大运河原点城市、申遗牵头城市，以“世界运河文化之都”为建设目标，启动“中国大运河博物馆”“大运河国际非遗文博园”建设，加强淮扬运河主线广陵段、运河邵伯古镇段遗产、高邮明清运河故道、宝应刘堡闸的保护利用，发挥“文化”“生态”“创新”叠加的优势，在大运河文化带建设之中体现“扬州担当”。杭州实施“一馆、两场、三园、六埠、十五桥”的保护开发工程，其“运河广场”的“功德牌坊”“市河人家”“烟柳画桥”“谷树红雨”“斜桥残月”“长虹卧波”等景观，浓缩了京杭大运河南起点的运河文化，并成为标志性的城市建筑。河南省拥有隋唐大运河的洛河、汴河、卫河、会通河4个遗产段，汴河段着力恢复宋都水系，呈现“梦华东京”的故都盛景，并实施商丘南关码头的遗址保护；卫河段对道口古城墙、卫辉望京楼、卫源庙古建筑群进行抢救性保护；会通河前段推进穿黄调节水闸、大河神祠、河官衙署的遗址保护，再现历史上运河跨黄河的水利枢纽风貌。运河8省市的积极行动，是对国家“大运河文

① 郑民德：《“运河文化带”视阈下的遗产保护与利用研究》，《华北水利水电大学学报》2019年第2期。

化带”建设战略的贯彻落实，洛阳作为隋唐大运河的起点和诞生地，在“大运河文化带”建设中必须责无旁贷地发挥引领与示范作用。

（二）打造洛河文化带是洛阳建设华夏历史文明传承创新区的需要

“华夏历史文明传承创新区”是国家对于中原经济区建设的五大战略定位之一，是国家赋予河南的重大文化使命。洛阳是中华民族的重要发祥地，河洛文化在华夏历史文明中长期居于领先和主导地位，建设华夏历史文明传承创新示范区，是洛阳应当承担的历史责任。洛河市区段作为隋唐大运河的渠首，拥有丰富的大运河文化资源：1998 年在洛河牡丹桥东主河道两侧河床上，发现两处规模较大的古代石砌河堤，为隋唐通济渠的河堤遗迹；2005 年在市内王城大道附近发掘出一条夯土堤，夯土之下有河石层，应是当年宇文恺为防止洛水外溢、保护东都洛阳所修筑的防护堤“月陂”遗迹；天津桥是隋代架设在洛阳皇城南门外通济渠（洛河）上的一座桥梁，天津桥与隋东都洛阳城中的宫城、皇城、定鼎门、端门、应天门、明堂等处在一条中轴线上，是进出皇城的主要通道，在沟通街道里坊与政府机构中均发挥了重要的作用，2000 年，在今洛阳桥附近的洛河北岸河床上，发现了洛河石堰与桥墩，应为唐、宋时期的天津桥遗迹；洛河“南关码头”，当时全国各地的粮食等物资通过通济渠运抵洛阳，再从这里运往关中大兴或城内各处，是隋唐及以后重要的水运码头；“新潭”，是武则天下令在立德坊南“引漕渠，开新潭，以置诸州租船”建造的，它与北市相接，商旅云集，今“洛邑古城”文峰塔的附近有部分新潭遗址；在隋唐大运河南来北往的转运体系中，仓窖储存起着重要的支点作用，它既可以作为整个漕运的目的地，同时也是承前启后的中转站，江南货物可直达洛阳，免去运往长安的路途阻隔，省时省力还节约不少费用，这使洛阳城外的河阳仓、洛口仓、回洛仓和城内的子罗仓、含嘉仓、常平仓等存粮纳谷的仓窖遗存，成为深埋地下的隋唐传奇。洛河两岸的这些运河文化遗产遗迹，是华夏历史文明兴盛发展的有力见证，对其保护展示、开发利用是洛阳华夏历史文明传承创新区建设的重要内容与必由之路。

（三）打造洛河文化带是洛阳建设中原经济区副中心城市的需要

“文化兴国运兴，文化强民族强。”[①] 无论是中国（河南）自由贸易试验区、郑洛新国家自主创新示范区建设，还是中原经济区和中原城市群建设，洛阳都名列其中且是重要一翼，这“三区一群”建设都需要文化的繁荣发展给予支撑。“文化产业是居于经济产业结构顶端的年轻的经济形态，是集文化、科技、信息于一体的混合型现代产业。文化产业物化需求少，低能耗、少污染，可以和运河本体保持一定的时空距离。大力发展文化产业是解决运河保护和开发矛盾的最佳选择，努力拓展运河利益的增量，有利于传承运河文化基因，优化产业体系，提升开发整体水平。”[②] 近期，洛阳市委书记李亚调研大运河文化带保护利用时指出：“要不断加大文化遗址保护力度，把大运河遗产保护利用工程列为重点项目，加快建设国际文化旅游名城。”因此，洛阳建设中原经济区副中心城市，打造带动全省发展的新增长极，要积极谋划、打造洛河文化带，大力发展运河文化产业。一方面，隋唐大运河为洛阳提供了独特厚重的历史文化资源，打造洛河文化带，既是对现有文化遗产的有力保护，也可通过对其进一步挖掘、利用，着力把洛阳运河文化资源优势转变为文化产业发展的优势，助推“文化强市”。另一方面，打造洛河文化带有助于对运河文化产业结构进行优化，形成纵向（水利）和横向（建筑、交通等）相结合的运河文化产业链，构筑主导产业（文化旅游业、文化艺术业等），核心产业（影视演艺业、动漫创意业等）和关联产业相配套的运河文化产业集群。这样，洛河文化带既是一个保护利用河流历史遗产的文化传承工程，也是一个推动洛阳经济发展的文化创新工程，它将进一步推进城市文化品牌的塑造，最终建成一个具有洛阳特色、华夏气派、国际水准的历史文化旅游名城。

---

① 习近平：《决胜全面建成小康社会　夺取新时代中国特色社会主义伟大胜利——在中国共产党第十九次全国代表大会上的报告》，人民出版社，2017，第 40 ~ 41 页。

② 刘怀玉等：《后运河申遗时代江苏运河发展加减乘除效应》，《江苏商论》2014 年第 1 期。

二 洛河文化带建设的现状与问题

2013 年 7 月，洛阳市被水利部确定为全国首批水生态文明建设试点城市。以水资源管理、水资源配置、水生态建设、水环境治理、水安全保障、水景观营造等为主要内容，总体布局为“一区三带五引七提九湖十八潭”。其中，“一区”为建设伊洛河水生态文明示范区，“三带”之中包含打造洛河生态长廊，“五引”中有引黄入洛工程，“七提”主要是对洛河流域的洛北城区涧河、瀍河、中州渠、大明渠、邙山渠、秦岭防洪渠、铁路防洪渠等“两河五渠”进行提升改造。按照水生态文明城市建设的总体规划布局，洛阳市一批洛河水系重点项目相继开工建设。近年，洛阳市以争创全国首批水生态文明城市建设试点为契机，坚持水生态文明建设与全市“9 +2”工作布局结合，又提出了“四河同治、三渠联动”的实施方案，旨在对市域内伊河、洛河、瀍河、涧河及城市区中州渠、大明渠和铁路防洪渠进行综合治理，实现“水清、岸绿、路畅、惠民”的目标。2018 年 12 月 14 日，顺利通过全国水生态文明城市建设试点验收，洛阳再添一个“国字号”名片。

伊洛河水生态文明示范区建设初见成效。洛河东湖、伊河东湖、伊洛运河的“两湖一河”水系基本形成。洛河东湖工程，包括河道治理工程和拦河坝建设工程。河道治理工程上起李城桥，下至白马寺，着力打造安全可靠的防洪排涝体系、人水和谐的水生态体系和水清岸绿的水环境体系。洛河东湖拦河坝位于白马寺镇域内的枣东大桥下游 2 公里处，建成后洛河形成回水 8 公里、蓄水量 1600 万立方米、面积 5000 亩的东湖水面，成为伊洛河水生态文明示范区的重要组成部分。伊洛连通工程南起伊滨区后石罢村，北至洛龙区潘寨村，运河全程开挖 5 公里长，宽 80 ~150 米，将两条穿城而过的洛阳“母亲河”洛河、伊河串联起来，形成一条人工河，可为洛河和伊河之间水系通航创造条件，将来游客能够乘坐游船在洛浦公园、伊滨公园、白马寺、龙门石窟等景点间任意通行，成为洛阳城市旅游的“第二走廊”。

“四河同治、三渠联动”生态水利治理工程有效推进。新区水系工程已逐步形成“四干、九支、七湖、一园”相互贯通的水系网络，水面波光粼粼，两岸垂柳倒影，成为新区一道靓丽的风景。兴洛湖公园以兴洛湖为中心，以绿色植物造景为主，用亭、架、廊、栈道、雕塑、亲水平台等园林小品，来改善城市生态、丰富城市景观。2017 年以来，随着“四河同治、三渠联动”的实施，洛浦公园已经上接宜阳、下连偃师，洛河西段湿地、瀛洲桥湿地公园、龙虎滩湿地亦初步建成，洛浦公园平添了妩媚的水生态风情。其中龙虎滩湿地游园，是洛河市区段与偃师段生态衔接的一个重要节点，通过河、湾、汊、洲、溪流，以及植物种植、岛屿整形，建构苇岛芳桥、生态鸟岛、波光鹭影等景观，辅助以游园设施，突显汉魏文化元素，打造出一个生态自然、文化休闲的公益性生态游园。

此外，引黄入洛工程于 2015 年 11 月完工。工程起自小浪底南岸乔庄分水枢纽，以地下隧洞的方式，引黄河水自流穿越邙山，经孟津县的小浪底、常袋、麻屯三镇，向南延伸至麻屯镇上河村与西工区红山乡汶家沟交界处的分水枢纽。之后分为两路：一路经金水河水库注入涧河、由中州渠进入洛河，另一路经邙山渠注入瀍河。2019 年 4 月，邙山渠恢复通水，黄河水将输入瀍河、铁路防洪渠、九州池等城区水系，“一渠清水穿洛城”，进一步改善了城区水生态环境。中州渠下游治理、引洛济秦、引畛济涧等项目也顺利实施。按照“文化为魂、水系为韵、牡丹为媒、生态宜居”的城市定位，突出“千年帝都、牡丹花都、水韵城市、文化旅游”等人文特色，洛阳正向以水兴产业、以水助城建、以水润文化、以水惠民生的目标迈进，“北方水城”和“水韵之都”逐步展现并初露风采。

洛河文化带建设存在的主要问题如下。一是“隋唐大运河中心”的品牌彰显不够。洛阳是中华文明鼎盛时期具有世界影响的隋唐大运河的中心和枢纽，较之京杭大运河，隋唐大运河更能代表中华文明的鼎盛时期和典型特征，并奠定了元明清以来定都北京的政治格局。洛阳同时也是海上丝绸之路和陆上丝绸之路的交汇点，是丝绸之路与大运河文化契合度最高的区域。但从目前大运河文化带建设的整体造势来看，洛阳远远不如北京、杭州、扬州，甚至不如淮安、济宁，这与洛阳在这一世界文化遗产所占据的地位不相称。

二是洛河文化带建设的顶层设计有待加强。围绕大运河文化带建设打造洛河文化带，是一项复杂的、多目标的系统工程，需要统筹规划与总体设计。而“四河同治”之中的洛河，基本停留在防汛排涝、水质安全、生态建设的阶段，对河流的文脉延续还缺乏一个具有统领性、综合性、整体性的水文化建设规划。

三是对洛河的运河文化深入开掘不深。一个地方的河流文化往往是一个地域的母体文化与核心文化，洛阳作为中华文化之源、文明之本、三教祖庭，自古“五水绕洛邑”，运河的文化符号、历史故事随着蜿蜒前行的洛水得以发生、流淌和传承。但令人遗憾的是，没能对洛河的水文化元素进行深入的挖掘，大量本应有机会得以展现的历史文化符号被遗失和尘封，从而导致洛河文化个性记忆的丧失。

四是洛河的景观建构质量不高。从自然景观看，洛河水体景观处理过于单一和人工化，对河滩地、人工湿地等的改造建设，未能形成湿生植物群落、陆生植物群落、挺水植物群落、沉水植物群落的生态演替系列以及错落有致的视角审美，水面和岸边的植物景观有待进一步细化与深化。从人文景观看，与洛阳城市自身文化、文物相融合的水文化景观数量屈指可数，尤其缺乏具有“隋唐大运河中心”个性的标志性景观，其得天独厚的运河文化资源未能通过有形、可视的景观而助推洛阳的文化旅游。

三　国内先进城市水文化开发的成功经验

北京是大运河北端的终点城市。大运河在北京市域内通称通惠河（一小段为北运河），已探明的河道全长约 80 公里。在隋唐时期，北京是大运河尽端的边防重镇，元、明、清时，其为京杭大运河的终点城市。2017 年制定的《北京城市总体规划（2016～2030）》提出打造“三个文化带”即长城文化带、大运河文化带、西山永定河文化带。其“大运河文化带”建设要点是，“传承运河文化，统筹保护白浮泉、古河道等水利工程遗产，积水潭、紫竹院等古典园林，燃灯佛舍利塔、三教苗等古建筑。”“北京市 2017 年制定张家湾古镇城墙遗址保护方案和白浮泉遗址及周边整体规划方案，对运河码头和运河河道进行保护性开发；保护通州古城格局，修复‘三庙一塔’运河历史文化景区，打造通州‘城市副中心’的大运河文化标识区域。”① 目前北京市大运河文化带的生态建设、文保修复、文物腾退、文化设施以及历史风貌都取得突破性进展，通惠河朝阳段、坝河综合治理和景观提升工程加快实施，萧太后河朝阳段实现贯通，特别是“大运河源头遗址公园”将以崭新姿态出现在首都东方。

天津形成于隋朝大运河的开通，随着漕运的发展，天津逐渐成为南方粮、绸北运的水陆码头，民间也有“天津是大运河载来的城市”的说法。天津境内的大运河作为京杭大运河的重要组成部分，从山东临清北流至天津的南运河与从北京通州南流至天津的北运河，在三岔河口交汇入海河。大运河在天津段留下 27 处不可移动实物遗产：李鸿章曾经题写碑文的“九宣闸”、运河上唯一老木桥“独流木桥”、发现不少沉船遗迹的“十四仓”、乾隆八次巡幸至此的“八孔闸”、沿南运河而建的“石家大院”、拜妈祖乞求保佑的“天后宫”等，都得到较好的保护与展示，成为天津运河段人文景观。天津大运河建设，十分注重功能发展区的划分，要求沿线城镇发展与古运河统一协调。其生态发展地区保护、尊重运河现有历史资源，努力恢复历史自然面貌，成为生态绿色走廊。其文化旅游地区大力发展文化、旅游、教育产业，建立运河遗址公园、运河文化园、运河度假村等多种形式的运河文化旅游载体。

杭州是京杭大运河的起点城市。杭州打造“生活品质之城”，首先就是做好大运河的文章，彰显“五水共导”的城市特色，打造“亲水型宜居城市”。2002 年至 2007 年底，杭州共完成 44 条河道的工程建设，使市区的河网水质以及河道周边环境得到了一定程度的改善，特别是以余杭塘河、上塘河、贴沙河、中河、东河等为代表的已整治的河道，实现了景美、水畅、岸绿。杭州加强对大运河保护开发，建立了系统化、体系化的运河资料，“拱

① 王淑娇：《北京“三个文化带”建设与利用》，《城市建设》2018 年第 19 期。

宸桥、小河直街、珠儿潭、清代杭州海关、郭璞井、广济桥、乾隆御碑等运河文化遗产被保护、修缮和恢复……打造运河景观带，通过运河综合保护一期工程，杭州地区再现了‘一馆二带二场三园六埠十五桥’为重点的运河系列景观”①。

西安虽然不是运河城市，但其对河流文化的建设值得借鉴。浐河、灞河是西安城市东部重要的生态廊道，浐河、灞河拥有城市段的自然特性，西安对河道、河岸、浅滩、河漫滩、深潭、河畔林、河心洲等予以保护与建设。西安世园会以“绿色引领时尚”为主题，以“千亩水面、万亩绿意”营造水绿相间的湿地景观。水成为西安世园会区别于历届世园会的最大特点，尽显了西安浐灞的河流之美。近几年来，西安以保水、治水、饮水为重点，启动了“引汉济渭”“八水润长安”工程，通过修建广运潭、渼陂湖、潏河湿地，扩建未央湖，改造兴庆湖，整治护城河，恢复曲江池和昆明湖，“计划建设5条生态引水体系，打造7片湿地，生态修复10条河系，新建改造提升28座湖池”②，将山水大格局融入城市开发建设之中。

扬州注重开发运河的文化功能，沿河石栏绿柳、亭台轩榭，构建古典园林景观；沿河修整古迹，刻石立碑，营造历史人文节点，追求人文、园林、水环境的和谐统一。

四　洛河文化带建设的对策建议

洛河文化带，是以国家、河南省大运河文化带建设为指导，以凸显洛阳隋唐大运河诞生地和隋唐盛世文化形象为核心，以洛河沿岸的运河文化保护、传承、利用为要点，以洛河水利遗存、附属设施和相关遗存为基础，以洛河物质遗产和非物质遗产为主要对象，以洛河文化产业和文化事业为主要载体的带状功能区域。

---

① 张志荣、李亮：《简析京杭大运河（杭州段）水文化遗产的保护与开发》，《河海大学学报》（哲学社会科学版）2012年第2期。

② 闫珅：《“八水”复来润古城，水旺城兴惠民生》，《西安日报》2016年11月18日。

（一）“洛河文化带”是洛阳城市的一个重要发展战略

审视洛阳的优势与特色，“千年帝都”综合地承载了洛阳的历史文化资源，“牡丹花城”得益于1980年代以来历届政府持续强力打造，“丝路起点”契合国家“一带一路”的宏观建设，而“运河中心”作为洛阳的第四张城市名片，不仅是对国家大运河文化带战略的回应，也是洛阳文化发展和宜居地建设的迫切需求，是进一步提升城市整体形象、实现城市整体增值的现实之举。因此，打造“洛河文化带”，是对洛阳得天独厚的运河资源的珍惜与爱护，要将其上升到城市品牌形象的战略高度，由洛阳市委、市政府主持、多个政府部门参与，编制中长期的“洛河文化带”开发利用规划，实现水系、文化、文物等具有洛阳特色的多种要素的深度融合，并持之以恒地长期坚持，着力将洛阳打造成为一个韵味十足的山水城市。

（二）深入挖掘、整理洛阳的运河文化遗产

要充分利用河南省社科院、河南大学、郑州大学，以及洛阳文物局系统和河南科技大学、洛阳师范学院、洛阳理工学院等地方高校的研究力量，成立隋唐大运河之洛阳段的文化研究院（中心），广泛收集、深入挖掘相关文献资料，通过协同攻关、课题委托等途径，对文献、文化、民俗、漕运及其他相关问题进行深入研究，编撰出版洛阳“大运河文献汇编”“大运河考古集成”等，建立“洛阳大运河文化数据库”，为洛河文化带建设提供基础信息。要围绕洛河水运历史的空白点和重要节点，对一些被掩埋的河段，对天津桥、上阳宫、南市渡、仓窖遗址等进行有针对性的考古发掘，为大运河文化带建设中洛阳的地位和作用提供文物印证。要定期或不定期地组织高端学术论坛、学术考察，与大运河沿岸的兄弟省份、兄弟院校进行学术交流活动，并发出洛阳学术声音，形成洛阳学术话语。

（三）保护、展示洛河文化带的水文化遗产遗迹

大运河洛阳段拥有丰富厚重的水文化遗产，构成了隋唐大运河遗产的重

要内容。主要有运河水工遗存、运河附属遗存和其他相关文化遗产遗存，其中有以洛河为核心的自然资源，又有西苑、天池、定鼎门、上阳宫、天津桥、天堂、明堂、九州池、洛阳南关码头、新潭、洛汭严关、含嘉仓、回洛仓、子罗仓等历史文化资源，尤其是含嘉仓遗址、回洛仓遗址被列为“中国大运河”世界文化遗产。这些珍贵的大运河历史文化遗存，是沿线运河繁荣发展的产物，它的历史价值与运河的兴衰息息相关，是大运河洛阳段历史变迁的见证者。另外，洛阳非物质文化遗产如洛阳不翻汤、水席等，也是富有生命力和地方特色的文化元素。要收集、整理和研究与洛河相关的文人集会故事以及洛神、黄守才等民间传说，建设洛阳非物质文化展馆、民俗文化园区。特别需要指出的是，回洛仓是隋代距离东都洛阳城最近的国家大型粮仓，是目前我国发现的隋代保存最完好、规模最大的国家粮仓。含嘉仓是隋唐大运河沿线的大型国家性漕仓之一，是唐代使用的最大、最重要的官仓。要在目前遗址保护展示馆的基础上，推动将回洛仓、含嘉仓等仓窖遗址建成国家考古遗址公园，叫响洛阳“天下粮仓”品牌，打造隋唐大运河具有洛阳历史特色的国家记忆工程。

（四）打造洛河文化带的标志性景观

河流景观是自然与人文的有机融合，作为城市景观格局的基础骨架，充分表达出城市的人居环境与地域特色。要以十三朝古都历史文化为主要线索，在洛河两岸形成以汉魏、隋唐都城文物遗迹和建筑为核心，打造兼具视觉效果和文化魅力的城市地标性景观群落。隋唐是洛河段大运河的开创时期，也是鼎盛时期，隋唐洛阳城是其标志性景观。目前已建成了定鼎门博物馆，复建了明堂、天堂，2019 年又复建展示了“两坊一街”（宁人坊、明教坊和天街遗址）和南城墙遗址，应天门、九州池也于牡丹花会开放。下一步应保护展示天津桥遗址及其他重要的渡口、码头和漕运。打造汉魏故城景观轴，有选择、分步骤地保护性复建太学、熹平石经、宫城阊阖门、太极殿、灵台、铜驼、永宁寺等临水建筑。最终要构建“五都荟洛”的文化景观。在洛河沿岸、东西不足 30 公里的范围内，分布着二里头遗址、偃师商城、东周王城、汉魏故城、隋唐洛阳城五处大型遗址，涵盖自夏至唐近三千年中华文明重要起源和发展阶段，不仅在历史文化方面具有一定的文明发展延续性，而且在分布区域上具有显著的关联性，如此密集的都城遗址，规模之大，时间跨度之长，在世界范围内都极为罕见。“五都荟洛”是历史对于洛阳的特别眷顾与厚爱。经过一个时期的不懈努力，洛阳最终要建构“五都荟洛”文化景观，把恢宏壮观的千年帝都展示出来，把零碎分散的王朝遗迹整合起来，让深藏无形的厚重底蕴物化可观，从而更好地传承创新华夏历史文明。

（五）重点推进洛河文化带的文化旅游

加快洛河两岸风景线、绿色廊道建设，做好沿河城镇、乡村景观带规划，创造和谐自然生态，打造宜居宜游的滨水空间，推进生态旅游；洛河文化带要融入休闲度假产品，形成处处是景区、点点皆亮点、段段有体验的休闲旅游体验区。特别是对沿河帝都广场、运河广场、遗址公园等进行景观提升，丰富休闲空间，开辟游憩空间，设计洛河水上交通线路，发展休闲旅游；要大力发展洛河文化旅游，设计多条文化旅游精品线路，依托丰富的历史文化遗存和文化景观，利用运河河道、沿岸遗址公园进行历史的活化，尽可能地恢复历史原貌或利用现代科技向游客展示，突出城市文化底蕴和特色，打造国际文化旅游名城，让古都韵味留住更多游客。

（六）大力发展“洛河+”文化产业

洛河既是城市的一个地理空间，也是一个文化空间。打造洛河文化带，可以依托城市河流空间，发展多种文化产业。可以考虑依托洛河水面以及天津桥遗址，运用数字化的声、光、电高科技在洛河夜晚水面予以虚拟展示，追忆“西域诸藩，往来相继”“天下舟船所集，常万余艘填满河路”的荣光。整理既有的洛阳旅游演艺节目，进行多维提升，在洛河岸边开辟专有场地或园区，借鉴杭州“宋城千古情”、开封“大宋·东京梦华”的表现形式，开发新的代表性的洛阳歌舞演艺，再现当年漕运、治河、造漕船的盛景，充实游客夜晚旅游生活，让游客犹如身临其境地体验洛阳运河文化，发展洛阳演艺产业。针对洛阳现有博物馆分散、游客寻访参观不便的问题，在洛河岸边开设博物馆园区，集聚发展，打造洛阳“博物馆之都”，扩大洛阳的文博产业。讲述洛阳美食与运河故事，增加洛阳本地餐饮业的文化内涵，提高其知名度、美誉度。依托洛河两岸湿润的气候环境，以植被、河畔、空气等养生资源为载体，融入文化养生元素，引入康养健身项目，以洛河“滨河养生”为主题，建设集滨河体育娱乐、滨河商务休闲、滨河公共休闲等活动于一体的综合养生康疗旅游度假区，发展洛阳大健康产业。

总之，规划建设全国大运河文化带是以习近平同志为核心的党中央继“一带一路”倡议之后，站在世界文化发展的高度，从坚定民族文化自信的大局，深入推动实现中华优秀传统文化创造性转化与创新性发展的又一崭新创举。大运河是与国家历史共命运的文化载体，它是最具中国特色的世界遗产，是中华民族独特的精神标识。历史上的河洛大地是中华文明形成的摇篮、国力鼎盛的见证，而洛河则又是一条流淌着洛阳历史的心灵之河。洛阳作为隋唐大运河的诞生地和中心地，在全国大运河文化带建设中应当而且也可以大有作为，不仅要主动承担起大运河文化带建议的核心任务，还应充分彰显不同于运河沿线其他城市的独特优势和魅力。随着洛河文化带建设的深入发展，洛阳一定会打造成为古今辉映、“诗和远方”兼得的地方。

B.6

洛阳市非物质文化遗产展示现状浅析

陈启明　栾海宁*

摘　要： 本文尝试从洛阳市近年来各类非遗展示传播活动开展的情况，分析洛阳市非物质文化遗产展示工作的主要特点和不足。非物质文化遗产的展示工作应从实体场所的建设、虚拟展示的方式和途径，以及非遗活动开展等方面，加强对非遗资源的挖掘、整合和创新应用。着力培育非遗传承人群和工作人员队伍，为非遗展示工作的持续开展奠定基础。

关键词： 非物质文化遗产　展示

一　非物质文化遗产相关概念

（一）非物质文化遗产及非物质文化遗产展示

联合国《保护非物质文化遗产公约》规定的“非物质文化遗产”概念，是指“被各社区、群体，有时是个人，视为其文化遗产组成部分的各种社会实践、观念表述、表现形式、知识、技能以及相关的工具、实物、手工艺品和文化场所。这种非物质文化遗产世代相传，在各社区和群体适应周围环

* 陈启明，洛阳市委党校市情研究部主任、副教授，研究方向为区域经济发展和文化建设；栾海宁，洛阳市文化广电和旅游局非物质文化遗产科科长，研究方向为非物质文化遗产保护和传承。

境以及与自然和历史的互动中，被不断地再创造，为这些社区和群体提供认同感和持续感，从而增强对文化多样性和人类创造力的尊重”。《中华人民共和国非物质文化遗产法》规定，“非物质文化遗产”是指各族人民世代相传并视为其文化遗产组成部分的各种传统文化表现形式，以及与传统文化表现形式相关的实物和场所。

近年来，非物质文化遗产成为社会热点，获得越来越多的关注，非物质文化遗产正在通过非遗主题场馆、专题展览、各类博览会等实体展示和基于网络、移动端、公众号、影视作品等虚拟展示，通过各类非遗活动、非遗体验，乃至非遗衍生产品展示与推介等方式，走进大众视野。

非物质文化遗产展示工作，对于非物质文化遗产的存续、保护、传承有着重要的意义。联合国《保护非物质文化遗产公约》规定：“为了确保其领土上的非物质文化遗产得到保护、弘扬和展示，各缔约国应努力做到：……（四）采取适当的法律、技术、行政和财政措施，以便：……促进建立或加强培训管理非物质文化遗产的机构以及通过为这种遗产提供活动和表现的场所和空间，促进这种遗产的传承。”《中华人民共和国非物质文化遗产法》将“开展该项目的展示、展演活动”列为非物质文化遗产代表性项目的保护单位应当履行的义务，“开展传授、展示技艺，学术研究等活动”为传承人享有的权利。规定了“县级以上人民政府应当根据本地实际情况，建立专题的非物质文化遗产公共文化设施，用于非物质文化遗产代表性项目的展示、传承、收藏和研究”。“文化馆（站）、博物馆、图书馆、美术馆、科技馆等公共文化机构应当有计划地展示、传播非物质文化遗产代表性项目，并按照国家和本省有关规定向社会免费开放。”“县级以上人民政府可以结合文化活动、民间习俗等实际情况，组织开展非物质文化遗产代表性项目的展示、表演等活动。”“鼓励采取与经贸、旅游相结合的方式保护和传承具有生产性、展示性或者表演性的非物质文化遗产代表性项目。”《河南省非物质文化遗产保护条例》《洛阳市非物质文化遗产保护条例》均有相应规定，明确了各级政府加强扶持文化遗产展示场馆建设、利用各类文化设施开展展示以及举办活动等工作内容。

非物质文化遗产展示工作是其特定传承人群的内在文化需要，是非物质文化遗产体现文化多样性的客观要求，是各级文化部门应当积极引导的一项工作，还是可以动员社会各界力量参与的重要文化领域。

非物质文化遗产的展示工作目前处于起步阶段。非物质文化遗产的展示，尚未形成统一的定义。杨红在《非物质文化遗产展示与传播前沿》一书中，赋予其狭义和广义两个概念："就狭义而言，是指通过非物质文化遗产相关实物展品的有形陈列和动态多媒体以及交互式的、多感官的、浸入式的无形陈列，采用阐释、演示、传播、研究、教育等基本功能之外，在宣传、弘扬、传承、振兴层面促进非遗的保护。非遗的展示包括实体空间展示，也包括基于PC、移动端、平板电脑等的虚拟展示。"[①]"就广义而言，非遗的展示形式包括：正规与非正规教育中的非遗主题实践活动、非遗相关现场展演、非遗产品售卖推广活动以及借助新媒体开展的线上活动等都属于非遗展示的范畴。"[②] 简单来说，杨红所定义的狭义非遗展示聚焦于展示活动本身媒介的差异（实体或虚拟），广义的非遗展示则包含非遗相关的一系列活动和行为，包括直接的"展示"和以"传播"为目的的间接途径。

本文所研究的展示包括非物质文化遗产的实体展示、虚拟展示、各类活动及展示传播等各项内容。侧重上文的广义定义。

（二）洛阳市非物质文化遗产概况

洛阳历史悠久、文化厚重，现有国家级非物质文化遗产代表性项目8项，省级58项，市级135项，县级1057项。"河图洛书传说""关公信俗""牡丹花会"等国家级非物质文化遗产代表性项目在中华传统文化中占有重要地位。洛阳市共公布了3批市级代表性传承人名录，现有国家级非物质文化遗产代表性传承人7名，省级67名，市级205名，县级400多名。已初步建立起国家、省、市、县四级代表性项目和代表性传承人的名录体系（见图1、表1）。

① 杨红：《非物质文化遗产展示与传播前沿》，清华大学出版社，2017。
② 杨红：《非物质文化遗产展示与传播前沿》，清华大学出版社，2017。

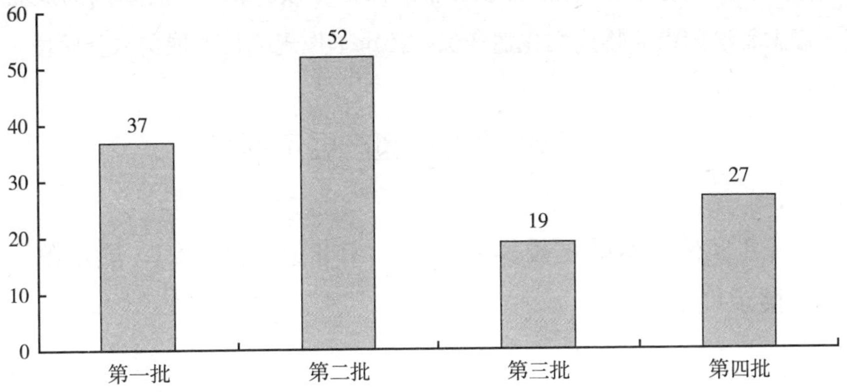

图1　市级非物质文化遗产代表性项目名录批次

表1　洛阳市入选国家级非物质文化遗产代表性项目名录清单

序号	项目名称	项目类别	公布时间及批次
1	河洛大鼓	曲　　艺	2006 年 5 月第一批
2	唐三彩烧制技艺	传统技艺	2008 年 6 月第二批
3	真不同洛阳水席制作技艺	传统技艺	2008 年 6 月第二批
4	民间信俗(关公信俗)	民　　俗	2008 年 6 月第二批
5	洛阳牡丹花会	民　　俗	2008 年 6 月第二批
6	灯彩(洛阳宫灯)	传统美术	2008 年 6 月第一批扩展
7	中医正骨疗法(平乐郭氏正骨法)	传统医药	2008 年 6 月第一批扩展
8	河图洛书传说	民间文学	2014 年 12 月第四批

注：截至 2018 年底，洛阳市共有国家级非物质文化遗产代表性项目 8 项，全省共有国家级非物质文化遗产代表性项目 113 个，洛阳市占全省总数的 6.7%。全市现有省级非物质文化遗产代表性项目 58 个，全省共命名省级非物质文化遗产代表性项目 682 个，洛阳市占全省总数的 8.5%。

2016 年 3 月，洛阳市将《洛阳市非物质文化遗产保护条例》列为年度立法项目。该条例于 2016 年 11 月 2 日在洛阳市第十四届人民代表大会常务委员会第二十六次会议通过，2016 年 11 月 18 日河南省第十二届人民代表大会常务委员会第二十五次会议批准，2017 年 3 月 1 日起正式实施。是全国继苏州、武汉之后第三部地市级非遗保护专项条例。[①] 该条例的颁布实施，标志着洛阳市非物质文化遗产保护传承工作规范化发展进入新阶段。

二　非物质文化遗产展示形式

（一）实体展示的主要类型及洛阳市非遗专题场馆（展示馆、传习所）展示现状

1. 实体展示的主要类型

非物质文化遗产的实体展示，主要包括各类场馆的展出及开展的各类活动。其中，非物质文化遗产展示场馆是非物质文化遗产进行日常展示、宣传、普及的重要场所，能够“促进当代人对非遗的理解与欣赏、记录并传播非遗的价值内涵、尊重与倡导非遗的文化属性、培养非遗保护的公众意识及公众参与、促进非遗的可持续发展”。[②] 在此仅就笔者的粗浅认识做一简单介绍。目前非物质文化遗产保护工作领域通常将非物质文化遗产的相关场所划分为四种基本类型。

（1）展示馆。侧重于非物质文化遗产的专题陈列、展示和宣传。展示馆根据陈列展示非遗项目的数量或类别，可大致分为综合性和专题性两类。其中，专题性展示馆的开办主体多为与非物质文化遗产项目紧密相关的企业（多为项目保护单位）、个人（多为项目传承人）及社会组织（多为项目保护单位），如洛阳锐泽工艺品有限公司依托省级项目“白马寺金银器制作技艺”设立的“洛阳唐艺金银器博物馆”；有些专题性展示馆依托当地重点非

① 《苏州市非物质文化遗产保护条例》由苏州市第十五届人民代表大会常务委员会第八次会议于2013年8月26日制定，并经江苏省第十二届人民代表大会常务委员会第五次会议于2013年9月27日批准，2014年1月1日起施行。《武汉市非物质文化遗产保护条例》于2016年5月26日武汉市第十三届人民代表大会常务委员会第三十六次会议通过，2016年7月28日湖北省第十二届人民代表大会常务委员会第二十三次会议批准，自2016年11月1日起施行。

② 杨红：《我国非遗馆建设情况及发展趋势》，“非遗展示传播研究平台”微信公众号。

遗项目，由当地政府建立；如位于孟津县南石山村的“唐三彩烧制技艺展示传习馆”。综合性展示馆一般由各级文化部门整合当地资源建设并管理，对多个非遗项目进行陈列、展示与宣传，形式上多依托当地文化馆（非遗中心），建设展厅或独立场馆，小型展厅如洛阳市老城区文化馆、西工区文化馆内的非遗展厅，以及建设中的洛龙区非遗展示馆；大型独立场馆如四川省非物质文化遗产馆、贵州省非物质文化遗产馆；也有一些采取社会化运营的模式，由文化公司建设及运营，如四川省的国际非物质文化遗产博览园。

（2）传习所。侧重于某项或多项非物质文化遗产项目的活态传承，如非物质文化遗产项目代表性传承人的带徒授艺、社会传承活动等。传习所的举办主体一般是非遗项目的保护单位（或传承人）和当地文化部门。需要留意的是，传习所的传习活动一般分为两类：一类是面向传承人群核心群体的传习活动，重点是师徒传承，学习时间较长；一类是面向社会的体验式社会传承活动，以讲座、沙龙、体验活动等形式为主，培训人群掌握简单、基本的技能和知识，但往往不会成为该项目的传承梯队。因此，面向社会便于开展广泛传承活动的传统音乐、传统舞蹈、传统曲艺、部分传统技艺（如剪纸、竹编等）类项目，其社会参与度较强。具有核心保密技艺或技能的传统医药，部分传统技艺（如钧瓷、青铜器、金银器制作技艺等），多依托项目保护单位（或传承人）的工厂、作坊甚至家院，开展相对封闭的传习活动，辅以简单的体验环节，便于社会参与。

（3）社会传承基地。这类基地通常具有相对固定和一定规模的受众人群，能够经常性地开展或在近年内开展过有较大规模和影响力的弘扬和传播优秀传统文化和非物质文化遗产的文化活动，并且取得较为显著的社会效果。举办单位多为学校、企业、社会组织等。社会传承基地与传习所的区别在于，传习所侧重于培养项目专业的后继人才，多以学徒制传习；社会传承基地侧重于项目在社会的传播、推广和知晓度，属于普及类的一般教学，培训人群以掌握基本技能与知识为主（当然，也有成为当地支柱产业的非遗项目，其传承基地往往就具有较强的培养从业人员的职能）。部分非遗项目保护单位（或传承人）根据自身非遗项目特点，同时拥有培养自身学徒的传习场所和扩大社会影响力的社会传承场所。

（4）生产性保护基地。非物质文化遗产生产性保护是指在具有生产性质的实践过程中，以保持非物质文化遗产的真实性、整体性和传承性为核心，以有效传承非物质文化遗产技艺为前提，借助生产、流通、销售等手段，将非物质文化遗产及其资源转化为文化产品的保护方式。生产性保护基地的申报单位一般为某项目的保护单位，并已通过非物质文化遗产生产性保护，取得了显著的社会效益和经济效益，提高了传承人的地位和收入，扩大了就业岗位，为促进当地经济社会全面协调可持续发展做出较大贡献，并能够积极开展非物质文化遗产的展示、展演和出版、宣传、教育活动，充分发挥对青少年的教育及教学作用。目前，这一保护方式主要是在传统技艺、传统美术和传统医药药物炮制等传统工艺非物质文化遗产领域实施。生产性保护基地往往建设有一定规模的专项类非遗展示场馆，部分生产区域也向外开放，并结合各类非遗体验活动、“研学游”等活动。

实际上，上述几种类型的非遗场所在具体内容上多有融合，在形式上多有交叉设立的情况，有些还存在于同一个相对明显或固定的区域内，即属于整体性保护的范畴。此外，部分有条件的承办单位还承担一定的研究基地职能，经常开展非物质文化遗产调查、研究活动。如洛阳市唐三彩烧制技艺的保护单位就成立有洛阳唐三彩研究院，从事技术研究。国家级代表性传承人高水旺的《大唐三彩》还荣获了 2017 年度河南省文化厅①“河南省非物质文化遗产优秀科研成果”一等奖。

2. 洛阳市非遗专题场馆（展示馆、传习所）展示现状

在上述四种类型中，展示馆、传习所是洛阳市目前非遗实体展示的重要组成部分。由于洛阳市非遗综合类展示厅的总体水平较为一般，所以本文着重介绍专题型非遗展示馆和传习所这两类场馆的情况。

2017 年，河南省文化厅对经其认定命名的，依托省级项目建立的，承担非物质文化遗产展示、展演、传习、传播等任务并具有示范性的展示馆、传习所

① 现河南省文化和旅游厅，下同。

提出了较为明确的工作要求，形成了初步的工作条件和工作规范①，这对全省非物质文化遗产展示场馆工作的开展具有现实指导意义。其中较为主要的内容是首次明确了省级非遗展示场馆的硬件基本条件为：“具有固定且适宜的馆舍，展示馆有专用的展厅（室）、库房和相关设施，建筑面积不少于300平方米，展品数量不低于500件（套）；传习所有专用的传习场所及必要的设备和工具，建筑面积不少于150平方米。”此外，还需要具备从事展示、传习工作的专业人员和管理人员、符合国家规定的安全和消防设施要求，且免费向公众开放、社会效益好、在当地有较大影响力和示范性、“全年开放时间不少于10个月”等基本门槛。

根据近两年来非物质文化遗产展示场馆的年度统计，洛阳市具有一定规模的各级各类非物质文化遗产展示场馆为30余个。其中，综合展示非遗项目主要分布在各级文化馆非遗展厅内，非物质文化遗产项目保护单位建设、运行的主要是专题类展示馆和传习所（见表2）。

表2　2016年度洛阳非物质文化遗产资源统计（展示场馆相关内容）

场馆建设	合计	综合性场馆	依托四级名录项目专题性场馆
展示馆数量(个)	17	9	8
传习所数量(个)	14	5	9

2017年，洛阳市文广新局②集中组织了对全市省级以上项目展示馆、传习所的实地调研工作。通过实地调研，洛阳市省级以上项目经过多年的培育和发展，展示场馆总体呈现较好的发展态势。其中，展示场馆整体情况好于传习场馆，具有一定经济效益的非遗项目，场馆建设和运行情况要好于传统文化类的传习项目。③（参见表3、表4）

① 《河南省非物质文化遗产展示传习示范馆管理办法》（豫文字〔2017〕55号）。

② 现洛阳市文化广电和旅游局，下同。

③ 洛阳市入选省级展示馆、传习所或示范基地的单位：河南省非物质文化遗产传习所有洛阳正骨医院、偃师市河洛大鼓传习所、洛阳南无拳文化研究会（南无拳）；河南省非物质文化遗产展示馆有洛阳唐宝斋文化艺术有限公司、洛阳烟云涧青铜工艺博物馆；河南省非物质文化遗产生产性保护示范基地有洛阳酒家有限责任公司（真不同水席）。

表 3　2017 年度洛阳省级以上非物质文化遗产展示馆信息及特点汇总

序号	展示馆名称	主办单位	申报地区	备　注
1	洛阳唐艺金银器博物馆	洛阳锐泽工艺品有限公司	洛龙区	专题型展厅,独立展馆,已获批民办博物馆,藏品类型丰富,品质高,与当地旅行社长年合作,免费开放
2	洛阳烟云涧青铜工艺博物馆	洛阳烟云涧青铜器有限公司	伊川县	专题型展厅,独立展馆,已获批民办博物馆,与制作厂区连为一体,免费开放,藏品器型丰富,品质高,定期举办青铜器文化节
3	唐宝斋唐三彩非遗展示馆	洛阳唐宝斋文化艺术有限公司	西工区	专题型展厅,独立展馆,已获批民办博物馆。藏品丰富、品质高,与中小学合作开展传习活动
4	洛阳烧伤医院勋奇中医药博物馆	洛阳烧伤医院	涧西区	专题型展厅,独立展馆,少见的烧伤中医药专题展示馆,展示和该医院教、学、研、治疗及医药种植为一体
5	汝阳县非遗展厅	汝阳县文化广电新闻出版局*	汝阳县	综合型展厅,以当地三个省级非遗项目为主
6	洛阳市新安县河洛澄泥砚艺术展示馆	洛阳市中原厚土陶瓷澄泥文化有限公司	新安县	专题型展厅,独立展厅,目前规模最大的澄泥砚专题展示馆,藏品丰富,新创产品较多

*现汝阳县文化广电和旅游局。

注：该表仅统计依托省级非遗项目的展示场馆情况，就洛阳市实际情况而言，部分依托市级项目及县区级项目的展示场馆也有基础设施条件较好、坚持开展相关活动的场所，为便于比较，本文暂未收入该部分内容。

表 4　2017 年度洛阳省级以上非物质文化遗产传习所信息及特点汇总

序号	传习所名称	主办单位	申报地区	备　注
1	高水旺唐三彩非遗传习所	洛阳九朝文物复制品有限公司	孟津县	以厂区为依托,多年来与高校合作建立培训教学基地,开展传习研究活动
2	洛阳市河洛澄泥砚技艺传习所	洛阳市新安窑陶瓷艺术有限公司	新安县	有独立院落,正在扩建打造休闲文化场所,定期通过新媒体开展社会传承活动,形式新颖
3	洛阳市海神乐社传习所	洛阳市海神乐社	洛龙区	独立院落,定期开展排练活动并面向社会免费开放
4	南无拳传习示范馆	洛阳南无拳文化研究会	老城区	经常性开展传习活动,并组织教员在市内外开展教学

续表

序号	传习所名称	主办单位	申报地区	备　注
5	豫西狮舞(洛阳市大里王狮舞)传习所	洛阳市文化馆	洛龙区	定期开展狮舞训练传承活动
6	洛阳烧伤医院"烧伤自然疗法与自然烧伤膏传习所"	洛阳烧伤医院	涧西区	与医院教、学、研、医药种植结合,定期与火箭军、高校合作开展培训活动
7	河南非遗"金属捶锻工艺"洛阳高新区传习所	洛阳王书品雕塑有限公司	高新区	与学校联系,不定期接受参观、教学活动
8	制鼓技艺传习所	洛阳市文奇鼓业有限公司	洛龙区	新建厂房,积极开展面向社会的免费参观、讲解活动
9	会圣宫石砚雕刻传习馆	偃师市会圣宫工艺品厂	偃师市	自家院落改建,规模较小

数据显示，在洛阳市具有一定规模的非遗展示场馆中，近2/3集中在传统手工艺相关非遗项目，这类项目具有鲜明的活态传承特征，其产品具有较强的直观展示条件，项目传承往往以家族传承或已形成较为固定的组织（企业）为主，能够开展较为有力的资料收集、整理工作，并且基于项目生存发展的现实需要，也致力于通过展示馆展示其非物质文化遗产的文化特性、产品工艺特色和技艺水平，这些因素推动了该类展示馆的建设水平。这一展示馆集中于传统手工艺的倾向也和洛阳市传统工艺相关非遗项目的整体发展情况基本相符。参照国家文化和旅游部等三部委公布的“首批国家传统工艺振兴目录”分类方法，传统工艺共包含14个小项①，涵盖传统意义我国非物质文化遗产10类别分类方法中的“传统美术”“传统技艺”及“传统医药”中的中药炮制相关内容。洛阳市县级以上非遗项目涵盖了全部14个类别。“唐三彩烧制技艺”入选首批国家传统工艺振兴目录；“杜康酿酒工艺”等9个项目入选首批河南省传统工艺振兴目录，也侧面反映洛阳市传统工艺类项目具有一些成规模的项目单位（参见图2、图3、图4、表5）。

① 首批国家传统工艺振兴目录共包括纺染织绣、服饰制作、编织扎制、雕刻塑造、家具建筑、金属加工、剪纸刻绘、陶瓷烧造、文房制作、漆器髹饰、印刷装裱、食品制作、中药炮制、器具制作等14个类别，383个国家级非物质文化遗产代表性项目。

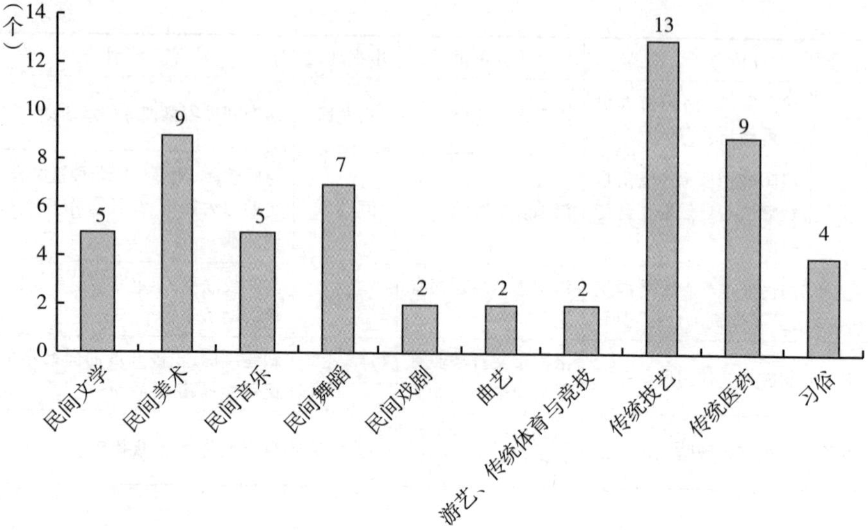

图 2　洛阳市省级非物质文化遗产代表性项目类别分布情况

注：由于省级非遗代表性项目名录分类方法有所调整，为便于统计，将原公布为“消费习俗”的洛阳水席列入“传统技艺”；原“民间知识”的洛阳正骨列为“传统医药”。

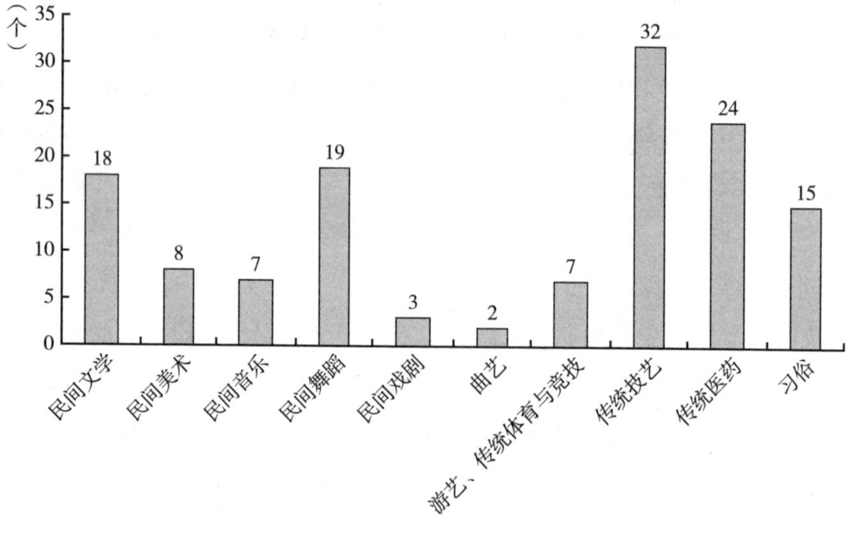

图 3　洛阳市市级非物质文化遗产代表性项目类别分布情况

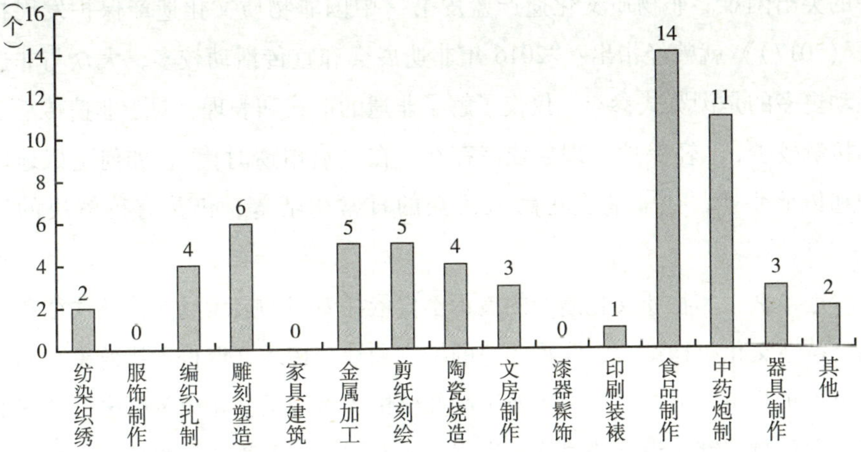

图 4　洛阳市市级非物质文化遗产代表性项目传统工艺类的门类分布情况

注：为详细体现各类别项目具体情况，将部分原属扩展项目的适宜项目列入（剪纸类 4 个、饮食相关 3 个）；“其他”具体为：偃师银条的种植栽培、洛阳牡丹栽培技艺。

表 5　洛阳国家级、省级传统工艺振兴目录入选项目分类分布情况

序号	项目名称	传统工艺类别	入选传统工艺振兴目录情况	所属地区
1	唐三彩烧制技艺	陶瓷烧造	国家级目录	孟津县
2	中原棉纺织技艺（黛眉手织布工艺）	纺染织绣	省级目录	新安县
3	青铜器制作技艺（烟云涧青铜器制作技艺）	金属加工	省级目录	伊川县
4	金银器制作技艺（白马寺金银器制作技艺）	金属加工	省级目录	洛龙区
5	民间剪纸	剪纸刻绘	省级目录	孟津县
6	黄河澄泥砚	文房制作	省级目录	新安县
7	杜康酿酒工艺	食品制作	省级目录	汝阳县
8	洛阳水席*	食品制作	省级目录	老城区
9	烧伤疗法（烧伤自然疗法与自然烧伤膏）	中药炮制	省级目录	涧西区
10	洛阳牡丹栽培技艺	其他	省级目录	洛阳市

* 同一项目存在不同级别、确定的名称不尽相同的情况。该项目即为后申报国家级确定的“真不同洛阳水席制作技艺”。

传习所多依托当地具有一定群众基础的非遗项目，具有鲜明的“活”的属性，关键在于传承人参与日常活动组织及开展，但其基础设施建设条件有限，承接服务的能力也不足，运营经费、受众范围通常是这类传习所发展中的突出困难。非物质文化遗产蓝皮书《中国非物质文化遗产保护发展报告（2017）》就曾经指出：“2016 年非遗展会和宣传活动较多，大众与非遗互动更多的是浏览式参与，仅仅了解了非遗的形式和表现，对于非遗传承活动接触较少，‘轻保护’现象依然存在。在‘后申遗时代’，如何更好地保护和传承非遗，让非遗真正融入民众的日常生活等，仍是有待解决的课题。”①

近年来，非物质文化遗产的展示不仅依托专门的展示场所，还往往和其他公益性文化机构结合，注重非遗的推广和社会传承，取得不错效果。如洛阳市少年儿童图书馆、洛阳市西工区文化馆、洛宁县文化馆等很多公共图书馆、文化馆，都开设有非遗公益讲座、非遗课程，深受市民欢迎。

（二）虚拟展示的主要类型及洛阳市相关情况现状

1. 网站建设及信息发布

目前洛阳市暂未设立单独的非遗展示网站。市级的网站常用的有“洛阳市文化广电和旅游局”② 及“洛阳市文化馆”（http://www.lyswhg.cn/）。其中，洛阳市文化馆网站开辟非遗专栏，但更新频次较低，2017 年有 2 篇，2018 年有 6 篇。县（市、区）的网站建设和更新频次更难以保障。此外，洛阳市积极向省级网站报送信息，宣传洛阳非遗工作。2018 年，河南省文化和旅游厅网站非遗专栏共刊发洛阳非遗信息 13 篇。

2. 微信公众号

洛阳市尚无专题的非遗公众号，市、县多依托当地的文化馆公众号进行相关宣传。以洛阳市文化馆公众号为例，2018 年更新文章 42 篇，其中非遗信息 6 篇，占总数的 14.3%，2018 年共更新文章 19 篇，其中非遗信息 7 篇，占总数的 36.8%。更新较为稳定的孟津县公众号“孟津文化”2017 年共更新文章 58 篇，其中非遗信息 8 篇，占比 13.8%。2018 年更新文章 44 篇，其中非

① 宋俊华主编《中国非物质文化遗产保护发展报告（2017）》，社会科学文献出版社，2017。

② 洛阳市文化广电和旅游局原网站因机构改革暂停使用，新启用的网站尚未完成资源信息整合，本文暂不讨论。

遗信息5篇，占比11.4%。洛阳市还积极向省级公众号投稿，在河南省非遗中心的“河南非遗”专题公众号里，2018年共有非遗相关信息249个，其中洛阳市推送信息16个。此外，洛阳市部分非遗项目为了自身的项目发展，设立的微信公众号也具有其各自的特色，并坚持更新，推动网络展示工作。如依托剪纸项目的“洛阳市剪纸艺术研究会”2017年共更新文章42篇，2018年共更新文章30篇。该协会还因网络宣传工作的开展，入围洛阳市委网信办组织的洛阳市2018年度“‘五个一百’网络正能量精品”。近年来随着非遗展示活动日益丰富，越来越多的活动采取网络直播的方式开展，2018年，洛阳市文化广电和旅游局、洛阳市非遗中心举办的“2018年‘河洛飞花’洛阳市首届非物质文化遗产展演活动”现场及网络受众人数达11万人次。

3. 影视作品及书籍

影视作品及文学作品是非物质文化遗产传播的又一途径。电视剧《大国医》就是反映洛阳平乐郭氏正骨法的历史。“真不同洛阳水席制作技艺”的保护单位洛阳酒家有限责任公司投入25万元出版了《真不同》《洛阳水席》小说一、二卷，共计72万字。“关公信俗”的保护单位关林管理处先后出版了《中国关林》《中国洛阳关林》《关林志》《洛阳关林匾额楹联诗词集》《海峡两岸关公文化论坛论文集》等刊物。“杜康酿酒工艺”的保护单位洛阳杜康控股有限公司先后出版杜康研究书籍《杜康酒》及《中国杜康酒志》《酒祖杜康》等。“玄奘传说”的保护单位玄奘故里管理处也出版了众多学术论文集及研究玄奘的专著。洛阳市非遗中心先后出版《记忆洛阳——洛阳市非物质文化遗产资源汇编（2005～2012）》《河图洛书传说》，洛阳市文化广电和旅游局与洛阳理工学院合作出版《洛阳非物质文化遗产丛书》（3本）。此外，洛阳市2018年12月启动了数字化工程建设，本次拍摄计划共涉及传统技艺类19个市级非物质文化遗产代表性项目，涵盖纺染织绣、编织扎制、雕刻塑造、金属加工、陶瓷烧造、文房制作、食品制作等7个小项，覆盖偃师市、孟津县、新安县、栾川县、洛宁县、汝阳县、老城区、瀍河区、洛龙区、涧西区、西工区等11个县（市、区），是洛阳市首次对市级非物质文化遗产项目开展专项集中性的数字化信息采集工作。

4. 报刊专栏

2018 年，洛阳市文化广电和旅游局、洛阳市非遗中心和洛阳报业集团合作，定期刊发非遗相关信息稿件，全年共刊发 25 件。内容涵盖了重点项目介绍、重点活动推介和工作动态。

虚拟展示还包括借助虚拟现实技术（VR）设备在馆内进行的展示，主要是利用相应设备生成实时、动态的三维立体图像，与入馆观众进行趣味互动，这类展示在洛阳市才刚刚起步，而网上展馆、展厅等虚拟展示工作的开展，洛阳市目前尚处于起步阶段。

（三）洛阳市非遗展示活动现状

1. 专题活动

洛阳市目前重点打造的是“河洛飞花”非遗品牌，重点包含动态展演活动及相对静态的非遗展示活动：

（1）2011 年起，在每年牡丹文化节期间的“河洛欢歌 · 广场文化月”专场舞台上设立非遗专场，集中展示各级各类非遗项目。该活动初期的 2011 年至 2013 年，每年还只有 1 个本地项目，3 ~ 6 支演出队伍，参演人员不足 20 人。2014 年起活动场次大量增多，每年专场 2 ~ 4 场，增大了本地项目的演出力度，一般是 5 ~ 8 个项目，50 ~ 60 人的演出规模。2016 年邀请省内外的优秀项目参与演出，活动规模得到了很大提升。2016 年省外项目 1 个、省内项目 17 个、本地项目 11 个，共 34 支队伍、314 人参演；2017 年参演项目中，省内项目 18 个、本地项目 11 个，共 36 支队伍、429 人参演。省内的“登封大鼓书”“王屋琴书”“沙河船工号子”都曾在舞台上进行集中展演。2018 年邀请了来自省外 7 个地市的国家级非遗项目，省内 7 个地市的国家级和省级非遗项目进行演出，宁津杂技、大明草编、山东快书、永年吹歌、洛川蹩鼓、上党八音会、华佗五禽戏等项目前来进行文化交流，来自洛阳市 15 个县（市、区）的 11 个非遗项目纷纷亮相，河洛大鼓、河洛响器、洛阳海神乐等优秀项目得到了较好的宣传展示。

（2）“河洛大鼓曲艺节”迄今已举办 10 届，为河洛地区广大河洛大鼓艺人搭建演出平台。前八年选择在洛阳一个县（市）开展为期一周的集中演出。2017 年，在洛邑古城举办，2018 年，设立了主会场（洛邑古城）和分会场（新安县、孟津县）。“‘河洛飞花’2018 年河洛大鼓新创作节目文化扶贫专题巡演活动”于 2018 年 10 月举办，对近三年来新创作品进行了筛选展示，6 个优秀节目在全市的 4 个贫困县集中演出。

（3）此外，每年在“自然和文化遗产日”举办相应的展示活动。2018 年举办的“‘河洛飞花’洛阳市非物质文化遗产项目创新成果大赛暨洛阳市非物质文化遗产成果展”，展出洛阳市 60 余个传统工艺类非遗项目的作品 70 余套 200 余件，是洛阳市首次成规模的传统工艺类非遗项目作品集中展示，也是洛阳市静态布展活动的首次尝试。

2. 作为某项活动的组成部分

非物质文化遗产代表性项目，特别是表演类的传统音乐、舞蹈、曲艺、戏剧、体育游艺与杂技等项目，本身就和某些系统的民俗活动紧密联系，也适合作为活动的一部分，参与各种文化活动当中。

（1）春节元宵节传统民俗活动。春节元宵节期间，是广大非遗表演类项目开展活动的重要时期。2018 年春节期间，全市举办的非遗相关活动 35 项，其中的关林春节民俗庙会、偃师市元宵节社火进城表演、宜阳县元宵节唢呐调演等活动均有较为悠久的历史。省级项目中，九连灯、曹屯排鼓、大里王狮舞、竹马舞（苏羊竹马）、抬阁（东蔡庄高抬“故事”）、抬阁（崇阳垛子）、背装（旧县背装）、嵩县大铜器、河洛响器……都是当地社火活动的主力军；市级项目中，东关双龙、南街排鼓、高装、同乐社盘、三官庙挠阁、皂角树抬阁、跑阵……也都名声在外。随着人们对传统文化认识的不断增强，对过年“年味”的追求，众多非遗项目在元宵节活动中承担着越来越重要的角色。

（2）中原文化旅游产业博览会。该活动由洛阳市人民政府、河南省旅游局、河南省文化厅共同主办。首届于 2018 年 9 月在会展中心举办，为期三天，展览面积 3 万平方米，设置有序馆、出彩中原展区、省辖市精品展区、陶瓷源陶瓷大师精品展区、博物馆之都（文博）展区、书香满城展区、非遗展区、全域旅游展区、智慧文旅展区、工美文创展区、休闲生活展区、中原文创旅游产品大赛暨“老家礼物”评选区、“一带一路”（国际）展区等13个主题展区和服务功能区。非遗展区内共展示了省内外6个国家级项目、11个省级项目等共计31个项目。其中，国家级项目老河口丝弦，开封汴绣、滑县木板年画、洛阳宫灯等项目吸引众多观众驻足。

3. 社会传承传播

“非遗进校园”。洛阳市非遗中心与洛阳市水叮当艺术培训中心于2014年共同开展了“河洛大鼓进校园”活动，现已在洛阳市区的西下池小学、王城小学等4所小学建立了“河洛大鼓传承基地”，开设培训班，已有400名儿童学习。“刘爱弹样剪纸”的传承人2015年3月开展了“民间艺术走近高校”活动，在汉口学院成立了“剪纸艺术传承基地”，并开设剪纸艺术专业课程供学生选修，选修该课程学生人数已逾300人。洛阳市剪纸艺术研究会于2013年开展了“剪纸艺术进校园”活动，现已在洛阳市老城区坛角小学，河南科技大学附属小学等7所小学建立了“剪纸艺术课堂”。2000年春，海神乐社与洛龙区十四小、洛龙区西高明德小学、洛龙区第二实验小学，建立了传习关系。乐社老师为学校三年级以上学生传授海神乐曲，2015年起，在洛阳师范文学院定期为学生传授技艺，2016年1月洛阳师范学院曾为洛阳海神乐社社长、省级代表性传承人郭红运颁发了教授聘书。2018年，洛阳市文化广电和旅游局、洛阳市非遗中心启动了“2018～2019年洛阳市河洛大鼓进校园”活动，在全市范围内重点筛选了10个中小学，建立河洛大鼓校园传承基地。计划在一学年时间内，每个基地培育不低于3支至少能够熟练演奏3支以上唱段的学生队伍，以弘扬传统文化。此外，需要单独指出的是“戏曲进校园”活动。洛阳市“戏曲进校园”活动于2017年启动，在城市区各相关学校共安排演出（授课）73场。2018年城区共开展戏曲进校园97场，其中进中学演出28场（由洛阳豫剧院、洛阳曲剧院承担），进小学授课69场（由洛阳文化艺术学校[①]承担）。

① 现为洛阳市职业技术学院。

4. 文化交流

（1）组织项目参加的各类专题活动。2018 年，洛阳市 3 名传承人成功入围“第五届中国非物质文化遗产博览会”决赛，其中“宋汝瓷刻花技艺”传承人王延军获陶瓷成型项目第二名，是河南省参赛选手中取得的最好成绩；组织“河洛大鼓”参加“全国非遗曲艺周”“中国（淮安）大运河文化带城市非物质文化遗产项目大展”“首届大运河文化带优秀非遗项目展演”；组织豫剧、泥塑、剪纸等 6 个项目参加“豫哈青少年民俗文化艺术交流活动”等。

（2）项目自行开展的文化交流活动。近年来，非遗项目利用自身条件和工作开展情况，对外文化交流日益丰富和频繁，如“关公信俗”的保护单位关林管理处近年来就和泉州洪濑关圣庙等单位做过多次文化交流活动，洛阳海神乐社多年来一直和西安的都城隍庙鼓乐社、东仓鼓乐社、西安音乐学院鼓乐社等保持文化交流联系；剪纸技艺的传承人多次到中国台湾、澳大利亚等地开展交流，宋氏通背拳的传承人也常年到国外开展演出活动。

5. 艺术创作

（1）依托非遗项目开展的创作。豫剧、曲剧是国家级非遗项目，洛阳市的豫剧、曲剧有自身的特色，其中洛阳曲剧（洛阳小调曲）还是省级非遗项目。洛阳市豫剧院、洛阳市曲剧团近年来开展了一系列的创作，创作生产新编历史剧《北魏孝文帝》。该剧由洛阳豫剧院演艺有限公司邀请国家一流主创团队历时三年精心创作打磨，自 2015 年 6 月搬上舞台后，得到国内戏剧界专家的充分肯定，并被河南省委宣传部列为“中原人文精神精品工程重点项目”。2018 年参加“出彩河南·庆祝改革开放四十周年——中国豫剧优秀剧目北京展演月”活动，并在清华大学演出。创作生产历史故事剧《洛神赋》。该剧由洛阳豫剧院演艺有限公司邀请省内一流主创班子创作。该剧于 2017 年 7 月 1 ~2 日进行了试演，7 月 5 日进行了公演，现场气氛热烈。创作生产新编曲剧《洛阳令》，该剧是洛阳曲剧院演艺有限公司邀请省内一流专家对曲剧传统经典剧目《洛阳令》重新进行修改提高后于 2014 年创作生产的精品剧目。新编曲剧《洛阳令》以深邃的思想性、高雅的艺术性、较高的观赏性，从诸多剧目中脱颖而出，在第十三届河南省戏剧大赛中荣获“河南文华大奖”。该剧创作完成后，积极参加巡演活动和下乡演出，得到社会的高度评价。市直各戏曲院团还加工提高了新版《穆桂英挂帅》、恢复创作了《九龄救主》、移植复排了《花为媒》等剧目，并计划分别排演一些反映洛阳特色文化、适合对外交流演出的短小精悍的节目，积极开拓演出市场，加强文化交流，宣传河洛文化、宣传洛阳、宣传洛阳戏曲事业。

（2）围绕非遗内容进行的转化发展。展示形式是创新的，嫁接新的艺术形式和展示形式。

创作推广舞剧《关公》。该剧由洛阳歌舞剧院演艺有限公司邀请国内一流主创班子历时三年精心打造的一部集思想深度和审美内涵于一体的原创作品。该剧自 2015 年 9 月在洛阳首演以来，经过积极运作，先后在北京、郑州、福建漳州、新乡进行演出，2018 年 7 月 21～22 日，该剧赴广东佛山进行演出。活动得到了各级领导、专家和当地观众的充分肯定，被业界称为“用唯美的形式展现了英雄的一生”的精品剧目。该剧已入选河南省委宣传部“中原文艺精品创作工程 2016 年度重点项目”，并荣获河南省第十一届精神文明建设“五个一工程”奖。

三　洛阳市非遗展示现状分析

（一）实体展示场所

洛阳市非物质文化遗产场馆根据建设主体的不同，大致可分为以下三种类型。

1. 政府（文化部门）建设

从总体情况来看，目前洛阳市综合型非遗展示场所建设是落后于专题型的展示场馆的。尽管学界对非物质文化遗产是否需要一个一体的综合性场馆进行展示存在争议，但就现阶段非遗的发展和文旅融合的实际而言，综合型非遗展示场所具有突出的文化特质，比较适合进行地方文化、专题特色文化的集中推介。而非遗展示场所内部展陈及功能布局，目前在国内还是一个新的课题。其核心在于如何围绕非物质文化遗产“活态传承”特点，将非物质文化遗产与社会、历史、人群的联系进行生动展现，而应避免建设为单一的、狭义的“博物馆”（目前洛阳市各级文化馆内设的非遗展厅主要属于简单陈列，一般具有综合性、整合性、展示手段较为单一性等共同点）。

2. 项目保护单位（或传承人群）建设

这类展示场馆中，展示馆一般和制作工厂或工坊相连，兼具产品项目宣传展示和销售等职能，主要集中在传统制作技艺门类中。传习所一般就近或就便，和传承人群的传习活动产生联系。如大里王狮舞的传习所就在大里王村文化广场中，而洛阳海神乐社的传习所依托自有房产进行建设和使用，主要服务于就近居民。

3. 文化企业建设

这类展示场地往往依托具有一定文化底蕴的空间场所兴办，具有功能综合的特点，通常商业化程度较高。如依托老城文化建设的洛邑古城、依托国家级传统村落卫坡建设的卫坡文化园以及倒盏村等。其展示的非遗相关内容也不是以洛阳本地为主，而是主要从非遗项目的可销售服务或产品的角度出发，不拘各地各级非遗项目或手工艺项目。其优点是项目互动性较强、市场效益较好，目前来看，其缺点主要是项目优秀程度不足，地方文化代表性不强，丰富程度有待提升。

总体而言，洛阳市缺乏较大规模的非遗综合性展示场所，现有的综合性展示场所建设水平较为一般。已有的非遗展示场馆特色较为鲜明，但具有分布较为零碎，地区发展还很不均衡，非遗展示场馆与文化文物、文化旅游的融合仍然不足，对接不够充分。

（二）虚拟展示

杨红、李晓飞的《省级非遗专题微信公号调查报告》中，对全国（除港澳台地区）已有的19个省级非遗保护机构开设的非遗专题微信公号进行了调研分析。发现的问题也较为明显：一是差异化巨大，全国范围内 5 个较好公众号的阅读量占全部公众号阅读量的 82.3%；二是原创内容与传承人、行业信息、活动动态紧密相关的阅读量较高，转载或一般性内容的阅读量较低；三是传播方式上较为单一，较少使用动态图、视频、音频等形式，参与性强的互动方式则更为少见。这类情况在地市一级反应更为明显。究其原因，是可以进行展示宣传的信息资源不够丰富，尚不足以推动单独微信公众号、微博或抖音等方式引发具有一定规模影响的在线传播。而更为关键的是，从信息源上，现有活动不够丰富，从信息采集上，尚未建立起灵活机动、迅速高效的采集机制。从对新媒体的应用上，还不能够开展和目标群体互动性强的信息交流，所以现有的更多是单向性的信息发布。至于对虚拟展示的深度应用，如良好的在线观赏体验、信息的数字加工应用，特别是能够运用现在人喜闻乐见的展示方式进行趣味性展现，就更加缺乏条件和能力了。

（三）非遗展示活动

洛阳市非物质文化遗产展示活动举办主体的不同，这也大致可以分为以下三种类型。

1. 政府（文化部门）主办的活动

这类活动项目一般由各级财政经费予以基本保障，组织人员由各级文化部门、非遗中心工作人员承担。这类活动调动非遗项目的参与度最高。具有统筹能力强、组织有力、较强的公益属性和一定活动规模等特点。但也存在一些问题。

（1）表演类活动较多，展示类活动较少，活动缺乏较为稳定的适宜空间。前文提及的非遗展示活动，如 2018 年举办的活动中，河洛欢歌广场文化月非遗专场利用的是广场文化月活动舞台，“‘河洛飞花’洛阳市首届非物质文化遗产展演活动”是在周王城广场搭设舞台，这已是诸多项目中，平地活动面积较大的了，但受制于现场观众和周边环境，“十六挂转秋”等一些项目难以进行展示。“第十届河洛大鼓曲艺节”利用洛邑古城的舞台，

“‘河洛飞花’2018年河洛大鼓新创作节目文化扶贫专题巡演活动”主要深入贫困县基层因地制宜开展活动，受舞台场地限制，部分较大规模的非遗项目难以参与。而举办的展示类活动中，“首届中原文化旅游产业博览会”里，非遗展区空间是会展中心室内两条长形通道，受制于筹备时间和场地等因素，并未安排较大规模的非遗演出。“2018年‘河洛飞花’洛阳市非物质文化遗产项目创新成果大赛暨洛阳市非物质文化遗产成果展”在洛阳市文化馆一楼展厅进行展示，展示方式和空间设计还很不足。

（2）活动规模程度不够高，形式不够丰富，尚未形成规模品牌。洛阳市的非遗展示活动，大部分都和此前已有的民俗活动、群众文化活动或文化产业推介活动进行了一定整合，如每年举办的“河洛文化大集”设置有非遗板块、各类文化庙会也逐渐增加非遗演出类项目、综合性的艺术表演。这反映出洛阳市的非遗展示活动整体仍处于起步阶段，缺乏特色品牌，成规模、具有影响力、一定级别的品牌就更为缺乏。[①] 洛阳市2017年启动了河洛飞花系列活动，就是寄希望于形成独立品牌，产生规模效应，目前该品牌还处于起步阶段。

（3）运作模式较为单一，缺乏长效机制。目前洛阳市文化部门主办的非遗展示活动，其运作模式主要有：各级政府文化部门或非遗中心独立举办、与其他部门合作，以及文化部门、非遗中心与企业合作几种，能坚持举办多年的不多，这在一定程度上反映出对接非遗活动的机制还不够成熟，活动具有一定的临时性，尚未形成规模化的品牌效应。需要有更加专业的队伍介入非遗专题特色展览的策展、布展工作，以及活动的有效组织与商业运营。

2. 项目保护单位（或传承人）或行业协会自行举办的活动

这类活动以保护单位或项目所在地政府和其他单位或企业联合举办的居多。这类活动机动灵活、指向性强，但影响力相对较弱，具有生机前景。如烟云涧青铜器制作技艺保护单位举办的青铜器文化节，洛阳市非物质文化遗

① 目前，全省范围内由省文化和旅游厅和地方主办的非遗活动品牌共有3个：中国（宝丰）国家级非物质文化遗产曲艺展演活动、中原古韵——中国（淮阳）非物质文化遗产展演活动、老子生日拜典·河南省非物质文化遗产（传统戏剧）展演系列活动。

产保护协会举办的非遗进军营、非遗进医院等活动。

3. 文化企业举办的活动

这类活动一般商业性较强，活动规模和企业实力、对非遗的理解及运营能力有较大关系，如2017年、2018年“丝路中国・洛阳非物质文化遗产博览会”，需要积极的引导、支持和培育。

非遗展示活动有别于其他活动的特点主要有以下几个方面。

从展示内容而言，非物质文化遗产的一些内容具有天然的“可看性”，大众容易欣赏和接受，但部分项目特别是民间文学类项目，其“可看性”还需要进一步挖掘；还有一些项目如传统戏剧、曲艺类项目，其产生的时代所赋予其的文化传播、教育意义，已经在现代社会被极大消减，有效增加其受众群体的规模较为困难。从展示方式而言，非遗项目中的表演类项目特别是群体类表演项目，往往和一定的民俗活动密切相关，更适宜进行平地而不是舞台演出，这类表演项目需要的人员较多、场地空间较大、活动时间较长，因而活动现场管理较为困难，这在一定程度上也局限了项目展示的平台与机会。从费用而言，由于参与的演出团队、展示技艺的手工艺人往往没有固定收入（市级及以下还没有传习经费），参与活动需要一定的展览补贴，而这部分费用在目前的财政支付体系下还未形成管理规范。

在现代化城市中为这些曾经占据人们生活主体、耳濡目染的非遗项目找寻合适的展示方式和妥帖的接口，对非遗展示手段的丰富、内在价值的挖掘提出更高的要求，需要对项目有进一步的把握和统筹策划，需要有更高水准团队的参与，这也将是非遗工作者需要持续研究的方向。

四　建议

（一）增强非物质文化遗产展示工作在文旅融合中的作用

非物质文化遗产拥有独特的展示魅力，目前洛阳市非遗的社会传承传播已经积蓄了一定力量，需要从文旅融合角度重新审视非物质文化遗产的可视性、可参与性、历史价值和时代精神，而不是仅仅局限于举办孤立、单一的非遗活动要从项目资源挖掘、传承人群建设、社会传承活动等方面，形成相互连接的体系，在这个体系中推进非遗的创造性转化和创新型发展。用赛事、活动、展示等方式，展示非遗传承的成果，激励传承人群的热情，鼓励、扶持非遗展示馆、传习所的社会传承属性，将其中较为成熟、结合度高的点位纳入全市文旅线路谋划，突出其鲜活的文化特质，增强大众对洛阳文化的感知体验。

（二）加快推进洛阳市非遗博物馆建设

洛阳市的市级展示厅是全省较早设立的展示场馆，位于市文化馆展楼一楼左侧，但面积不足 100 平方米，较为狭小，展示形式单一，已远远不能满足非遗展示工作的需要，和郑州、周口等地市的差距也较大。洛阳市非遗博物馆建设工作已列入市政府“9 + 2”重点项目予以推进，该馆将是对洛阳市非遗资源的一次重新梳理和挖掘，从活态传承层面对洛阳传统文化做出新的阐释，这将极大提振洛阳市非遗展示水平，对洛阳市非遗保护展示工作具有重要意义。

（三）健全用好市级专项经费，提升市级项目在抢救性挖掘、重点保护、社会传承与推广等领域的带动作用

进一步落实《洛阳市非物质文化遗产保护条例》，制定《洛阳市非物质文化遗产保护专项经费使用管理办法》，将传承人开展非遗展示传承活动、保护单位开展项目保护和传承传播，作为考量其保护责任落实的重要方面。对有创意、有实践、切实可行的展示活动，以项目申报的方式给予一定保障，引导非遗传承人群围绕非遗展示传播做文章，真正讲好“洛阳故事”。

（四）持续培育非遗传承人群和工作人员队伍

非遗的主体是传承人群，其在非遗保护中具有独特重要的地位。应当进一步重视非遗传承人在非遗工作中的作用。2017 年以来，洛阳市文化广电

和旅游局坚持每年开设2期非遗专题培训班，每年培训近200人次。但培训班次还较少、培训辐射范围有限、培训内容主要还是经费管理、非遗政策，还欠缺系统性和专业性。一是应将培训分为针对传承人群和非遗工作人员两大类。针对传承人群的培训，应当增设：其一，国家政策特别是文化政策专题培训，提高非遗传承人的文化站位和自我认识；其二，洛阳历史知识讲座。针对具有文化研究或和这些领域有密切关联的关键项目的关键传承人；其三，营销或推广的技术培训，主要针对目前90后00后非遗传承人；其四，按照项目类别进行细分，增设对非遗演出类项目的培训，在不违背项目原有特点的基础上，对节目编排、服装等进行一定的提升。针对工作人员队伍的培训，应当注重非遗重要政策解读、活动组织开展、信息采集等技术知识等。此外，还应针对具有布展条件的单位或个人，给予相应培训。在培训组织形式上，可以探索和各类学校开展合作，提高培训的专业性。对适宜的非遗项目可以尝试探索建设培训基地，有计划地招募、培训后继人才。

B.7

洛阳研学旅行资源开发利用问题研究

洛阳研学旅行资源开发利用问题研究课题组*

摘　要： 研学旅行是通过集体旅行、集中食宿的方式开展研究性学习和旅行体验相结合的校外教育活动。洛阳具有丰富的研学旅行资源，经过梳理可分为六大板块：文明之源，根在河洛；最早中国，五都荟洛；人文荟萃，洛阳纸贵；科技之光，古今辉映；仁山智水，魅力自然；河洛工匠，非遗传承。针对这些资料，洛阳市有些旅行社、文化景点、研学基地和中小学校积极组织、参与研学旅行活动，效果良好，但也存在一些问题。洛阳研学旅行的出路在于：学校、景点和旅行社有效结合；旅行社练好内功；全社会提高对研学旅行的认识。

关键词： 资源开发利用　研学旅行　洛阳

研学即研究性学习。研学旅行是通过集体旅行、集中食宿的方式开展研究性学习和旅行体验相结合的校外教育活动；是在研学导师指导下，从自然科学、社会和生活实践中选择和确定主题，在动手做、做中学的过程中，主动获取知识、应用知识、解决问题的集体学习活动；是学校教育和校外教育衔接的创新形式。

---

* 课题组组长：宋红伟，洛阳市社科联副调研员。课题组成员：李焕有，洛阳理工学院教育科学与音乐学院副院长、教授；张珊，河南推拿职业学院讲师；王秉杰，洛阳市文化广电和旅游局干部；姜伊昌、刘彬莉，洛阳理工学院附中教师。执笔：李焕有。

研究性学习，研究的对象除了学校的课本内容之外，就是自然、生活、历史沉淀下来的自然遗存和文化遗存。读万卷无字之书，就在旅行的千里路上。故此，研学旅行应运而生，而且正在此时。

一　国家有关研学的政策

目前，研学旅行的纲领性文件主要有《教育部等 11 部门关于推进中小学生研学旅行的意见》（以下简称《意见》）、《中国学生发展的核心素养》（以下简称《核心素养》）、《中小学综合实践活动课程指导纲要》（以下简称《指导纲要》）、《国民旅游休闲纲要（2013～2020 年）》（以下简称《休闲纲要》）等。当然，校外研学旅行还离不开学生在学校内学习的课本。上述文件中，《核心素养》是总纲，《指导纲要》《意见》是双目，“课本”是研学旅行中与“资源”对接最直接的凭借，《休闲纲要》是研学旅行的助推剂。

这些文件与研学旅行有关的主要内容如下。

《核心素养》以培养“全面发展的人”为核心，分为“文化基础、自主发展、社会参与”三个方面，综合表现为“人文底蕴、科学精神、学会学习、健康生活、责任担当、实践创新”等六大素养，具体细化为“国家认同”等 18 个基本要点。各素养之间相互联系、互相补充、相互促进，在不同情境中整体发挥作用。

《指导纲要》“强调学生综合运用各学科知识，认识、分析和解决现实问题，提升综合素质，着力发展核心素养，特别是社会责任感、创新精神和实践能力，以适应快速变化的社会生活、职业世界和个人自主发展的需要，迎接信息时代和知识社会的挑战”。

《意见》在谈到研学旅行的“工作目标”时指出：“在研学旅行中感受祖国大好河山，感受中华传统美德，感受革命光荣历史，感受改革开放伟大成就，增强对坚定‘四个自信’的理解与认同；同时学会动手动脑，学会生存生活，学会做人做事，促进身心健康、体魄强健、意志坚强，促进形成正确的世界观、人生观、价值观，培养他们成为德智体美全面发展的社会主义建设者和接班人。”

《休闲纲要》指出：“在放假时间总量不变的情况下，高等学校可结合实际调整寒、暑假时间，地方政府可以探索安排中小学放春假或秋假。”“逐步推行中小学生研学旅行。”

仔细研究这些文件，会明显地感受到，它们之间相通相融，其最终目的就是培养“全面发展的人”，以适应国家未来发展的需要。

二 洛阳的研学旅行现状

洛阳市的研学旅行资源精彩纷呈，优势明显。洛阳研学旅行起步于2016年，2018年进入发展期，目前已取得较好的成效。

（一）洛阳的研学旅行资源优势

有些城市听到名字就让人向往，一如洛阳。四千年的建城历史，为她增添了厚重的文化底蕴。从第一个王朝——夏至今，她亦如那一朵明媚鲜妍的牡丹，满身靓丽和风霜，也满身浪漫与故事。

若问古今兴废事，请君只看洛阳城。司马光对洛阳的概述，是对洛阳历史地位的写照，也是对洛阳辉煌的赞许。13个王朝，105位帝王，书写着洛阳的繁荣和文明的篇章。

洛阳现有世界文化遗产3项6处、国家级重点文物保护单位43处，现有A级景区48家，其中5A级景区5家。

洛阳是一本厚重的百科全书，随便翻开一页，都会让人手不释卷。翻开璀璨壮丽的洛阳画卷，研学资源精彩纷呈。

故此，笔者梳理了洛阳主要的六个研学旅行资源板块：文明之源，根在河洛；最早中国，五都荟洛；人文荟萃，洛阳纸贵；科技之光，古今辉映；仁山智水，魅力自然；河洛工匠，非遗传承。

1. 文明之源，根在河洛

研学资源：河图洛书（龙马负图寺和洛出书处）、孔子入周问礼碑、周公庙、关林、二程文化园、邵雍故居、河南府文庙、老子纪念馆、上清宫、下清宫、函谷关（秦和汉）、白马寺、龙门石窟、玄奘故里、大福先寺、五华寺塔、云岩寺、少林寺、魏家坡、中原客家先民首次南迁出发圣地纪念碑、洛宁古村落、民俗博物馆。

推荐理由：如果没有对儒学进行过深入研究，大家都会认为儒学发源于山东曲阜。实际上，儒学根在洛阳。理由是周公是周朝洛阳城市的规划设计建设者，他在洛阳“制礼作乐”，东周国势虽弱，但礼乐不废。孔子当年到洛阳问礼乐于老子，而老子的思想深受周公启发。周公庙成就周公儒家“元圣”地位；老子纪念馆是道家智慧追根溯源；白马寺是第一座官方寺院。走进儒释道文化体验地，聆听智慧典故，抚摸思想遗存，探究圣贤情怀。敬自然，修心性，立自强不息之志，养大智若愚之德。

2. 最早中国，五都荟洛

研学资源：二里头夏都遗址、偃师商城遗址、汉魏故城、东周王城遗址（王城公园和天子驾六博物馆）、隋唐洛阳城国家遗址公园（明堂天堂景区和定鼎门遗址）、汉光武帝陵、唐恭陵、洛阳博物馆、大运河遗址博物馆、回洛仓、含嘉仓、钟鼎青铜艺术博物馆、洛阳古代艺术博物馆。

推荐理由：五座都城遗址会聚东西 50 公里的洛河两岸。此种奇境，唯有洛阳。以洛阳为中心的河洛地区，是最早意义上的“中国”，先后有 13 个王朝在此建都，是我国建都最早、历时最长、朝代最多的都城。厚重的都城文化举目可见。走进都城遗址，聆听都城故事，抚摸夏砖汉瓦，探究建筑之美，拓展高尚志趣。

3. 人文荟萃，洛阳纸贵

研学资源：左思三都赋、洛神岛（曹植洛神赋）、洛阳金石文字博物馆、洛浦公园李杜相会处、白园（白居易）、香山寺、范园（范仲淹）、王铎故居、千唐志斋、李贺故里、洛阳老城历史文化街区、洛邑古城、升仙太子碑、杜甫故里。

推荐理由：读万卷书，行万里路。天下文章半洛阳，诗词歌赋尽风流。左思妙文，成就洛阳纸贵；曹植写赋，洛神名垂千古。李杜相会，美谈诗界千年；三吏三别，彰显人文情怀。洛阳是亦诗亦歌的城市，理性中隐含着浪漫。走进洛阳，读作家优美篇章，悟作家神来之笔，品作家高尚境界，得和善情怀，享受诗和远方……

4. 仁山智水，魅力自然

研学资源：洛浦公园、白云山国家森林公园、老君山、“北国第一溶洞”鸡冠洞、万安山山顶公园、西泰山、汝阳恐龙国家地质公园、黛眉山世界地质公园（龙潭大峡谷、荆紫仙山、黛眉山、青要山、万山湖）、国家森林公园龙峪湾景区、天池山、神灵寨国家森林公园、白河千年银杏林、洛宁绿竹风情园、嵩县白云小镇、三河村伏牛山写生基地。

推荐理由：洛阳是一幅绚丽多彩、独具魅力的山水画卷。特殊的地理位置使洛阳山水兼具南北风光之神韵，奇峻秀丽、引人入胜。白云山是“中国最美的地方”；老君山是“山岳经典·十里画屏”；龙潭峡地质奇观，举世罕见。探索植物生成奥秘，亲手制作生物标本。真可谓：品山水之秀，赞自然神功，立刚强弘毅之志，养上善若水之德。

5. 科技之光，古今辉映

研学资源：国家大学科技园、洛阳科技金融大市场、国家牡丹园（国家牡丹基因库）、伏牛山高山牡丹园、中国一拖东方红农耕博物馆、新安有生工矿游、中车洛阳机车公司、黄河小浪底水利枢纽、西霞院水利枢纽、黄河丁字坝、陆浑水库、故县水库、前坪坝水库、观星台。

推荐理由：科技是第一生产力。古代洛阳的造纸术、地动仪、观星台，推动了人类的进步；现代洛阳的东方红拖拉机、大型水利枢纽、新兴科技产业，为实现中国梦增光添彩。被誉为“共和国长子”的大型国有企业，全国有 156 家，洛阳占 7 家。经过深度融合，“老树发新枝”；中航光电、中船重工 725 所坚持科技创新，实现了“新树结硕果”。走进洛阳，既能体验科技前沿之神奇，又能感受国家重器之神力。走进洛阳，可以提升科学素养，拓展人生宽度。

6. 河洛工匠，非遗传承

研学资源：洛阳铲、河洛大鼓、唐三彩烧制技艺、洛阳水席制作技艺、关公信俗、洛阳牡丹花会、洛阳宫灯、杜康酿酒工艺（杜康小镇）、中国平乐牡丹画创意园区、平乐郭氏正骨、洛阳牡丹栽培技艺、传拓工艺、民间剪纸、洛阳绣、雀金绣、牡丹茶、牡丹香。

推荐理由：非物质文化遗产源于生活，又造福生活。洛阳拥有国家级非物质文化遗存 8 项，省级超过 40 项。由于历史上长期作为都城，洛阳的“非遗”多与皇家文化有关，甚至支撑着中华文明。河洛大鼓悠扬传神，三彩制作神情飘然，杜康小镇酒香陶醉，考古发掘妙趣横生……品非遗魅力，赞祖宗智慧，学工匠精神，养传承文明。

（二）洛阳研学旅行的现状

洛阳市的研学旅行起步于 2016 年，2018 年进入发展期。

洛阳市政府高度重视研学旅行。2018 年 6 月，洛阳市旅发委专门发文推行研学旅行工作。首先委托专家学者调研全市研学旅行资源，并对资源进行分类，寻找特点，形成书面材料。

2018 年 9 月 5 日，在河南省研学旅行推介大会上，向省内外近百家旅行社推介洛阳研学旅行体系，提出了洛阳研学旅行的理念：研学洛阳，读懂中国。研学总目标为：走出狭小课堂，进入厚重洛阳，通过动手、体验、分享、交流、自理和互助等方法和途径，让研学队员认知一种文化，体验一种技能，唤起一种情怀，带走一件作品，最终实现知行合一、全面发展。在研学旅行方法上，注重游、思、学、研、做。实施过程强调轻松化、趣味化、知识化和科学化。在研学旅行的依据部分，特别强调研学旅行课程设计必须紧紧围绕第一部分中提到的“纲”“目”“凭借”和“资源”进行。尤其要重视小学、初高中教材是研学的第一依托，带着课本研学是我们的出发点，课本知识与景点对照是研学的基本思路，延伸课本知识、亲自动手体验是研学必选项目。以此，构建了研学旅行三维体系。

2018 年 9 月 16 日，洛阳市旅发委邀请全国百家百强旅行社在洛阳举行研学旅行推介会，并带领旅行社负责人体验了洛阳部分研学旅行基地。

2018 年 11 月底，洛阳市旅发委又组织多家旅行社有关人员参加河南省文化和旅游厅举办的研学旅行培训。

以上措施极大地推动了洛阳研学旅行工作的开展，开始显现出成效。

三 洛阳研学旅行存在的问题

洛阳研学旅行已进入发展期，但在发展过程中还存在一些问题，主要有以下几个方面。

（一）旅行社热情高但思路模糊

旅游出行方式的改变，使传统的旅行社效益走入低谷。国家提倡研学旅行之后，不少旅行社看到了其中的商机，开始转型做研学旅行业务。研学旅行生源分为洛阳本地学生和外地学生两部分。洛阳一些旅行社根据自身优势，设计开发了不少研学旅行产品。如龙之旅文化有限公司看准洛阳本地学生，开展了“洛阳人游洛阳”研学旅行活动；洛阳康泰旅行社针对外地学生开展了“别样腔调·武皇神都——深访古都洛阳文化之旅”；环球国旅针对外地学生开展了“‘千年帝都，牡丹花城’洛阳文化研学旅行”；龙门国旅开展的研学旅行注重学生的参与性，特别是唐三彩学习制作、考古发掘等体验课程，深受学生欢迎。这些旅行社在接待研学团队的同时，还加强内功修炼，通过团队研讨、请专家指导等措施，对人员进行培训，进一步提高了研学旅行产品的质量。

然而，目前旅行社所开发的研学旅行课程明显存在如下问题。一是对研学政策一知半解。各旅行社都组织导游学习过研学政策，但导游对研学政策理解把握仍不准确，无法按照政策要求组织开展研学旅行活动。二是重游轻研倾向明显。由于没有吃透研学旅行相关政策精神，不了解学校教育，把研学旅行理解为只是把旅游换了一个说法，新瓶装老酒，没有把“研究性学习”融入旅行之中。三是“课程性”体现不足。研学旅行是一种融“生活、休闲和探究”于一体的课程。既然是课程，课前知识准备，课中思考、发现问题和解决问题，课后总结、反思、评价等环节应该完整。遗憾的是旅行社组织开展的研学旅行活动，要么没有体现课程，要么课程的环节不够完整。四是评价方式单一、终结性评价突出。研学旅行不同于校内课堂教学，是课堂教学的补充和延伸。研学旅行的课程评价应突出过程性和生成性评价；突出学生评价与研学导师评价相结合。评价出学生的信心和希望，评价出学生的兴趣和未来。这种多元性的评价体系，有利于学生的成长，有利于“培养全面发展的人”的总目标的实现。

（二）研学资源基地冷热不均

河南省公布的首批研学旅游示范基地名单中，洛阳的中国一拖东方红工业游基地、老君山风景名胜区、二程文化园、洛阳博物馆、隋唐洛阳城国家遗址公园（明堂·天堂）、三河村伏牛山写生基地、嵩县白云小镇景区等7家单位名列其中。同时，洛阳一些具有文化底蕴或自然特色的景点也参与了研学旅行基地建设。洛阳是历史文化名城，文化古迹、民间博物馆、地质地貌等具备研学旅行的资源众多，但在面对研学旅行这个新兴事物时，有的景点热情很高，有的地方则毫无兴趣、无动于衷。

中国一拖东方红工业游基地，重视研学旅行工作，宣传工作到位，研学导师培训及时，课程开发符合学生特点，同时，涧西区政府还对该基地实行奖励政策。因此，2018年该基地共接待52000名学生，开展的课程主题主要有研学行、中学社会实践和从教室走进工厂等，取得了良好的经济和社会效益。

二程文化园，规模宏大，对研学旅行活动非常重视，专门成立了研学团队，也研发了相关研学课程。

目前，大众对洛阳市其他研学基地主动开展的研学旅行活动还缺乏全面了解，但洛阳一些具有丰富资源条件但还没有进入研学旅行基地的单位，积极性很高。如建有博物馆和中草药种植基地的洛阳烧伤医院，拥有花园式工厂的华润电力首阳山公司等，都在探索开发有关的研学旅行项目。

（三）学校积极性有待提高

从公开的信息看，2018 年 6 月 17 日，洛阳市学生研学旅行活动启动仪式在西工区王城小学举行。西工区各小学在研学方面都有所行动，如西工区黎明小学以“研学，行走中的课堂”为主题，从亲近大自然、感受洛阳文化、体验国防教育三个方面开展研学活动；中国洛阳牡丹文化节已入选国家非物质文化遗产，针对中国洛阳牡丹文化节，黎明小学组织学生到国家牡丹园参加有关牡丹的研学活动。活动前，老师和学生通过查阅相关资料，储备有关牡丹的相关知识。活动中，学生亲自采访牡丹园园丁，认识牡丹的品种、颜色、形态，了解牡丹的生长环境、花期、功效等知识。在研学活动中，孩子们三五成组，有的用手机拍下牡丹的雍容华贵并和牡丹合影；有的用鼻子闻着沁人心脾的花香，背诵描写牡丹的唐诗宋词；有的细心地数着花瓣，用心记录自己的研学收获；有的用画笔描绘美丽的牡丹，展现春天的美丽。研学活动结束时，同学们还领取了牡丹花苗，运用学到的知识回家培育种植。活动结束后，孩子们将此次研学活动做成精美的手抄报，写出了精彩的研学日记，在成果交流会上分享研学收获。

这样务实有效的研学旅行活动，值得提倡和推广。但是目前，也有一些学校还没有认识到研学旅行活动对培养学生全面发展的重要性，对研学旅行活动还处在观望之中。

（四）学生家长认识有差异

关于研学旅行，大家除担心安全问题外，还存在认识不足的问题。从当前参加研学旅行的人群分布来看，家长文化知识水平决定了支持孩子研学旅行的程度。文化水平较高的家庭，对孩子的研学旅行支持度也高。他们已经跳出了应试教育的小圈子，充分认识到孩子的成长不能只学书本知识，应该走出教室，到自然中学习，以求形成健全的人格。

四　洛阳研学旅行的出路

研学旅行概念的提出至今已经有五个年头了。从全国形势看，在经济、文化发达的地区研学旅行活动做得都比较到位、有效。洛阳的研学旅行活动，还处于起步和发展阶段。洛阳的研学旅行出路在哪里呢？本课题组做出了如下思考。

（一）学校、景点和旅行社有效结合

研学旅行是一项系统工程，其运行需要相关参与方的合作和配合。如果把研学旅行比作剧场，学校则是演员，只有学校认识到位，“演员”才能参与演出；景点则是舞台，“舞台”有恰当的“道具”准备，“演员”才能表演自如；旅行社则是剧务，“剧务”协调好“演员”和“舞台”的关系，又有好的“剧本”，才能保证演出的高质量。

（二）旅行社练好内功

在当前背景下，研学旅行最大的推手是旅行社。旅行社要想推介好研学旅行课程，需要真正吃透研学旅行政策，把握研学旅行课程的核心理念，研发出高质量的研学旅行课程（当然，理想的研学旅行课程设计应该是学校、景点和旅行社共同参与）。要完成高质量的课程设计，需要吃透“两头”，熟悉学校教育，了解景点研学旅行资源。相对而言，“学校教育”的熟悉，对旅行社大多数导游来讲困难较大。一则需要学习了解教育政策、学校教材与景点资源的联系；二则还需要实现身份转换，从现在的导游变成研学导师。

（三）全社会提高对研学旅行的认识

多年来，我国的教育主要由学校承担，而学校的课程标准是以学科知识为导向，追求知识体系的科学与完整，内容往往是脱离现实生活的较为抽象的学科知识。学生在学习过程中，难以将抽象的知识和现实世界联系起来，

许多时候无法运用所学知识解决现实生活中的问题。正因为此，我国的教育常被人诟病为“应试教育”。要解决这个问题，首先要打破课程标准内容设置的思路，以促进学生全面发展为导向，以培养学生核心能力和素养为主线，科学安排学生的课程。所以，研学旅行应运而生。古人讲的“读万卷书，行万里路”和现在提出的学校学习与研学旅行结合的教育理念是十分吻合的。

按照专家的设计，研学旅行重视自然、生活和休闲教育，并通过课程的方式实现培养目标。要求把学生放在主体地位，突出他们的发现、思考、质疑和问难。所以，设计开发线路和课程要考虑学生的年龄特点。引导他们以探究的方式，经历“提出问题、猜想预测，设计实验，试验观察、寻求实证，数据收集、整理分析，得出结论、交流表达，集体讨论、记录过程”等六大步骤，充分利用“听、观、触、演、感、研”全方位立体化、多元化模式进行活动。并在研学导师的帮助下，书写研学日志，形成总结报告，提出新的问题。

总之，洛阳的研学旅行已经进入人们的视野，虽然还在路上，但前途已然曙光乍现。相信在大家共同努力下，一定会取得良好效果：学生综合能力得到充足发展，洛阳的经济和社会效果双丰收，旅行社在研学旅行的道路上越走越宽广。

B.8
洛阳乡村文化振兴研究

刘俊月*

摘　要： 洛阳文化底蕴深厚，文化资源丰厚，振兴乡村文化独具优势。近年来，洛阳市紧紧围绕创建国家文化创新示范区，狠抓基层公共服务体系建设，注重挖掘优秀传统文化传承创新，着力发展新型文化业态，阶段性成绩显著。今后工作主要是针对存在问题，进一步提高公共服务质量，大力发展文化产业，培育好乡村文化人才。

关键词： 乡村　文化　振兴

乡村文化振兴是乡村振兴战略的重要内容，可以说，没有文化振兴就没有真正的乡村振兴。洛阳历史悠久，文化资源丰厚，文化基础较好，乡村文化振兴优势显著。近年来，洛阳市委市政府以创建国家文化创新示范区为统领，推动乡村文化振兴，取得了较好成效。本文旨在总结成绩的基础上找到不足，针对存在的问题，提出对策建议。

一　洛阳乡村文化振兴采取的措施和取得的成效

（一）以“书香洛阳”为引领，推动全市乡村公共文化体系基础设施建设

一是开展全市基层综合性文化服务中心建设。自 2017 年始，先后印发

* 刘俊月，洛阳市委党校副教授，研究方向为文化产业。

《洛阳市加快推进基层综合性文化服务中心建设实施方案》和《关于印发全市基层综合性文化服务中心建设督查方案的通知》等文件，加快推进落实基层乡村文化服务中心建设，截至2018年10月底，全市共完成乡镇（办事处）综合性文化服务中心187个；行政村（社区）综合性文化服务中心3053个。二是建设农家书屋。通过印发《关于推进农家书屋提质增效落实脱贫攻坚专项责任的通知》，组织专项督查组开展普查和督查，还着重对全市399个贫困村农村书屋新书配送和资金支付工作进行调查督导，推动提升农家书屋的质量品质和运行效率。三是加快推进基层图书馆总分馆建设和数字图书馆建设；筹备建设“百姓文化云”，结合群众需求，计划实施线上借阅、线下送达图书服务，探索场馆预定、线上购票、活动报名等“菜单式”服务模式。

（二）通过开展“书香洛阳”系列活动，提升乡村公共文化服务效能

一是2018年4月组织举办首届书香洛阳“牡丹杯”经典诵读大赛活动，以经典诵读比赛的方式展示中华优秀传统文化魅力，展现洛阳文化底蕴和书香氛围，助推书香洛阳建设。本次大赛历时两个月，参赛人次多达2万余人，经初赛、复赛和决赛，共有73个组织和个人获奖。二是组织首届洛阳市“书香之家”推荐评选活动。经过层层推荐遴选、初审和复核等环节，最终有来自全市各县（市）区28个家庭荣获洛阳市“书香之家”称号。并以此为契机在全市范围内广泛开展阅读品读活动，积极营造“书香之家”“书香乡镇”等文明创建氛围。三是利用重要节日如春节、牡丹文化节，广泛开展群众文化活动。2018年开展“群星耀中原”洛阳市群众文化系列活动，举办各类群众文化活动260余项2700余场，提升了洛阳文化活动品牌，丰富了人民群众的文化生活。四是洛阳市文化广电新闻出版局通过制定2018年度农村电影公益放映工程实施方案，开展好农村公益电影“一村一月一场”放映活动。截至2018年底，共放映农村公益电影35000余场，为贫困村增加放映扶贫电影近1500场。五是持续开展“舞台艺术送基层”

“百场公益性文化演出”等文化惠民演出活动，近几年每年平均演出近400场，多渠道丰富乡村农民业余文化生活。

（三）保护传承乡村非物质文化遗产

一是开展洛阳市非物质文化遗产代表性项目评选命名工作和市级非物质文化遗产代表性项目保护单位的评选认定工作。二是实施“传统技艺抢救工程”，完成全市各级传统技艺类项目及传承人档案整理工作，共计109个项目、75个传承人。三是组织陶瓷烧制类非遗代表性项目的各级传承人参加中国非物质文化遗产传承人群研修研习培训计划（河南地区）陶瓷烧制技艺培训班。四是组织开展“河洛欢歌·广场文化月”非遗专场活动和“2018丝路中国·洛阳第二届非物质文化遗产博览会”。五是组织全市开展“文化和自然遗产日”非遗活动，举办2018年“‘河洛飞花’洛阳市非物质文化遗产项目创新成果大赛暨洛阳市非物质文化遗产成果展”，开展巡演展示活动，共展出以传统手工艺为主的作品70余套、200余件，涉及洛阳市各级非遗项目70余个。

（四）引导支持创作新时代“三农”题材文艺作品，规范农村文化市场

一是研究制定印发了《洛阳市艺术创作行动计划（2018～2020年）》，明确要求将乡村振兴题材列入今后一个时期的重要创作方向，督促相关县（市）区对《情系重渡沟》《古树老宅》《瀍河湾》等优秀剧目进行精心打磨再提升，同时注重挖掘新时代农村新题材，创作乡村振兴新剧目，弘扬社会主义核心价值观，讴歌新时代农村新气象，展示新时代农民新境界。二是开展农村文化演出市场专项整治行动，打击抵制涉黄、封建迷信以及低俗媚俗等不健康演出，规范净化农村文化市场。三是鼓励扶持民营演出团体深入乡村演出精品剧目，繁荣农村文化市场。积极推荐《功夫诗九卷》《河洛大鼓》《上关》《母亲》《收岑彭》等剧（节）目获得省文化厅民营演出团体演出扶持资金，鼓励民营文艺表演团体。

（五）推动乡村文化产业振兴

制定《洛阳市文化产业转型行动计划（2018～2020年）》，实施“一地（县区、镇、村）一品”战略，推动全市文化产业转型升级、提质增效。打造洛阳知名产品特装展示馆，集中展示牡丹瓷、唐三彩、三彩艺、牡丹花茶等洛阳特色文化产品。策划举办“洛阳市文化惠民消费月”及“文化消费有补贴”活动，发放补贴资金140万元，活动参与量23.8万人次，吸引了更多游客走进景区乡村，推动农民增收致富。

（六）培育挖掘乡村文化人才

一是组织开展“送艺术到基层”戏曲艺术讲座系列活动，培训培养县级文化馆、文工团、戏曲民营团体人员和戏曲爱好者。组织选派86名优秀文化工作者，分赴5个国家级贫困县各乡镇驻地开展重点帮扶培训工作。二是组建以专业院团和业余文艺爱好者为主体的各级“红色文艺轻骑兵”深入乡村，开展以演代训，为各村逐步打造一支百姓演、百姓看的演出队伍。三是发挥志愿者带动示范作用，在全市各级公共文化服务机构成立文化志愿者服务工作站，开展义写春联、大秧歌培训班、戏迷培训班、书法培训班等文化志愿服务活动。

二　洛阳乡村文化振兴的优势和存在问题

（一）洛阳乡村文化振兴的优势

1. 文化资源丰富，文化底蕴深厚

洛阳市位于河南省西部，下辖9县（市）6个区，面积15230平方公里，人口700多万，因地处黄河、洛河流域交汇区域，中华民族的祖先很早就在此生存生活，繁衍生息，因此成为河洛文化的中心发祥地，有5000多年的文明史。洛阳是国务院公布的第一批历史文化名城，历史上曾经有13

个朝代在这里定都，作为都城的时间长达1500多年。洛阳还是中国城市最早的起源地之一，建城历史4000多年，夏都二里头遗址、偃师商城遗址、东都王城遗址、汉魏洛阳城遗址和隋唐洛阳城遗址这五大遗址足以表明洛阳历史文化的厚重和历史地位，白马寺和世界物质文化遗产龙门石窟则折射出我国佛教发展史的开端和鼎盛时期。

洛阳下辖的各县（市）区，都有丰富的文化古迹和历史遗存，保护较为完好的名人故居、陵园墓地和庙宇祠堂、古建筑、古村落等分布于各县（市）区。譬如偃师市有夏都二里头遗址、偃师商城遗址、大唐高僧玄奘故里等；伊川县有北宋思想家、理学家程颢和程颐墓园（二程文化园集程林、程庙和书院于一体，是中国目前最大的儒学文化园林）、北宋著名政治家、文学家范仲淹墓园（今称范园）等；孟津县邙山陵墓群、汉光武帝陵、北魏孝文帝陵、魏坡明清古民居和明清书法家王铎故居等；新安县有张坊故里、千唐志斋、新安函谷关等；汝阳县有杜康仙庄、鬼谷子故里等；宜阳县有洛阳灵山寺风景区、李贺故里等；洛宁县香山寺、程家大院和王家大院等古建筑；嵩县有庆安禅寺、商代明相伊尹祠等；栾川抱犊寨红色旅游风景区等。以上列举的大多是国家和省级文物保护单位，无论历史价值还是历史影响力都是分量不轻的。

洛阳非物质文化遗产资源总量丰富，影响较大。其中，国家级以洛阳牡丹花会、唐三彩烧制技艺、河图洛书传说、真不同洛阳水席制作技艺、河洛大鼓、洛阳宫灯、关公信俗、平乐郭氏正骨为代表共计8项，现有国家级非物质文化遗产代表性传承人7人。省级58项，传承人67名。市级135项，传承人205名。县级多达1057项，传承人400名。

如果说文化资源是有形资产，深厚的文化底蕴就是无形资产。从历史上看，河洛地区文化资源和文化底蕴又承正相关的关系。洛阳上下几千年，族群相对稳定，历史总体延续，即便有大规模外族军事入侵，对原住居民的文化主导地位冲击不大。例如，北魏孝文帝能够在中原长期统治，在于其接受中原先进主流文化，完成了文化的大融合。深厚的文化积淀和丰富的文化资源是洛阳新时代乡村振兴的有利条件。

2. 文化特色突出，利于塑造品牌

洛阳所辖县市，90%处在豫西丘陵山区。境内山川丘陵交错，地形复杂，在道路不畅、交通不便的古代社会，长时间处于自给自足的农耕社会，相对封闭的社会环境也形成较为独特的文化环境。譬如，地处伏牛山区的栾川县、嵩县和汝阳县以及地处洛阳最西端洛宁县，距离洛阳较远，民风淳朴而剽悍，生活习俗和语言带有明显的地域特色。洛阳周边的偃师市、孟津县和伊川县文化基础较好，文化传承氛围浓厚，思想开放活跃，善于接受新事物。总的来看，不管是山区还是丘陵平原地带的洛阳人，待人接物热情重礼数，语言表达干脆利索，生活习俗简朴而不失大方，做人本分务实、勤奋厚道，等等，一言一行总能让人找到这曾经是帝都子民的影子。独具特色的地域文化里蕴藏着许多文化品牌，亟待挖掘整理，呈现时代价值。

3. 优美的自然风光，独特的地域文化，文旅融合发展得天独厚

栾川、嵩县和汝阳县位于伏牛山脉，自然风光旖旎，山水连绵，气候湿润，特别是盛夏时节，是避暑旅游的好去处。栾川的老君山（5A 级）、重渡沟风景区，嵩县的白云山（5A 级）、天池山、木札岭风景区，汝阳的西泰山风景区等，经过多年持续发展，已享誉省内外，每年都会吸引大量休闲避暑的游客。新安县龙潭大峡谷，属国家 5A 级景区，被联合国教科文组织授予世界地质公园称号，也吸引了来自世界各地的地质旅游爱好者。洛宁县的神灵寨和宜阳县花果山风景秀丽，独具特色，每年吸引许许多多登山旅游爱好者。优美的自然风景，独特的地方文化，成为走文旅融合发展之路的优厚条件。

（二）洛阳乡村文化振兴存在的问题

1. 公共文化服务体系不够健全，质量不高

党的十八大以来，洛阳通过创建国家公共文化创新示范区，在乡村公共文化服务体系建设上投入了不少人力、物力和财力，并最终通过国家验收，取得阶段性成果。但随着国家的标准和要求不断提高，一些问题逐渐凸显出来。主要表现为：一是七大服务体系虽然基本建立，但缺少长远的制度化安

排；二是公共服务专业化水平和服务效能都不是很高；三是基础设施建设上，基本实现了各乡镇有综合文化站，各行政村有文化活动室、文化广场、农家书屋等，为丰富农民业余文化生活提供了必需的场所和一些配套设施，但场所不够宽敞，设施不够齐全，农家书屋书籍数量达标但质量不达标，针对性实用性不强问题突出，还不能充分满足广大农民的要求；四是在公共文化服务工程建设方面，虽然基本实现了广播电视村村通，网络全覆盖，但全国文化资源共享工程还比较薄弱，网络使用率偏低等。

2. 文化品牌效应不强，产业发展集中度不高

文化品牌体现文化产品的影响力、质量和效益。文化品牌的形成，关键取决于文化产品的内涵，是文化产品凝练的人生观、价值观、审美情趣、情感寄托等精神产物的集中反映。优秀乡村文化品牌，一定是当代新型农民人生态度、审美情趣、情感诉求的综合表达。

近年来，洛阳在深化创建国家公共文化示范区过程中，努力挖掘本土创作素材，积极打造了一些具有本土乡村文化气息的各种文化作品，但总的看还存在不少问题：一是作品数量有限，高质量作品不多；二是产品宣传展示还不很到位，影响力不大，缺少有竞争力和影响力的大品牌、大作品；三是文化产业发展缺少长远规划，政府对文化产业引导支持不够，弱、小、散现状没有大的改观，产业整合融合不够，缺乏龙头示范带动；四是文化创意人才引进培养力度不够，产业发展后劲不足。

3. 文化人才稀缺，断档情况严重

人才是第一资源。乡村文化振兴既是一项利国利民的好事，更是一项长远的工作，着眼长远，要有一支爱农村、爱农民、热爱文艺的稳定的文化工作队伍。现在一是政府专职工作人员缺口较大，兼职人员投入工作时间精力没有保证，工作质量不高；二是乡村文化工作人员，大多是临时抽调随机安排，专业化水准不高，工作效率偏低；三是人员队伍年龄结构不优，年龄普遍偏大，80 后和 90 后年轻一代断档情况堪忧。

4. 文化市场发展不充分，政府缺少长远谋划

培育乡村文化市场对于乡村文化振兴至关重要。从根本上讲，乡村文化

振兴是农民自己的事，文化能不能振兴关键是看广大农民参与的积极性和持续的热度，看农民文化创造的内在动力是否能被激发出来。目前存在的主要问题：一是各级政府特别是基层政府对培育文化市场认识不到位，重视不够，资金投入少；二是对乡村文化市场管理规范多，引导培育少；三是缺少结合本地实际的长远谋划。

三　洛阳乡村文化振兴的对策建议

（一）持续深化乡村公共文化服务体系建设，重在提升质量

一要持续加强基层综合性文化服务中心建设，做到应建必建，实现乡村两级公共文化服务全覆盖。行政村要达到“七个一”基本要求，即一个文化活动室、一个文体广场、一个简易戏台、一个宣传栏、一套文化器材、一套广播器材和一套体育设施器材建设标准，为群众提供宣传文化、党员教育、科学普及、普法教育等综合服务。二要加强县级图书馆、文化馆总分馆制建设。发挥县级总馆在县域公共文化建设中的中枢作用，通过分馆把优质公共文化服务延伸到基层农村。三要继续推进农村地区公共数字文化建设。依托基层综合性文化服务中心电子阅览室和文化信息资源共享工程基层服务点电脑网络设施，进一步推进农村地区公共数字文化服务。

（二）持续提升乡村公共文化服务质量和效能

一要加强农村先进文化普及。深入开展农村文化提升行动，开展文化宣传教育活动，切实提升农民文化素养，倡导文明新风，引导推广积极健康的生活方式。二要依托基层综合性文化服务中心、农家书屋等文化设施，通过周周小活动，月月大活动，不断提高农民群众的知识水平和文化层次。三要打造农村文化活动品牌。加大对农村民间文化艺术的扶持力度，突出乡村地域特色和农耕文明，支持鼓励各级举办特色的群众性文化活动。四要深入推进文化惠民活动。“舞台艺术送基层”“百场公益性文化演出”“欢乐进农

村”、农村公益电影放映等文化惠民活动，应加大演出的场次和频次，同时要千方百计提高演出质量，提高文化惠民服务的精准度。

（三）文化产品要出精品，文化产业要抓龙头

文化产品贵在精耕细作，精雕细琢，反复打磨，创出精品。只有精品，才能产生持久而深远的影响力，才能放射出永久的光芒。创精品，一是要组织文化大师和文艺创作者，深入基层农村，走进农民生产生活，用心发掘新时代乡村背后的典型故事，挖掘传统文化积极向上的优秀因子，挖掘红色文化基因，创作出具有新时代内涵的优秀作品。二是加大对文化精品的推介宣传力度。任何作品（产品）要成为精品力作，都要过群众关，过市场关，都要反复打磨，不断改进。在这个过程中，政府的推介、媒体的宣传，都会起到巨大的推动作用。

文化产业发展，一要纳入各级政府新型城镇化、美丽乡村建设规划。二要以特色文旅小镇（如新安县甘泉古镇及洛宁爱和小镇等）、文化产业创意村（如孟津平乐牡丹画第一村）、文化休闲旅游乡村等为抓手，培育扶持产业龙头村镇和产业龙头企业。三要文创文旅融合发展，以休闲观光农业与乡村文化旅游的创意设计，建设集农耕体验、田园风光、休闲娱乐、文化创意为一体的大型田园综合体。四要立足本地资源，开展招商引资，鼓励引进带动作用强、科技含量高、市场前景好的文化产业项目，吸引各方投资者参与洛阳乡村文化产业发展。

（四）抓好乡村文化人才培养，增强乡村文化振兴发展活力

各级政府要把乡村文化人才培养列入乡村振兴规划，一要抓好三结合，即引进与培养相结合、专职与兼职相结合、专业与业余相结合。确保乡村文化人才数量上有保障，质量上跟得上。二要设立专项资金，鼓励各行政村建立自己的文化团队，采取以奖代补的办法扶持各村文化工作团队开展工作。三要建立人才培养激励机制，对于工作成绩突出的团队和个人，要及时给予表彰和奖励，要加大宣传力度，树好标杆，形成学比赶超的竞争氛围。

B.9

洛阳市剪纸艺术发展现状及对策建议

王飞　刘薇*

摘　要： 剪纸作为一种民间传统艺术，其历史源远流长，内涵丰富。2006年，剪纸已列为第一批国家级非物质文化遗产。洛阳地区的剪纸广泛存活于城乡民众之中，但其面临着自生自灭的生存现状。2014年12月24日洛阳剪纸艺术研究会成立以来，通过开展演示观摩、剪纸文艺节目、节假日户外宣传、捐资助教、多层面培训、加强交流、创新传承方式等多种活动和形式进行宣传，使剪纸艺术取得了良好的传承效果。但由于没有固定的传承场所，缺乏经费支撑，加上传承的创新力度不够，使洛阳剪纸艺术的发展受到很大的局限。因此，在新的历史时期，保护与继承民间文化、弘扬和发展民间艺术既是政府的责任，更是文化工作者的责任和使命。政府要加大对剪纸艺术发展的扶持力度；行业协会要发挥作用，积极开展业务活动；剪纸手艺人（传承人）应不断提高综合素养；通过持续推进剪纸艺术的创新，使洛阳剪纸艺术取得更大发展。

关键词： 洛阳　剪纸艺术

---

* 王飞，洛阳市剪纸艺术研究会会长、洛阳剪纸技艺非遗代表性传承人、文化部乡土艺术协会“国家工艺美术大师”、河洛工匠、洛阳市社会科学界联合会第四届委员会委员、洛阳理工学院艺术设计学院客座教授、洛阳职业技术学院文化与旅游学院兼职教授、瀍河回族区教育局民间艺术教育顾问，主要研究非遗以及剪纸艺术的活态传承、现状以及在新时代发挥的作用和文旅结合的文创衍生品；刘薇，洛阳市第二外国语学校美术教师。

剪纸作为一种民间传统艺术，其历史源远流长，内涵丰富。2006 年，剪纸已被列为第一批国家级非物质文化遗产。然而，随着我国农耕文化的逐渐消失和人们物质生活的提高，精神文化生活的多样化，以及生活方式和习俗的改变，剪纸赖以生存的空间已然动摇和改变，有些门类已面临失传，所以，剪纸的挖掘、传承、推广、创新任务艰巨，任重道远。

河南剪纸可谓一体多元，广泛存活于城乡民众之中，几乎没有空白县。如洛阳地区的洛宁、偃师、孟津、宜阳，三门峡地区的灵宝、卢氏，鹤壁的石林镇等，这些地区的风格都有不同，技艺多种多样，表现内容各有千秋。诸如此类，需要我们广泛地了解、调查、研究、交流。

一　洛阳市剪纸艺术发展现状

2014 年 12 月 24 日洛阳剪纸艺术研究会成立以来，开展多种活动进行宣传。例如，每年组织剪纸作品展览和比赛，借助各种节会、论坛进行展示，举办剪纸文艺节目、节假日户外宣传，开展公益活动等。通过各种活动使人们直观地接受剪纸艺术的熏陶，让百姓了解剪纸艺术的历史、特色，关心剪纸艺术，喜爱剪纸艺术，为剪纸艺术的生存和发展创造一个良好的人文环境。

通过班级授课、对残疾人进行剪纸技能培训、社区行业培训等传承剪纸艺术，推进剪纸产业化，把剪纸开发成文化礼品、居家装饰品、旅游纪念品等，解决部分中老年妇女、残疾人的就业问题。

通过不断挖掘传统，持续创新，着力从课程建设、社团建设、工作坊建设、科学研究、辐射带动、展示交流等方面进行探索，走出了洛阳市剪纸艺术的发展之路。

（一）洛阳市剪纸艺术发展概况

洛阳市剪纸艺术研究会成立于 2014 年 12 月 24 日，是洛阳市唯一在民政部门登记注册、经市政府相关部门批准的具备全市性社会团体法人资格的剪纸艺术组织，现有会员 200 余人，团体会员 10 个。

洛阳剪纸艺术研究会自成立以来，在洛阳市社会科学界联合会和民政局的指导和管理下，以弘扬传统文化、展示民族风采为宗旨，着力研究开发剪纸艺术，推陈出新，精品不断，受到了各级单位及社会各界的高度赞赏。同时，剪纸艺术研究会为了传承、发展、展示洛阳的剪纸艺术魅力，依托牡丹文化节、五一、十一、世界文化遗产日、汉服复兴日等节庆日，在不同场合大力展示剪纸艺术的独特魅力。举办剪纸艺术学习班，开展了“剪纸艺术进军营”“剪纸艺术进校园”“剪纸艺术进社区”“剪纸艺术进银行”等活动。和洛阳市少儿图书馆联合，每年的寒暑假在该馆开展公益性授课。并在洛阳博物馆向国内外游客传授展现洛阳剪纸艺术，提高洛阳的国际知名度，培养了许多学生及剪纸爱好者。剪纸艺术研究会推出的《古都洛阳十三朝》精品剪纸册获2015中原旅游商品暨“老家礼物”旅游商品大赛银奖、《洛阳印象》获2015中原旅游商品精品展示大赛金奖，参与文化部“春雨工程”河南文化志愿者哈密行，进行文化交流。2015年10月23日，协会受邀参加第十六届中国教育国际年会非遗展，向全国推广宣传洛阳剪纸艺术。2016年3月8日，再次受哈密市文广体新局的邀请，组织120余幅剪纸作品到哈密举办“妙剪生花·豫哈情”2016年剪纸艺术展，取得了良好的社会效果。2016年10月1日，成功举办“2016中国·洛阳‘天堂明堂’非物质文化遗产纸艺文创大赛”。2017年10月，受邀赴哈密传统工艺工作站开办第一期维吾尔族民间剪纸培训班，并且成功组织承办了“书香洛阳·2017少儿阅读年——我心中的祖国”创意剪纸大赛。

2018年，该研究会被洛阳晚报小记者协会指定为体验基地，被洛阳市少年儿童图书馆指定为馆外阅读活动基地。在洛高校学生暑期实践团、洛阳晚报小记者协会会员等多个团体在协会基地开展了体验活动，广受好评。

（二）加强交流宣传，展示剪纸艺术魅力

1. 通过观摩交流扩大剪纸艺术影响

剪纸艺术的研究和发展要不断地进行交流、观摩。洛阳市剪纸艺术研究会积极主动地对接社会实践体验团体，通过交流、观摩、展示，宣传洛阳的

剪纸艺术成就。据不完全统计，2018 年就接待了第 20 批中国援助赞比亚医疗队、新疆哈密市文旅系统骨干团队、民革洛阳市委领导、涧西支部及祖统专委会党员、河南工业大学经济贸易学院暑期实践团队、洛阳师范学院学前教育学院非遗剪纸保护团、洛阳市涧西区中信小学师生、民革河南科技大学各支部党员、洛龙区档案史志局和洛阳理工学院观摩交流团、民革洛阳市委会举办“‘与改革同行共谱合作新篇’——庆祝改革开放 40 周年创作笔会”等 10 多个社会实践体验团体，平均每月接待一个。至 2019 年 3 月，又接待了共青团洛阳市委副书记任庆鹏、洛阳晚报小记者协会小记者、洛阳市少年儿童图书馆全体职工、驻洛高校共青团、洛阳理工学院艺术设计学院师生等 5 个社会实践体验团体，进行观摩交流充分展示和宣传了洛阳剪纸艺术的发展情况，收到了良好的社会效益。

2. 借助各种节会、论坛宣传展示剪纸艺术

洛阳市是国务院首批授予的历史文化名城，节会论坛活动很多，借助这些活动可以充分展示和宣传洛阳市剪纸艺术的发展和成就。2018 年“中国洛阳牡丹文化节”前后，洛阳剪纸艺术研究会应邀参加了洛阳河洛文化旅游节暨全国百强旅行商（洛阳）采购大会和“2018 中国·洛阳（国际）创意产业博览会开幕式”剪纸服饰走秀，惊艳四方；2019 年 4 月 1 日，受邀参加“第 37 届中国洛阳牡丹文化节——赏花启动仪式”，表演“共剪中国梦”，100 多名学生围绕巨幅剪纸“中国地图”“70”，现场剪出形态各异的牡丹，祝贺牡丹文化节开幕，为祖国 70 华诞献礼。

2018 年 5 月 31 日，洛阳剪纸艺术研究会应邀参加中国国际旅游城市市长论坛。借助此次盛会将剪纸这张洛阳名片推广出去（和丹麦王国德拉厄市市府顾问共同展示了主题剪纸“千年帝都　牡丹花城”），受到中外嘉宾的赞赏和喜爱。

2018 年 8 月 7 日，洛阳剪纸艺术研究会应邀参加由洛阳市人民政府主办，共青团洛阳市委承办的“2018 年豫哈青少年夏令营——洛阳分团手拉手民俗文化交流晚会”，现场剪出了 5.6 米长的“千年帝都　牡丹花城”巨幅剪纸，震撼全场。向共青团哈密市委赠送《牡丹》和《关公》两幅精品

剪纸，加深了两地文化交流。

2018 年 9 月“河洛文化节”期间，剪纸艺术研究会参加在洛阳市会展中心举办的“首届（2018）中原文化旅游博览会”，展示剪纸艺术，提供互动体验。在本次展出的作品中，参展的《盛世和谐》剪纸作品，获得文创精品大赛银奖。

2019 年 4 月 19 ~21 日，剪纸艺术研究会参加在洛阳市会展中心举行的“2019 第五届国际牡丹产业博览会”，展示剪纸艺术，提供互动体验。获得“优秀组织奖”，剪纸作品获得“金奖”。

此外，2019 年 3 月 3 日，应邀为《流浪地球》剧组设计制作主题剪纸，得到了郭帆导演的大力赞赏。

这些节会论坛活动参加城市多、参与人员层次高、企业面广、影响大、收效佳，为剪纸艺术走出洛阳发挥了很好的作用。

3. 主动举办剪纸艺术展

为充分宣传和展示洛阳的剪纸艺术，洛阳剪纸艺术研究会还积极创造条件，举办“剪纸艺术展”。2018 年 9 月 30 日，依托洛阳职业技术学院举办“洛阳职业技术学院庆祝建国 69 周年暨改革开放 40 年辉煌成就剪纸艺术展”，展出剪纸艺术社团 50 幅作品。2018 年 11 月 7 日，举办“洛阳职业技术学院首届剪纸艺术展”，收到了良好的社会效益。

2019 年 2 月 1 日，洛阳剪纸艺术研究会在王府井南昌路店举行“洛阳市第二届剪纸艺术展”。2 月 5 日，联合隋唐洛阳城国家遗址公园在天堂明堂景区，开设“洛阳市第二届剪纸艺术展”分会场。

（三）不忘社会责任，积极开展公益活动，捐资助教

1. 开展各种公益活动

洛阳剪纸艺术研究会在发展洛阳剪纸艺术的同时，始终不忘回馈社会。利用中华民族的传统节日和洛阳市的节会，主动走出去，到社区、军营、洛阳市少年儿童图书馆、公园等活动场所，积极开展各种形式的公益活动。

2018 年春节前夕，联合开元路办事处定鼎门社区举行“喜迎新春　剪

纸送福”活动；联合南昌路办事处六冶社区党委，依托“三新”讲习所举办“共剪贺岁窗花，争做时代新人”剪纸公益活动；走进火箭军某部举办“非遗进军营”活动，受到了广大官兵的欢迎；联合洛阳市少年儿童图书馆、洛阳市书画家协会举办“剪出中国风，写出中国年”活动；2 月 6 日在重庆路办事处一社区居委会举行剪福送福活动。

2018 年 4 月 9 日，在王城公园开展以“赏鉴国色天香，带走花开芬芳，传颂古都美名”为主题的志愿者义务剪纸活动。2019 年 3 月 22 日，受邀参与洛阳广播电视台推出的首期大型益智类文化节目《我是传承人》的录制。

2. 开展爱心捐助活动

洛阳剪纸艺术研究会利用剪纸艺术不断开展爱心捐助活动。2018 年 6 月 9 日，在栾川县狮子庙镇初级中学举行了“关爱中学生”爱心捐助活动。

9 月 20 日，在栾川县潭头河附中举行了“爱心捐助，文化助力”活动。向栾川县潭头河附中、重渡沟管委会初级中学、秋扒乡初级中学捐赠了服装和剪纸作品，并现场开展了传习活动。两次活动累计为栾川县贫困学生捐赠价值 15 万元的近 2000 套服装。

2018 年 10 月 13 日，洛阳市政协、民革洛阳市委会、洛阳职业技术学院开展了“精准扶贫——送医药文化下乡暨捐助活动”，此次活动在栾川县狮子庙镇王府沟村举行。洛阳剪纸艺术研究会参加了活动并现场向村民传授剪纸技艺。

这些爱心捐助活动，是为了唤起更多的人间真情和爱心义举，带动社会更多的爱心人士积极投身扶贫济困行动中来。

（四）着力扩大培训面，传承发展剪纸艺术

为传承发展洛阳的剪纸艺术，在洛阳剪纸艺术研究会会长王飞的带领下，面向师生，走向社会，深入基层，广泛开展剪纸艺术培训。

1. 在少年儿童中培养传承

本着传统文化从娃娃抓起的理念，剪纸艺术研究会重点培养少年儿童的兴趣和爱好。2018 年 1 月，在安乐明德小学进行剪纸培训系列活动普及宣传

剪纸艺术；7月，联合789少儿阅读推广联盟，分别到伊川东南屯、南申，孟津张凹学校，为三所留守儿童学校近500名孩子带去非遗传统文化剪纸体验；与瀍河区机车小学制定了三年（2018、2019、2020）培训规划，打造剪纸特色学校。

此外，2018年2月，还在洛龙区图书馆、城市会客厅、少儿图书馆各个分馆等场所举办不同的剪纸公益课堂；5月20日，在汝阳县图书馆举办“书香洛阳　少年传承中华美德”少儿阅读年活动优秀作品巡展；2018年7月，联合洛阳市少年儿童图书馆和洛阳师范学院文化艺术服务团在少儿馆开展非遗课堂——手工剪纸公益体验活动。在洛阳五中每周三下午举行剪纸兴趣班活动。

2. 对残疾人进行剪纸职业技能培训

2018年，洛阳市启航职业培训学校联手辉县市残联举办残疾人职业技能培训，此次培训项目是非物质文化遗产之一的剪纸艺术。洛阳市剪纸艺术研究会应启航学校邀请和委托，负责此次培训。此次培训共计10天，2018年4月9～14日，在辉县市赵固乡敬老院培训上课。4月16～20日，在辉县市孟庄中学培训上课。此次培训共有117位残疾人学员参加。2019年3月26日，“2019吉利区残疾人剪纸职业培训班”开班。剪纸艺术培训使残疾人掌握了一技之长，有了谋生的手段，受到残疾人和社会各界的好评。

3. 走向社会培养剪纸兴趣，扩大社会影响

2018年洛阳市剪纸艺术研究会在洛阳进行了多场剪纸艺术培训。3月在西工区文化馆进行剪纸艺术讲座；4月应邀到河南科技大学护理学院举办第一届“指间飞扬”剪纸大赛培训及宣讲活动；洛阳银行全年在各个分行举办培训讲座；在定鼎门社区每周二下午举办剪纸公益课堂，此外还举办培训班，连续3年至今已办第七期。

2019年3月，在上阳宫上阳书院举办剪纸培训班。

这些剪纸艺术培训培养了许多剪纸爱好者，扩大了洛阳市剪纸艺术的影响力。

（五）不断创新，探索洛阳剪纸艺术的发展之路

发展洛阳市的剪纸艺术，需要不断挖掘传统，持续创新，洛阳市剪纸艺术研究会在探索中走出了自己的剪纸艺术发展之路。2017 年 9 月，洛阳市剪纸艺术研究会和洛阳职业技术学院签订了协议，校企合作，产教融合，联合建设“洛阳剪纸艺术传承创新基地”，共同申报了“中小学社会实践教育基地”，并获得河南省教育厅批准。双方将共同着力从课程建设、社团建设、工作坊建设、科学研究、辐射带动、展示交流等 6 个方面进行探索。

1. 剪纸艺术课程建设

在文物修复与保护专业开设剪纸艺术课程，既传授了技艺，又进一步夯实了学生的文化底蕴。为非物质文化遗产弘扬、传承，文物文创产品研发，文化育人平台的建设奠定了坚实的基础。

2. 剪纸艺术社团建设

创办“洛阳职业技术学院剪纸艺术研究社”，目前社团社员达 35 人。在王飞带领下开展文物剪纸艺术品创作，共创作剪纸制作品 30 种，举办文化体验活动、服务社会活动，合作至今，共举办 20 余次校内外文化活动，参加了牡丹文化节剪纸技艺展示活动、首届（2018）中原文化旅游博览会等，在校内外产生了积极的影响。

3. 剪纸艺术工作坊建设

建设王飞大师工作室传授剪纸艺术技艺。2018 年 10 月，在合作初期配置基本办公条件的基础上，又增加投资 10 万元，购置了 22 寸数位屏电脑一体机、剪纸工具套装等设备工具，提升了大师工作室硬件标准，为非遗传承提供了更加优质的工作环境。

4. 探索现代学徒制教育模式

2018 年，洛阳市剪纸艺术研究会会长王飞收徒 6 人，开展师徒制培养。学生在校正常上课，课余和周末时间在工作室跟随王飞学习或外出做活动，效果极好。目前，学生不仅能自己创作设计作品，还能动手剪，在“首届

(2018) 中原文化旅游博览会”上，创作的作品《盛世和谐》获得文创精品大赛银奖。

洛阳市剪纸艺术研究会充分利用洛阳职业技术学院这个平台，加强高校校际、高校与中小学、高校与社会在传承中华优秀传统文化方面的经验与成果交流，创新交流方式，丰富活动内容，共享建设成果。

（六）加强剪纸艺术对外交流

2018 年 10 月 20 ~ 21 日，组织洛阳市剪纸艺术研究会及“洛阳职业技术学院剪纸艺术研究社”50 余名会员，赴三门峡“剪纸第一村”——南沟村开展洛阳 · 三门峡“手拉手”剪纸技艺交流活动。拜访了 80 多岁还在坚守传承剪纸之路的老艺术家后，会员们都被他乐观积极向上的精神所感动，会员们还和当地剪纸艺术家就剪纸的传承创新、人才发展、市场前景等方面进行了座谈。又到豫西民俗集中展示地——三门峡地坑院进行了采风，为以后的创作积累了大量参考素材。

二 洛阳市剪纸艺术目前存在的问题

洛阳剪纸艺术研究会是洛阳市正规的民间艺术团体之一，担负着剪纸艺术继承、保护、推广的重要任务。然而，由于没有资金，许多活动受到了制约，许多愿望难以实现。

一是没有固定的传习场所。除了进校园、社区、军营、农村等传授技艺外，没有能够集中传习的固定场所，使许多需要集中传授的技艺难以实现。

二是没有展厅。许多展览只能借助别的场所进行，使研究会的一些活动，尤其是开展全省性、全国性的比赛受到限制。

三是没有车辆。每次外出调查、交流、传授、演示，都要雇车，使外出活动变得十分困难。

四是没有开展活动的经费。

三　洛阳剪纸艺术发展的对策建议

在新的历史时期，保护与继承民间文化、弘扬和发展民间艺术既是政府的责任，更是我们这一代文化工作者的责任和使命。

（一）加大对剪纸艺术发展的扶持力度

政府部门要关注洛阳市剪纸艺术的发展，支持引导洛阳市剪纸艺术的健康发展；加大媒体持续性的推广宣传，可以在公园城市绿地等设计制作剪纸雕塑、装置作品，增加人民群众对剪纸艺术的理解；指导行业协会多开展理论和技法的培训；促进剪纸艺术和乡村振兴的结合；重视老剪纸艺人的保护，注重培养新的继承人。

（二）发挥行业协会作用，积极开展业务活动

行业协会要积极发挥协调作用，组织洛阳市剪纸艺术研究会会员和社团成员开展各种业务活动。如，继续跟进剪纸进校园、进社区、进军营、进乡村活动，以剪纸艺术形式装扮校园文化、社区文化、乡村文化、军营文化；助力乡村振兴，精准扶贫，增强文化自信；制定剪纸传承人的标准；加大对外交流学习的力度；加强剪纸艺术的理论研究，在权威报纸杂志发表非遗剪纸相关论文、作品，编辑出版相关著述等，以加大洛阳剪纸艺术在国内外的影响力。

（三）不断提高剪纸手艺人（传承人）综合素养

剪纸手艺人（传承人）应注重自我修养与提高，加强理论学习，努力提高技法和语言表达能力；树立文化自信，学会用剪纸艺术来宣传党的方针政策和国家意志，运用自身综合素质影响周围的人，成为一名合格的传承人。

（四）持续推进剪纸艺术创新发展

剪纸艺术的创新是时代的呼唤。传统只反映过去，人们对传统剪纸有着深深的眷恋，但历史不会停止，只有汲取传统中的精华才能放射新时代的光辉。

1. 在剪纸艺术的内容上不断创新

传统的剪纸一般反映了农耕时代的文化，往往以民俗、民风、宗教等为主要色彩。随着时代的发展和人们生活、生产方式的改变，剪纸的创新也势在必行。传统剪纸艺术在创作中要把新时代的元素融入画面中，为下一代留下一些当下生活的印记。

2. 在剪纸艺术的形式上不断创新

剪纸不仅要突破原有生活的束缚，更要借鉴一些现代的艺术手法或表现形式。试想，传统的年画如果用精美的剪纸来表现，就让人耳目一新了。另外，剪纸的形式除了纸以外，是否还可以用其他材料等这些创新都需要我们去琢磨、研究、探讨。

3. 在剪纸艺术的应用上不断创新

把剪纸引入现代艺术设计，走现代装饰画的模式，结合现代装饰艺术，以立体、精细、高端的形式，形成良好的视觉效果。在题材、图案、结构、展幅等方面不拘一格，使剪纸在装饰行业形成一个和谐的整体，以体现出其完美的艺术价值。

B.10
洛阳市基层宣传思想文化工作状况暨新时代文明实践中心建设调查研究报告

洛阳市2018年度“社科专家县区行”课题组*

摘　要： 基层宣传思想文化工作向来是党和政府的工作重点，建设新时代文明实践中心是深入宣传习近平新时代中国特色社会主义思想的一个重要载体，目的在于凝聚群众、引导群众、以文化人、成风化俗，调动各方力量、整合各种资源、创新方式方法，用中国特色社会主义文化、社会主义思想道德牢牢占领农村思想文化阵地，动员和激励广大农村群众积极投身社会主义现代化建设。目前，亟须充分认识基层宣传思想文化工作状况，把握基层人民群众学习党的思想和政策、投身社会主义文化建设积极性的程度。在深入基层调查的基础上，总结归纳基层思想宣传文化工作的进步之处，正视在宣传思想和新时代文明实践中心（所、站）建设的不足与问题，进而完善基层宣传思想文化工作和文明实践中心（所、站）建设。此次调查以洛阳文明实践中心（所、站）建设为切入点，将案例分析和理论研究相结合，通过抽样深入考察宜阳

* 课题组组长：安锋，洛阳师范学院新闻与传播学院党委书记、副教授，研究生学历，研究方向为河洛文化、社会学。课题组成员：吴晓格，洛阳师范学院新闻与传播学院党委秘书，硕士研究生，研究方向为马克思主义理论、思想政治教育；赵社民，洛阳师范学院马克思主义学院党委书记、教授，研究方向为大学生思想政治教育；王静毅，洛阳市师范学院法学与社会学院教师、讲师，研究方向为社会工作。

和洛宁两个县宣传思想文化工作和文明实践中心（所、站）建设的情况，重点对基层思想宣传和文明实践中心（所、站）建设进行调研，在此基础上探究基层思想宣传和文明实践中心（所、站）的经验与不足，以期对志愿者服务、宣传、经费和制度建设等方面提出对策，促进基层思想宣传思想文化工作研究的长足发展和新时代文明实践中心常态化运行。

关键词： 新时代文明实践中心　思想文化　宣传工作

在全国建设新时代文明实践中心（所、站）的背景下，积极探索、创新党的基层宣传思想工作，不断提高洛阳基层宣传思想工作和文明实践中心（所、站）建设的能力，对于我国基层宣传思想文化工作具有重要的研究意义。自 2018 年 7 月洛阳市宣布建设新时代文明实践中心（所、站）以来，洛阳基层思想文化宣传的进展、新时代文明实践中心（所、站）的建设情况、发挥的作用以及其中存在的问题与不足值得研究和探讨。洛阳基层的文明实践中心（所、站）建设成绩明显，也有问题尚需解决。本次研究以洛阳市宜阳和洛宁两个县为研究对象，从中总结经验，找出问题，为洛阳市其他基层发展提供经验。

一　洛阳市基层宣传思想文化工作状况暨新时代文明实践中心建设研究的调查分析

基层宣传思想文化工作是整个宣传思想文化工作的重要组成部分，随着我国经济社会快速发展，群众思想观念的不断变化，基层宣传思想文化工作出现了许多新情况，存在许多现实难题。因此，我们要充分认识当下基层宣传思想文化工作的形势，积极探索新时代文明传习中心建设路径，既是贯彻落实习近平新时代中国特色社会主义思想和党的十九大精神、推动基层宣传思想文化工作改革创新的具体举措，也是推进乡村振兴战略实施特别是实现文化振兴的重要抓手，具有十分重大而深远的意义。

（一）问卷调查与样本分析

1. 问卷调查设计与实施

为了解洛阳市在基层宣传思想文化工作状况暨新时代文明实践中心建设研究的情况，本次调研以分段抽样与随机抽样相结合的方式最终确定调查对象。为保证样本的科学性以及同时确保研究的可行性，本研究在洛阳市抽取宜阳县、洛宁县两个县，以期达到对洛阳市整体基层宣传思想文化工作状况暨新时代文明实践中心建设情况的初步了解。采用简单随机抽样法，在每个县随机抽取 50 人进行问卷调查，同时对部分调查对象进行个案访谈，拟收集问卷 100 份。

调查问卷问题设计包括三个部分，第一部分是基本信息题，包括样本对象的年龄、性别、职业、居住地等；第二部分是调查对象对文化建设的了解程度、满意程度、当地特色活动、喜爱的文化活动以及文明实践中心需要做的工作和存在问题等方面；第三部分是开放性问题，请调查对象谈谈对现有基层宣传思想文化工作的建议。笔者通过发放调查问卷，了解了洛阳市基层宣传思想文化工作状况暨新时代文明实践中心建设的作用与成效，分析当前基层党组织建设工作存在的不足与局限，探究制约因素，并结合实际情况提出可行性建议。

2. 调查问卷的样本分析

在每个县分别采取简单随机抽样方法，寻找合适的群众进行调查问卷填写，主要通过当场回收问卷的形式，同时考虑年龄以及文化程度等因素对调查对象进行微调。共计发放调查问卷 96 份，收回问卷 96 份，回收率为 100%，其中有效问卷 94 份，有效回收率达到 98%。样本的基本情况如表 1 所示。

表1 调查对象的基本信息情况表

基本信息		人数	所占比例(%)
性别	男性	38	40.43
	女性	56	59.57
年龄	18周岁以下	0	0
	18~30周岁	19	20.21
	31~45周岁	50	53.19
	46~60周岁	22	23.40
	60周岁以上	3	3.19
职业	学生	0	0
	农民	30	31.91
	工人	56	59.57
	无业	8	8.51
居住地	农村	23	24.47
	乡镇	61	64.89
	城市	10	10.64

(二)洛阳市基层宣传思想文化工作状况暨新时代文明实践中心建设的现状分析

1. 被调查者的思想文化状况

要研究基层宣传思想文化工作暨新时代文明实践中心建设工作的现状，首先要了解被调查者的文化娱乐情况、所喜爱的文化娱乐活动及参与文化娱乐活动的次数，以便做到有的放矢，更好地指导基层宣传思想文化工作及新时代文明实践中心建设。具体情况如图1、图2、图3所示。

由图1、图2、图3可知，当地居民的主要文化娱乐活动为看电视、读书看报、跳舞和健身活动，更喜欢亲身参与的文体活动，观看文艺演出的次数在6次以上的占比最高。可以看出被调查者的思想文化生活丰富多彩，且被调查者大多都乐于亲身参与文体活动。基层群众业余生活的丰富与否，间接影响基层宣传文化工作的组织与开展，如文艺演出、报告讲座等。若村民的业余生活单调，思想文化活动匮乏，则基层宣传思想文化工作的开展就显得愈发重要，反之亦然。

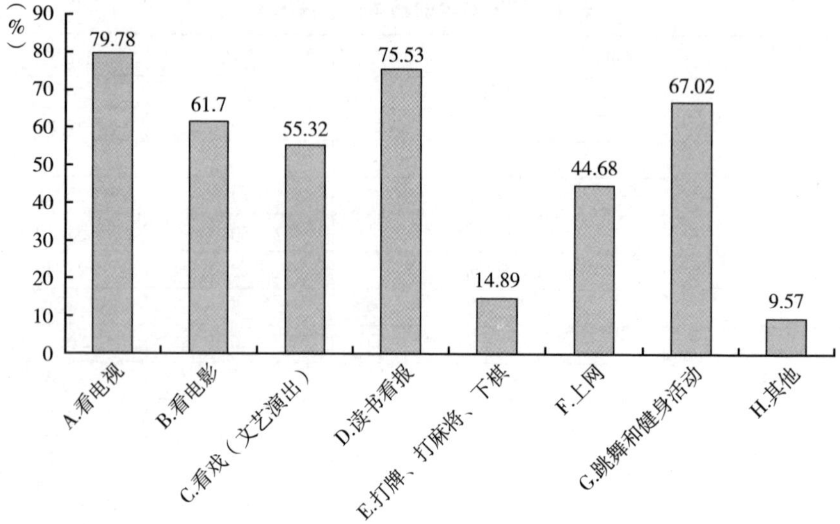

图1　平时您的文化、体育、娱乐生活主要有哪些？

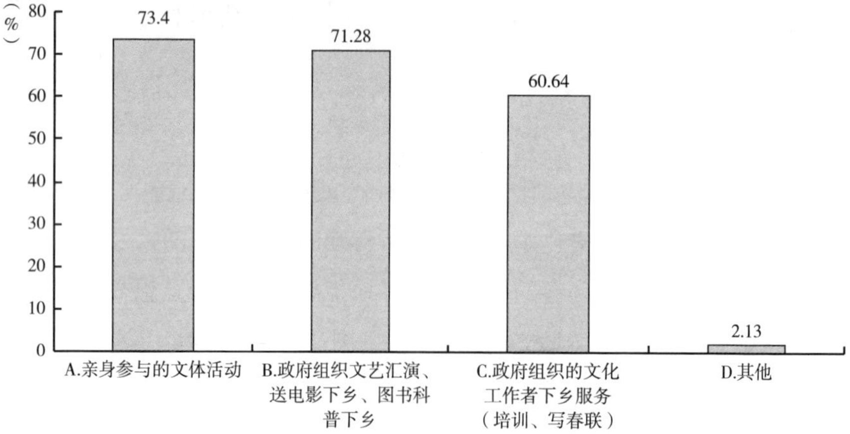

图2　您更喜欢哪种文化体育娱乐活动？

2. 基层群众对地方特色活动及文化元素的了解程度

洛阳市是华夏文明的发源地之一，拥有许多宝贵的文化资源，沿洛河两岸就分布着夏都二里头、偃师商城、东周王城、汉魏故城、隋唐洛阳城五大都城遗址。调查基层群众对当地的文化元素和地方特色活动的了解程度有利

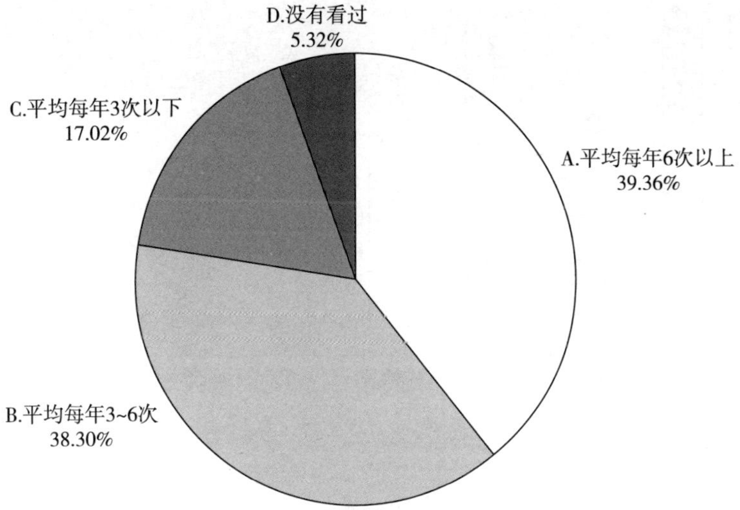

图 3　您经常看戏或者文艺演出吗?

于开展基层群众所喜闻乐见的活动，具体情况如图 4、图 5 所示。

被调查者对当地较为著名的特色文化活动及文化元素比较了解，充分发挥当地的特色文化及文化元素、开展相关思想文化活动可以丰富基层群众的文化生活，达到宣传思想文化的目的。

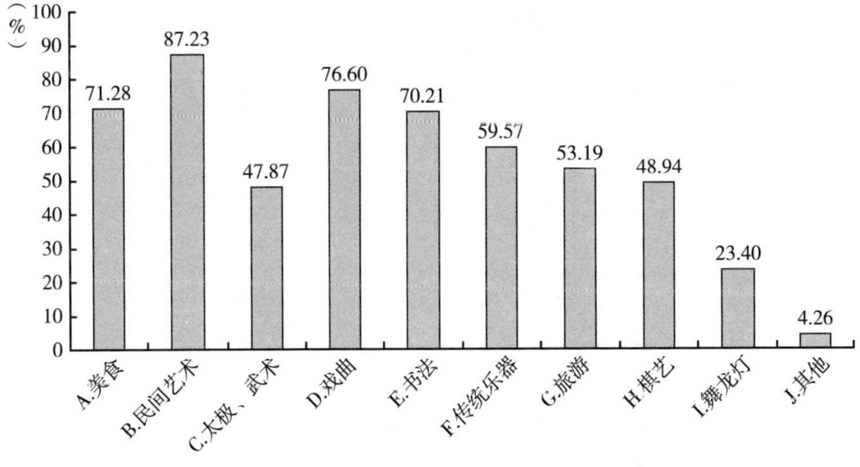

图 4　您所在的地区有哪些文化元素?

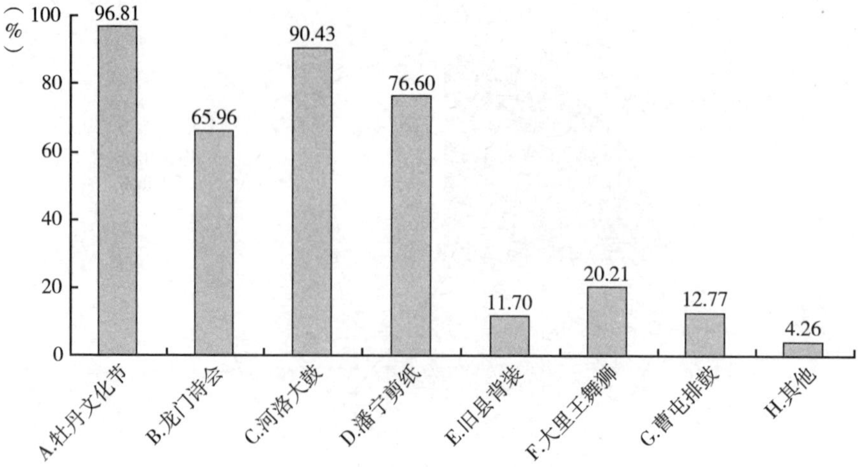

图 5　您知道的洛阳特色文化活动有哪些？

3. 新时代文明实践中心建设需要做的工作和存在的问题

建设新时代文明实践中心是落实习近平总书记关于宣传思想文化工作的重要思想、推动宣传工作改进创新的具体举措。洛阳市宜阳县、洛宁县积极探索新时代文明实践中心建设，以下是被调查者认为文明实践中心建设需要做的工作和存在的问题，具体情况如图 6、图 7、图 8 所示。

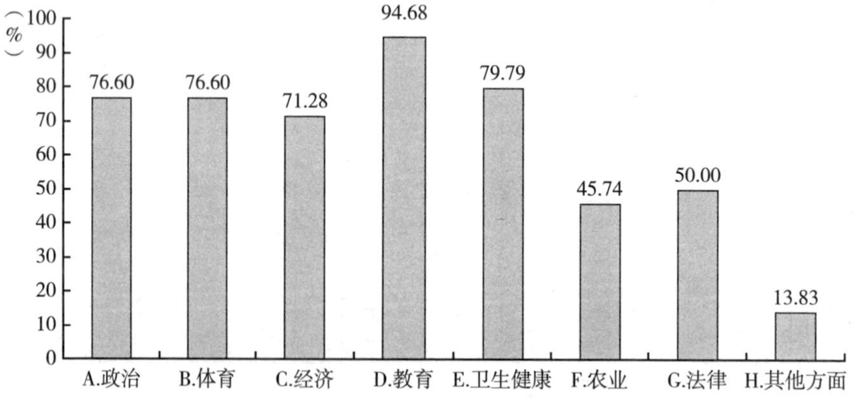

图 6　您觉得文明实践中心要涉及哪些方面？

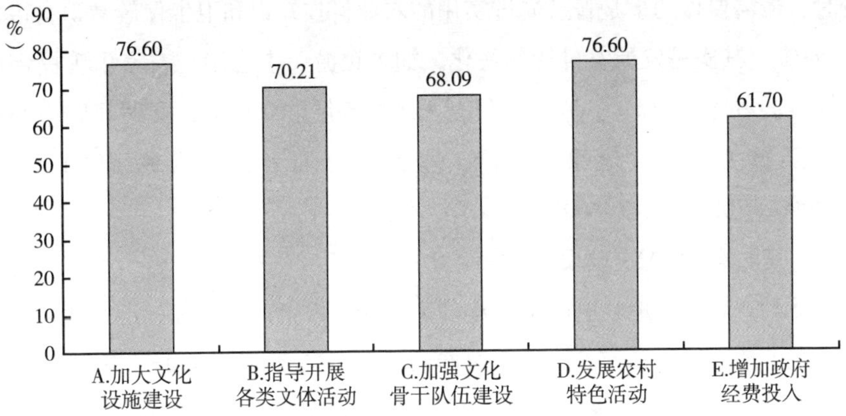

图 7　您认为文明实践中心需要解决哪些问题?

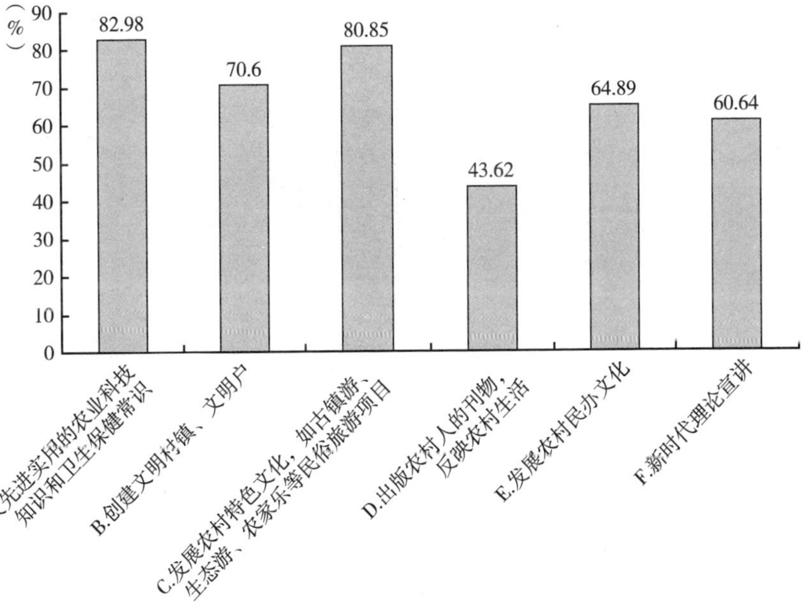

图 8　您觉得进行文明实践中心建设政府应该做些什么?

如图 6、7、8 所示，基层群众认为文明实践中心需要解决加大文化设施建设和发展农村特色活动的人数各占 76.6%，指导开展各类文体活动的人数占 70.21%。从受众角度分析，基层群众认为政府在进行文明实践中心建设时，最需要做的事是普及先进实用的农业科技知识和卫生保健常识，占比82.98%，其次是发展农村特色文化，如古镇游、生态游、农家乐等民俗旅游项目，占比80.85%。除此之外，大多数基层群众认为，文明实践中心需要涉及教育、卫生健康、政治、体育等方面（占比分别是94.68%、79.79%、76.60%、76.60%）。

4. 基层群众对文化建设的满意程度

被调查者对当地政府的文化建设工作既有肯定，但也有一定程度的不满意。在了解程度上，有20.21%的群众认为非常了解当地的文化建设，有68.09%的群众认为了解，有11.70%的群众表示只听说过。在满意程度上，有81.91%的群众对当地文化建设满意，有17.02%的群众认为较满意，有1.06%的群众表示不太满意。具体情况如图9、图10所示。

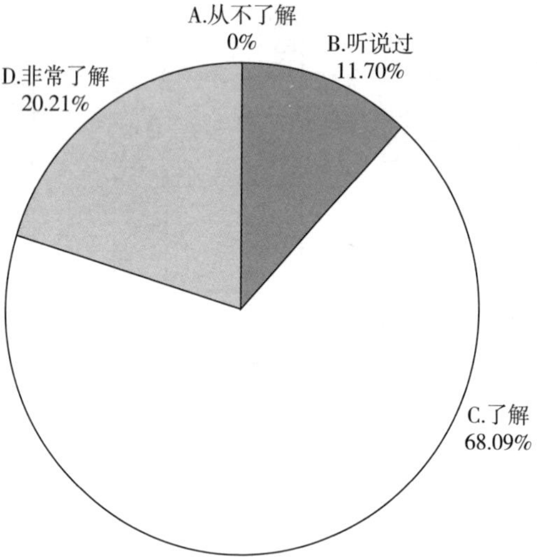

图9　您了解文化建设吗?

被调查者对当地政府的文化建设有一定的了解，并且对现在的文化生活满意。但还有一部分群众对当地的文化建设不了解，对文化建设不太满意，需要引起当地政府注意。

基层宣传思想文化工作暨新时代文明实践中心建设工作是当地政府和基

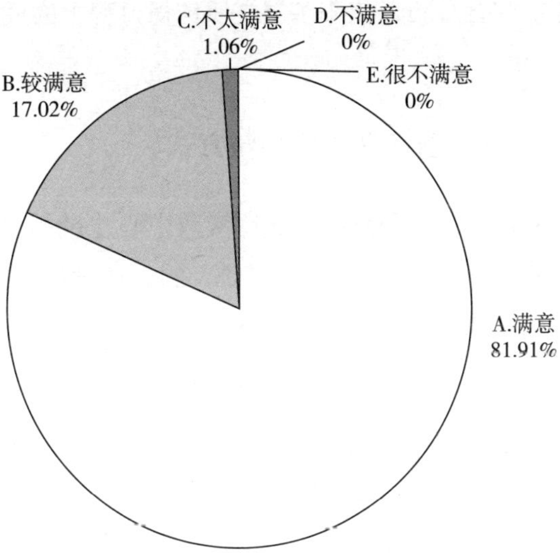

图 10　您对现在的文化生活是否满意？

层群众比较重视的一个问题。笔者在调查问卷和访谈的过程中发现，部分被调查者是当地政府部门的工作人员，在填写调查问卷时都有一定程度的保留。

二　洛阳基层开展宣传思想文化工作暨新时代文明实践中心建设过程中的成功之处

2019 年的政府工作报告提出，丰富人民群众精神文化生活。洛阳市基层各部门认真贯彻落实中央和省委部署要求，把新时代文明实践中心建设作为深入宣传习近平新时代中国特色社会主义思想、传递正能量、满足人民群众精神文化的重要载体。为推进洛阳基层新时代文明中心（所、站）建设，实现新时代文明实践活动制度化、常态化开展，洛宁县围绕新时代文明实践活动做到哪、谁来做、怎样做、在哪做四个关键问题，探索实施了“3345”模式，即“建立三级网络、整合三类队伍、完善四项工作机制、打造五大平台”，在洛阳市各县乡的新时代文明实践中心建设中处于领先地位，受到群众的广泛好评。综合分析，洛阳基层文明传播过程中的成功借鉴之处有以下几个方面。

（一）因地制宜，创新文明传播新方式

在进行思想文化宣传以及新时代文明实践中心建设的过程中，“因地制宜”也发挥着不可替代的作用。以洛宁县为例，在调研中发现，洛宁县善于结合政策，并利用当地文化特色，立足县实际，按照“清新简约，务本责实”的原则，打造洛宁特色，提升人民幸福感和获得感。

在具体实施的过程中，洛宁县选择以中央和省委文件为纲，以当地实际为本，在借鉴、采用其他省市县的方法后，结合当地实际，创新文明传播方式。具体简述为“打造五大平台”：一是积极打造理论宣讲平台。洛宁县各部门组织新时代政策理论志愿服务队，深入各级新时代文明实践中心（所、站）广泛开展党史、地方史、党的创新理论、国家方针政策和重大决策部署的宣讲教育，引导群众熟知党的路线方针政策，共享改革发展成果。二是积极打造教育服务平台。定期组织各级各类文明实践队伍统筹利用乡镇文化站、党员活动室、道德讲堂、村级组织活动场所、百姓大舞台等阵地，开展讲思想、讲政策、讲道德、讲文化、讲法治、讲科学、讲新风等活动。切实保障人民群众的幸福感和获得感，着力提升农民群众思想觉悟、道德水准、文明素养，推进移风易俗。三是积极打造文化服务平台。洛宁县围绕“送欢乐、送思想、送文明”，突出思想引导、道德教化、文化熏陶，以“三新大讲堂”“快乐星期天”等活动为载体，采取“理论＋文艺”等宣传活动，帮助农村建立健全“一约四会”，推动农村“自治、法治、德治”融合再上新台阶。同时，依托当地“洛宁剪纸”“花鼓戏”等特色文化活动，洛宁县组织志愿者深入学校、乡村进行实践教学和巡回演出。四是积极打造科技与科普服务平台。县科协利用“科技大篷车”，全年到各乡镇巡回进行农业科技知识、农村适用技术、创业技能、健康医疗等科学知识等宣传培训，助力精准扶贫，推进乡村振兴。五是积极打造健身体育服务平台。洛宁县政府充分利用老旧街区、闲置空地，先后建成了永宁湖公园、滨河公园、凤翼山广

场等一批市民休闲健身场所，改建增建了公共体育设施，乡镇和村庄都修建了全民健身广场和运动场，不断扩大“10 分钟健身体育圈”服务内涵，广泛开展群众喜闻乐见的体育赛事和活动，成功举办了五届“体彩 · 环中原”洛阳 · 洛宁站国际自行车公开赛和洛宁县第一届全民运动会，让人民群众真正感受到了新时代气息，增强了获得感和幸福感。

（二）依托网络，助推文明传播全覆盖

在网络快速发展的当今社会，抓住网络就是抓住机遇。网络的传播速度快、传播范围广、传播能力强等特点，给予宣传工作以新的开展方式和新的体验。

为使基层宣传思想文化工作深入人心，新时代文明实践中心发挥最大功能，洛宁县利用微信公众平台、洛宁县网站以及电视台等媒体，对举办的活动和文明传播事迹进行报道，建立“人人皆为参与者，人人皆为传播者”的传播模式。同时，新时代文明实践中心、新时代文明实践所、新时代文明实践站三级“网络”的建设，也使洛宁县的文明传播深入人心，取得了一定的成绩。

2018 年 12 月以来，洛宁县积极学习外地经验，整合县文化体育中心的洛书文化广场、图书馆、规划馆、文化馆和一楼大厅等资源，借助七楼走廊有限的空间，突出洛宁历史文化特色，一廊多用，历时三个月累计投入 20 余万元建成了县级新时代文明实践中心。为推进新时代文明实践中心、新时代文明实践所、新时代文明实践站，省、县、乡三级网络建设，洛宁县制定了《关于推进全县新时代文明实践中心（所、站）建设实施方案（试行）》的建设指导性意见，要实现 18 个乡镇新时代文明实践所建设全覆盖，2019 年底前实现 390 个行政村（社区）全覆盖。如今，洛宁县已建成 2 个乡镇新时代文明实践所、50 余个村级新时代文明实践站，全县累计开展各类新时代文明实践活动 112 次。另外，新时代文明实践活动与统筹推进文明城市、文明乡（镇）、文明村“三级联创”工作相结合，创新搭设身边人讲身边事，新生活习惯养成，移风易俗、弘扬好家风好家训，送文化下乡、邻里

互助等载体，采用群众喜闻乐见的方式方法，把社会主义核心价值观融入广大群众的日常生活。

（三）深入基层，实现文明传播进万家

2018 年 7 月 4 日，习近平在全国组织工作会议上指出，加强党的基层组织建设，关键是从严抓好落实。基层工作难做，基层文化宣传工作更难做。人民群众的分散性、受教育程度的不同、生长环境的不同造成文明传播难“进万家”。党的基层组织是党执政的组织基础，担负着直接教育党员、管理党员、监督党员和组织群众、宣传群众、凝聚群众、服务群众等重要职责。任何时候任何情况下，抓党的基层组织建设都不可放松。

在对洛宁县和宜阳县的调研中，整合“志愿者团队”是两个县针对“文明传播难下基层”强有力的举措。在洛宁县，“整合三类队伍”成为深受人民群众欢迎并行之有效的方法。具体来讲，一是整合“专业志愿服务队伍”。为使文明传播能够更好地进行，洛宁县构建以综合服务、政策理论、法律法规、文明风尚、文化文艺、科学技能为主体的六支新时代文明实践志愿服务队，定期深入基层开展专业志愿服务。二是整合“党员志愿服务队伍”。在党员的带领下，洛宁县构建以县内各级文明单位和文明乡镇党员为主体的 72 支新时代文明实践党员志愿服务队，利用每个月“党员主题日”和“扶贫日”，到支部共建的社区、村开展文明实践志愿服务活动，用朴实的语言让党的理论进万家。三是整合“群众志愿服务队伍”。构建以洛宁县公益联合会文艺小分队、文化馆文艺志愿者分队、青年志愿服务队、夕阳红文艺小分队、“梨园”剧团、“中原家文化”讲师团、“村嫂志愿服务队”等为代表的十余支新时代文明实践群众志愿服务队，长期活跃在群众身边，以群众需求为根本着力点，做到“讲”让群众能听懂，“评”让群众能参与，“演”让群众受教育，“帮”让群众得实惠，真正让群众坐得下、听得进、收获多，推动了新时代文明实践活动在基层实起来、活起来。在知识文化传播的过程中，提升人民群众的参与度，增强人民群众的获得感。同时，“派单式”的工作方法使文明传播的效率得到提高。洛宁县也为志愿者

购入人身保险，组织开展“优秀志愿者”等评选活动，激励志愿活动常态化，形成良好社会风尚。

宜阳县各机关单位社区的志愿者是开展精神文明创建、宣传的主力军。在实施过程中，宜阳县依托全县的志愿者，由各相关单位牵头，安排有经验有技术的志愿者去进行相关知识培训或讲座。在探究摸索的过程中，宜阳县努力把宜阳的志愿者服务打造成一个亮点。例如在全国运动会宜阳赛区，宜阳县组织了数千名志愿者参与其中，形成了良好的社会氛围。同时，宜阳县在各单位及社区建设了志愿者服务站，更好地为有需要的群众服务。除此之外，组织志愿者为群众教授广场舞、乐器、戏剧等，把文明实践中心的多功能室打造成教学中心，并开展多项文艺活动，挑选优秀的剧目带到乡村田间地头，丰富城乡群众的文化生活。“有困难找志愿者”逐渐成为当地人民群众的坚强后盾，成为当地志愿者肩头的使命。

为使文明传播进万家，在志愿者队伍建设之外，洛宁县在完善体制机制方面也做出了努力，即“完善四项工作机制”。一是完善轮训交流机制，组织各级文明单位安排人员到县新时代文明实践中心轮训学习三个月，熟知新时代文明实践活动流程，提高开展新时文明实践活动的协调服务能力。二是完善社会化参与机制。组织各级文明单位结合本职工作到县新时代文明实践中心开展活动，丰富活动形式和内容，增强了新时代文明实践活动对市民群众的吸引力、凝聚力和感染力。三是完善制度化激励机制，到县新时代文明实践中心开展活动采取积分制，每开展一次活动给文明单位积十分，积分情况作为各级文明单位年度考评结果的重要依据，并根据市民群众参与实践活动的次数和成效，给予相应的物质奖励。四是完善项目化推进机制，实施“四步走”工作法（志愿需求项目调查—县新时代文明实践中心项目派单—志愿服务团队项目接单—市民群众对项目化服务评单），县新时代文明实践中心精心设计活动项目，根据反馈意见及时改进服务方式，确保群众能够听到最想听的内容，学到最想学的知识，参与最喜爱的活动，享受最需要的服务，场场活动聚人气、有活力、可持续。同时，洛宁县劳动服务中心等部门组织开展厨师培训、月嫂培训、电焊工培训，对学习优异，符合毕业条件的群众颁发相应等级证书，针对贫困户，当地也出台了一系列政策，用于保障他们的权利。

在洛宁县和宜阳县各部门的努力下，在人民群众的参与中，逐渐实现文明传播进万家，提高了人民群众的参与度、幸福感和获得感，不断推进基层宣传思想文化工作及新时代文明实践中心建设。

（四）以点带面，助力乡村振兴

通过开展新时代文明实践中心试点，宜阳县和洛宁县乡村振兴工作取得了良好的开端，特别是在乡风文明建设方面，成效明显。

一是乡村文化沙漠现象明显改观。随着新时代文明实践中心（站、所）的建设，乡村有了一个固定的、设施较为完善的活动场所，为乡村开展文化体育活动提供了方便。通过开展新时代文明实践，县级部门的文化资源加大力度下沉，送书下乡、送文艺戏曲节目下村、开展一系列培训等，极大地丰富了乡村文化体育活动。二是新思想以更加有效的方式入脑入心。新时代文明实践中心试点目的之一就是推动新思想入户，解决思想政治工作“最后一公里”的问题。在试点工作中，把主流价值传播与地方文化娱乐有机结合起来，通过观看时长积分兑换景区门票、礼品等形式，吸引群众参与文明实践活动，让习近平新时代中国特色社会主义思想以更加生动的方式进入千家万户，同时也提升了群众参与学习的主动性。三是乡风文明提升，鼓励吸引更多的人回归乡村、振兴乡村。新时代文明实践中心整合各方力量，建成县、乡、村三级志愿服务体系，广泛开展乡贤回归、青年回流、村企结对等工作，让乡村不仅过年时人气充足，平时也呈现一派生机与活力。比如，洛宁县大力宣传优越的生态资源，有力地带动了农民增收、乡村兴旺。

三　洛阳基层开展宣传思想文化工作暨新时代文明实践中心过程中存在的问题

调查问卷数据显示，基层群众对洛阳特色文化活动并不是完全了解，对知名度高的活动牡丹文化节、龙门诗会、河洛大鼓等相对熟悉，但是对旧县背装、曹屯排鼓、大里王舞狮等知晓度仅有 11.7%、12.77% 和 20.21%。出现这一现象说明在普及群众基础文化知识方面仍然存在不少有待解决的项目，群众自身、基层工作人员、志愿者、政府等都存在或多或少的问题。在实地考察时，以下几个问题需要得到关注。

（一）对新时代文明实践中心建设认识不足，基层干部重视不够

部分党员干部和基层群众对为什么要建立新时代文明实践中心、怎么建、究竟要建成什么样认识不清晰，没有将新时代文明实践工作上升到意识形态领域的高度，实践中存在抓抓停停、时紧时松的现象；部分群众对文明实践工作的理解不到位，导致对文明实践活动的参与热情不高，没有形成全体动员、全民参与、人人创建的氛围。

在问题“政府还应在文明实践中心建设中给予什么样的支持”中选项“普及先进实用的农业科技知识和卫生保健知识”的调查数据为 82.98%，显示出在规划时结合农村需求研究不够，没有结合基层特殊情况提出具有针对性的措施。选项“发展农村特色文化，如古镇游、生态游、农家乐等民俗旅游项目”的调查数据为 80.85%；选项“出版农村人的刊物，反映农村生活”的反馈数据是 43.62%；选项“发展农村民办文化”的调查数据是 64.89%。以上数据说明基层群众渴望宣传思想文化工作更多落实在具体的外延项目上，目前的工作对农村问题研究不够，没有针对当地特色发展特色措施。

在进行实地调研时发现，出现传习所挂牌，但是负责人不知情已经挂牌设立，传习所会议室没有经常使用痕迹的情况。这就说明，在传达精神的时候，基层干部没有及时落实到位，仅仅是把自己本职工作做好，缺乏沟通。同时基层干部责任意识不强，没有主动了解最新情况，对宣传思想文化工作重要性认识不够。上级部门把工作布置下去，没有实地考察是否真正落实。

（二）新时代文明实践中心阵地建设、实践形式与群众需求有差距

一些街道、社区、乡镇（村）活动场地用房不足，受中心城区、老旧

小区等条件所限，可改造提升空间较小，在构筑实践阵地的空间承载能力上存在短板。现有的宣传阵地中，硬件设施不完善、场地使用率不高的现象也在一定程度上存在。文明实践活动推进过程中，实践形式还不够丰富，从目前分中心和社区实践站开展活动的形式和数量上看，“帮、乐、庆”的活动较多，“讲、评”活动较少，与群众需求有差距。

在填写调查问卷以及实地走访调查时笔者发现，农村里主要是中老年以及幼儿较多，在这个基础上女性人数多于男性人数，调查问卷数据显示，男性填写问卷的数据为 40.43%，而女性填写的数据为 59.57%。针对这一现象，笔者在实地走访时没有发现对女性的宣传思想工作有特殊措施，而在基层，女性往往在教育下一代上会起到重要作用，基层干部没有发挥主观能动性，针对性宣传教育不足。

在调查问卷中，大部分被调查者对问题中设置多项选择的选项全部勾选，例如在问题“您认为农村应该建设哪些文化公共设施”中，选项“建立乡镇文化活动中心”有 81.91% 的人赞同；选项“建立基层文化资源共享中心”有 65.96% 的人认可；选项“建立村广播室”有 52.13% 的人认可；选项“建立村级文化室”有 72.34% 的人赞同；选项“赠送村级文化活动器材”有 70.21% 的人认可；选项“为您安装广播电视”有 38.3% 的群众选择；选项“建立农家书屋”有 70.21% 的群众选择；选项“增添村级体育健身路径”有 78.72% 的人选择。从以上数据可以看出大部分选项数据都在 50% 以上，这就说明在落实设施建设上还存在建设不到位情况。同时还了解到，看戏或者文艺演出的次数，有 39.36% 的人“平均每年 6 次以上”，有 38.3% 的人“平均每年 3 ~ 6 次”，有 17.02% 的人“平均每年 3 次以下”，宣传思想文化工作的宣传形式单一，一年仅数次的宣讲和板报、宣传标语的设置宣传效果有限。

宣传建设资金不足，存在基础设施建设不足、宣传形式单一、人员不足、人员结构混乱等问题。在问题“政府还应在文明实践中心建设中给予什么样的支持”中选项“发展农村特色文化，如古镇游、生态游、农家乐等民俗旅游项目”的调查数据为 80.85%；选项“出版农村人的刊物，反映农村生活”的反馈数据是43.62%；选项“发展农村民办文化”的调查数据是64.89%。这些数据反映出政府在建设农村特色文化产业资金不足，没有足够的资金请专业宣讲人员到基层宣讲。在基础设施建设方面，健身设施有相对陈旧现象，没有及时更新。

在具体负责落实的人员上存在人员不足、结构混乱和不固定现象，这些人包括党员、基层干部、志愿者，他们所学不一，知识水平不一，都是先培训之后到基层普及知识，有的甚至对思想文化工作认识不透彻，缺乏专业理论。同时在组织人员培训上也存在不足，宣传没有整体规划，逻辑结构混乱，造成群众片段式接收信息。进行宣传思想文化工作时，工作交接不到位，容易出现一个理论重复讲解的情况。

（三）资源整合力度不够，对志愿服务质量缺乏有效监管

目前开展文明实践活动的主要力量还是志愿者和志愿服务组织，各街道、社区、乡镇（村）之间资源分布和力量发展不平衡。有的社区文艺团体数量较多；有的社区人才资源丰富，志愿者服务力量充足；有的老旧社区居民年龄老化，人员活力不足，资源匮乏。随着文明实践工作的推进，志愿者的数量在不断扩大，但对志愿者的素质、能力、志愿服务的质量缺乏有效监管，一些对人、财、物要求较高的大型项目仅靠志愿服务无法解决，全县一盘棋统筹资源的局面尚未形成。

对基层宣传思想文化工作的落实情况以及文明实践中心建成后的使用情况缺乏有效的监督。同时也发现广大人民群众的监督意识不强，比如传习所没有经常使用的情况，没有人及时向上反映，监督意识、主人翁意识不强，自我教育、自我管理意识不足。这也是宣传思想文化工作效果不够突出的表现之一。没有形成定期组织活动的现象，群众接受宣传思想意识不强，仅认为这是政府的工作，彼此间没有形成相互监督的关系。

在实地调查时发现，激励机制有待完善，基层工作人员积极性不高。对宣传思想文化工作人员的激励方式有评选优秀志愿者、为工作人员购买保险等，针对基层人员的需求以及经济文化程度来说，生活必需品的需求相对比

较大、实用性强，但是针对生活必需品的发放和鼓励相对较少。没有针对农村实际需求给予对应的鼓励措施。

四 加强基层新时代文明实践中心建设的对策与措施

（一）在思想上加强引领，明确定位，规范运行体系

1. 充分发挥基层党组织的作用

农村基层党组织是党在农村各项工作开展的排头兵，在社会基层治理中发挥引导核心的功能，对农村的各项发展起到至关重要的作用。加强和改进基层思想政治工作，推动乡村全面振兴、满足农民精神文化生活新期待，要以新的思路理念、体制机制、方式方法，构建农村基层思想政治工作的新阵地、新平台、新载体，让党的宣传思想工作在基层实起来、强起来，更好地教育和引导广大群众，有力推动农民全面发展、农村全面进步。

在政策宣讲方面，江苏宜兴开展高等学校和宜兴多个文明实践站合作，常态化地开展辅导交流。宣讲队伍讲师团成员接“地气”，有酒店老板、学校教师、青年企业家、返乡大学生等各路人才，赢得听众的喜爱，顺利实现高校思政课能“下”田间，民间讲师能“上”讲台。

全面理解新时代文明实践中心建设的战略部署，将文明实践工作上升到意识形态的高度落细、落实，突出思想价值引领，实现整合资源配置、精准务实高效、志愿服务提升、常态持续长久。将党的建设各项工作，与文明实践工作同部署、同落实、同考核，实践中确保动员到位；用好各级党员，做好联系基层工作的力度，借鉴烟台市芝罘区“联班子促提升、联项目促发展、联企业促服务、联群众促和谐、联信访促稳定、联党建促活力”为主要内容的“六联六促”行动经验，形成文明与党建双向提升的格局。

2. 合理赋权，完善制度设计

建议明确县、乡、镇（村）三级新时代文明实践中心的组织定位并合理赋权，对其履职给予财政支持和人员调度方面的保障，推进各级文明实践

中心通过调研群众需求统筹协调各种资源。加强对全县文明实践工作的制度设计、组织管理，在乡镇（村）实践站（所）的指导服务等方面充分发挥作用。在建设管理、运行机制上探索文明实践的“加减乘”工作法，即“人文关怀做加法、破除短板用减法、阵地建设用乘法”，确保新时代文明实践中心建设定位准、方式活、队伍强、保障实、效果好。

（二）在宣传上加大力度，依托网络新媒体扩大社会影响

引领文明实践中心活动开展的目的是不断丰富农民群众的精神文化生活，凝聚农民群众的思想力量，切实打造农民群众的精神家园。这需要有更多的群众参与其中，自然少不了宣传工作，通过多维宣传，营造出良好的志愿服务氛围。

第一，深抓典型引领。在全市范围内开展“优秀志愿者”评选活动，并通过微信等媒体平台予以报道，以典型人物为引领，吸引更多群众参与文明实践。

第二，强化面上氛围营造。将开展的各项志愿活动通过微信、报纸、电视等媒体进行宣传报道，提升志愿服务的影响力和志愿者的参与认同感、获得感，营造共同参与文明实践志愿服务的良好舆论氛围。

第三，发挥学校团组织的作用，通过寓教于乐的方式将移风易俗、文明礼仪、文明习惯等知识传授给中小学生，再通过中小学生将此类知识传播到其家庭中，让每个家庭践行文明。

（三）在统筹志愿队伍上，加强志愿者队伍建设和管理

针对基层普遍存在的志愿服务队伍人员不足、积极性不高等问题，应通过健全队伍体系、整合社会资源、开展褒奖激励、加大资金投入等来壮大文明实践志愿服务队伍，推动志愿队伍向制度化、规范化、专业化发展。

1. 整合志愿资源，构建志愿服务覆盖网络

纵向上建立县、镇、村三级新时代文明实践志愿服务队伍，并以服务总队、服务大队和服务小队方式开展活动。镇、村层面注重吸收群众身边威信

高、口碑好的老党员、老干部、道德模范典型、乡土文化人才等，实现县、镇、村志愿服务队伍全覆盖。

横向上发挥市级部门的专业和职能优势，建立理论宣讲、教育、文化、科学技能、健身体育、卫生健康、法律法规等志愿服务联盟，分别由相关市级单位参与。各联盟以联盟领导单位为主要牵头部门，定期协商，制定联盟文明实践方案，统筹联盟内志愿服务队伍、活动资源，开展志愿服务活动。

此外，通过“请进来、走出去”的方式，发挥各层面各领域的理论宣传力量，既整合吸收社区干部、退休老党员、群众骨干、驻街单位负责人等宣讲员，又积极邀请省、市、区宣讲团，专家学者以及区内机关干部和先进典型走进基层开展宣讲，打造专兼统一、内外结合的宣讲队伍。

2. 注重网上网下相互促进

充分利用“互联网 +”、新媒体等技术，统筹谋划县级融媒体中心等项目和新时代文明实践中心。建立志愿服务平台，将志愿者服务记录登记在册，开设微信公众号，增设“新时代文明实践”专栏，开展群众需求征集，扩大文明实践领域，拓宽服务渠道，做到文明实践网上网下同步、线上线下互动，方便群众随时随地学习交流，推动线上线下融合发展。

（四）在群众需求导向上，按需开展工作，提高群众参与度

江苏宜兴在落实群众需求方面的经验值得我们借鉴。宜兴 1 个中心、18 个所、312 个站全部实现服务需求“点单—制单—买单”的良性循环，实现常态化开展精准服务。居民如有服务需求，既可以就近向站、所反映，也可以上网提交，各部门和志愿服务队在需求菜单基础上有的放矢地开展服务。

以群众需求为导向，精准定位，开展针对性服务，实施精准传播。创新活动载体，通过群众喜闻乐见的志愿服务活动，进一步提升群众获得感、参与感。创新表达方式，注重语言体系的转换，化深奥理论为群众语言，化学术语言为生活语言，让群众愿意听、听得懂。主动设置议题，策划群众喜闻乐见、乐于接受的话题，在春风化雨、润物无声中引导舆论。创新传习方式，让党的创新理论“飞入寻常百姓家”，打通宣传群众、教育群众、服务

群众的“最后一公里”，更好地满足人民群众日益增长的精神文化需求。因地制宜，结合当地特色开展丰富多彩的文艺活动。顺应时代传播移动化、社交化、视频化的趋势，运用新方法、新媒体、新业态，推行“网络传习”，强化互动理念，在互动传播中影响人，真正做到凝聚人心、形成共识。

要坚持以人民为中心、以基层为重点、以群众评价为标准，加强农村宣传文化资源的开发利用，运用生活化的场景、日常化的活动、具象化的载体，促进文明实践活动开展，培育文明乡风、良好家风、淳朴民风。

参考文献

［1］中共慈溪市委宣传部：《探索新时代文明实践中心建设“慈溪路径”》，《思想政治工作研究》2019 年第 1 期。

［2］共青团诸暨市委：《青春助力“新时代文明实践中心”建设》，《中国共青团》2019 年第 1 期。

［3］华雯文：《融传习之魂　奏时代强音——记长春市绿园区丰和社区新时代传习所》，《新长征》2018 年第 7 期。

［4］张建光：《实现传习所（站）全覆盖　推动“大学习”取得新成效》，《思想政治工作研究》2018 年第 7 期。

B.11
洛阳城市书房建设研究报告

秦　华*

摘　要： “河洛书苑”城市书房是洛阳市深化“书香洛阳”建设、构建“15分钟阅读圈”文化惠民工程的创新举措，有效拓展了公共文化服务的时间和空间，打通了公共图书馆文化服务的“最后一公里”。文章从洛阳市城市书房建设背景和意义出发，介绍了城市书房建设运营的模式和成效，从服务供给、服务效能、可持续发展等方面对洛阳公共文化服务的巩固和提升进行了路径探索。

关键词： 城市书房　河洛书苑　全民阅读　公共文化服务

“河出图，洛出书，圣人则之。”洛阳自古就是一座崇文尚读的文化名城。近年来，洛阳市持续提升公共文化服务体系建设，深入实施文化惠民工程，以“河洛书苑”城市书房建设为抓手，在全市积极推进全民阅读“书香洛阳”建设。城市书房是洛阳大力推进书香城市建设的创新举措，通过完善服务场所、创新运营模式、构建服务体系、营造浓厚氛围，打造“15分钟阅读文化圈”，大大拓展了公共文化服务的时间和空间，打通了公共图书馆文化服务的“最后一公里”。2018年，洛阳城市书房建成开放110个，其中城市区63个，县（市）47个。全市城市书房建筑面积1.7万余平方

* 秦华，洛阳市委党校讲师，研究方向为公共文化。

米，藏书超过61万册，全年接待读者230万余人次，图书借阅量55万余册次。[1]“河洛书苑”城市书房，业已成为洛阳的“精神地标”和市民的“精神文化粮仓”。

一 洛阳市“河洛书苑”城市书房建设的背景及意义

全民阅读是提高国家文化软实力的重要手段，是提升公民素质、建设文明城市的重要途径，是丰富人民群众精神文化生活的重要方式。自2012年以来，全民阅读连续六年被写入政府工作报告，一系列扶持文化发展、推进文化设施建设的政策陆续出台。倡导和推广全民阅读，成为重要的国家文化发展战略。党的十九大报告提出，要完善公共文化服务体系，深入实施文化惠民工程，丰富群众性文化活动。为深入实施文化惠民工程，市十一届五次全会审议通过《中共洛阳市委关于深入学习贯彻党的十九大精神决胜全面建成小康社会开启新时代洛阳全面建设社会主义现代化新征程的意见》，文件明确指出：“深入实施文化惠民工程，建设‘书香洛阳’。”近年来，洛阳市先后在人口密集、交通便利的区域或公共场所，建设“河洛书苑”城市书房，打造“15分钟阅读圈”，建设“书香洛阳”，不断满足人民日益增长的对文化生活的需要。“河洛书苑”城市书房建成开放后，群众参与度持续高涨，社会的阅读氛围日益浓厚，得到了社会各界的高度赞誉和新闻媒体的持续关注。

（一）城市书房建设是贯彻落实新时代文化建设基本方略的具体举措

当前，洛阳市民的需求已由主要满足物质需求转化为主要满足精神需求。文化建设的核心就是满足人的精神需求，文化需求是满足人民日益增长的美好生活需要的重要内容。洛阳市深入贯彻落实党的十九大重要精神和新

① 数据来源：洛阳市文化广电和旅游局。

时代文化建设基本方略，坚定文化自信，推进“书香洛阳”建设提升，通过“河洛书苑”城市书房建设，倡导全民阅读，以文化城、以文化人，给市民提供便捷、安静的阅读公共空间，有效满足了人民日益增长的美好生活需要。

（二）城市书房建设提升是落实全民阅读国家战略的重要行动

一个国家、一个民族的思想基础和核心价值体系建设离不开全民阅读的支撑。中华民族作为诗书礼仪之邦，历来都有重视读书的传统和底蕴，构建中华民族的共有精神家园，实现伟大复兴中国梦同样也离不开全民阅读潜移默化的影响。洛阳市委市政府站在推动国家战略实施的高度，通过构建“书香洛阳”，积极推进“河洛书苑”城市书房建设，在工作上及时指导，在政策上大力扶持，在投入上切实保障，全力推动城市书房建设有序开展。城市书房集阅读空间、馆藏书籍、舒适的设计理念以及多样化的活动于一体，为大力推广全市市民阅读、保障阅读活动有效落地打通了渠道，成为阅读推广的重要推手，让全民阅读国家战略在洛阳落地生根、开花结果。

（三）城市书房建设是持续提升公共文化示范区建设、开启文化强市新征程的重要支撑

多读书，读好书，不仅使人长知识开眼界，而且能陶冶情操，愉悦身心，还能提高人的认识能力、辨别能力和思想水平，有利于树立正确的世界观、人生观、价值观。城市书房的建设遵循普遍均等、就近服务的原则，地址大多选在交通便利，市政配套设施良好的区域，在建设运营中实现建设与管理服务“八统一”，并与洛阳市图书馆实现免费借阅，通借通还，为广大市民积极创造便利的阅读条件，激活了广大市民的阅读需求。城市书房无论是在区位选择还是功能服务上，都弥补了城市公共阅读空间不充分、不均衡的缺点，有效实现了城市公共文化服务圈的打造，使居民可以就近享受公共文化服务的便利，有效地提升了洛阳城市文明程度。

二　洛阳市“河洛书苑”城市书房建设运营概况

洛阳市自2016年成功创建国家公共文化服务体系示范区以来，一直加大对公共文化服务的投入，出台了《洛阳市国家公共文化服务体系示范区巩固提升规划（2017～2020年）》，使公共文化服务均等化水平不断提升，使更多的人可以享受到公共文化服务带来的成果。2018年，洛阳市围绕“书香洛阳”建设，以城市书房建设为突破口，加快构建全民阅读服务体系，全市建成并投用城市书房110座，全市居民中“爱读书、读好书、善读书”的阅读氛围日渐浓厚。河南省省长陈润儿在全省百城建设提质工程暨文明城市创建工作推进会上称赞洛阳城市书房建设：“小书屋是大民生，小书屋是大文化，小书屋是大幸福。”

（一）加强组织领导，健全公共文化建设体制机制

洛阳市把“书香洛阳”建设作为巩固国家公共文化服务体系示范区成果的一项重点工作，专门成立了洛阳市全民阅读工作推进领导小组，制定了《洛阳市“书香洛阳”建设提升实施方案》《洛阳市城市书房建设提升实施方案》，明确了各县（市、区）和市直各委局的主要责任、任务分工、推进计划和完成时限，在全市建立起横向到边、纵向到底的工作网络。建立领导小组推进协调例会，推进台账、信息通报等工作制度，及时发现解决城市书房建设推进中的各类问题，形成“一级抓一级、层层抓落实”的工作机制。洛阳市将城市书房建设纳入重点民生实事，市财政对市级公共文化单位开展的全民阅读工作提供保障，2018年市级财政投入2000万元用于书香洛阳建设提升，市县两级共计投入3000余万用于城市书房建设，打造“15分钟阅读圈”。同时，市财政对阅读推广工作表现突出的予以奖补，积极探索建立社会力量参与机制，以政府投入撬动更多社会力量的参与和投入。

（二）强化项目管理，构建城市书房建设的“洛阳特色”

2018年初，洛阳市将城市书房建设工作列入全市重点民生实事强力推

进，在人口密集、交通便利的区域或公共场所，建设“河洛书苑”城市书房，年度内全市建成开放110座城市书房。

1. 规划引领，实施科学选址

洛阳市在城市书房建设过程中，始终坚持以人民为中心，在规划选址上，充分考虑城市规划、基础设施、人群分布等综合因素，以“三靠近”原则进行科学选址。一是靠近群众生活的核心区。在布局中，按照“均衡布局、集约节约、便民利民、突出特色”的原则选择书房建设位置。如洛龙区城市书房选定的洛阳市民之家、泉舜购物中心，老城区选定的洛邑古城文峰城市书房等均为市区交通便利、人流密集、闹中取静的核心位置。二是靠近群众休闲的核心地。在规划设计中，注重与周边环境特点、历史文化遗存相融合，着力打造各具特色的阅读品牌，不断提升城市书房吸引力和口碑效应。如西工区体育场路城市书房和上阳宫文化产业园城市书房按照“周韵唐风、文化西工”的理念建设，王城公园城市书房和工人俱乐部城市书房分别结合牡丹文化、劳动者服务等特点进行设计布局，让群众在赏花游园、劳动休憩之余，享受高品质阅读服务。三是靠近公共服务重点区。调动社会各方面参与积极性，推动“书香洛阳”城市书房阅读服务点走进宾馆、商场、医院、车站机场等公共服务场所和人员密集场所，目前已在洛阳大酒店、东山宾馆等场所部署了阅读服务点，巩固了发展成果，延伸了服务范围。

2. 标准化建设，强化建设运营一条龙管理

洛阳市在“河洛书苑”城市书房建设过程中，实现建设与管理服务“八统一”，即统一书房名称，结合地方特色，将所有城市书房统一命名为“河洛书苑”；统一制作悬挂LOGO标识，并对书房标牌进行亮化，提升“河洛书苑”城市书房辨识度，便于群众快速识别书房位置；统一开放时间，所有城市书房开放时间每天不少于12小时、全年无休，群众凭借阅证、身份证刷卡进入；统一配置图书资源，所有城市书房图书集中采购，种类众多，复本率低，定期流转，满足群众多样化阅读需求；统一配置自助设备，统一配备自助办证机、自助借还机、电子书下载机等智能设备，

建立电子图书档案和互联式借书系统，群众携身份证即可自助免费借还书籍、下载电子书等，可享受方便快捷、全市通用的全自助办证、借还书服务；统一培训工作人员，各城市区以政府购买服务方式增加管理人员，组建了城市书房管理团队，面向社会招募志愿者，参与城市书房管理，市图书馆统一开展专业化管理培训，保障书房日常高效有序运行；统一服务标准，统一编目，分类上架，实现自助办证、通借通还，一处办证、多处借阅，与全市各级图书馆、流动图书车等实现通借通还；统一配置便民服务设施，所有城市书房均配备空调、饮水机、急救箱、老花镜、雨伞等便民设施，为群众提供更贴心的服务。①

3. 政府主导、社会参与的运作模式

洛阳市“河洛书苑”城市书房采取“政府主导、社会参与、统一管理”的模式进行，采取市级财政投入资金补贴城市区设备和图书、以区政府为建设主体、整合社会资源建设书房建筑物的模式推进，通过撬动社会力量参与城市书房建设，有效降低了建设投入和运营成本。随着社会关注度增加，首批城市书房建成投用后，各部门各行业踊跃参与，城市管理局将部分公园管理用房用于城市书房建设，市总工会利用职工文化活动场所合作建设城市书房（智慧职工书屋），市教育局将部分直属中小学门面房收回用于城市书房建设，市新华书店积极选址合作建设“尚书房”城市书房。同时，鼓励实体书店积极参与公共文化服务，云集图书馆、西西弗书屋、澄明之境书店、慢时光路栖书吧等一批引领全民阅读和具有示范导向作用的实体书店相继为市民提供阅读服务。

4. 以文化城，推广特色活动

洛阳市在城市书房建设中始终坚持将特色活动与弘扬主旋律有机结合，通过持续创新文创服务和开展特色活动，赢得了市民和社会各界的高度赞誉。一是营造良好阅读环境。城市书房结合群众阅读需求，设置了儿童阅读区、成人阅读区、历史文化区、文创产品展示区等特色区域，方便读者检索

① 朱艳艳：《我市建成开放103座城市书房》，《洛阳日报》2018年12月3日。

查找书籍，体验文创服务。二是突出红色教育品牌。全市城市书房均摆放《党的十九大报告》《习近平谈治国理政》等党建理论书籍，让群众在潜移默化的阅读过程中接受红色教育和熏陶。三是丰富阅读活动载体。结合倡树家风活动，开展了“弘扬优秀家风、打造书香家庭”“书写新气象、送出好春联”等活动；结合重阳节等传统节日，在城市书房组织开展“夕阳红”读书会、健康知识讲座、插花艺术讲座等活动，深受群众欢迎。面向少年儿童，设立儿童阅读区，大力推广社会主义核心价值观和优秀传统文化，定期开展手工沙龙、亲子故事会、阅读理论讲座等品牌活动，倡导少儿阅读和亲子阅读。与司法等部门合作在城市书房组织开展法制讲座、党史讲座等活动，社会效果良好。通过吸引各类人群广泛参与，城市书房的作用不断显现，人民群众的文化获得感、幸福感不断提升。

2019 年 1 月，全市城市书房接待读者 58 万余人次，文化供给侧服务模式创新倍增效应凸显，群众的阅读激情被点燃。春节期间，城市书房免费开放备受欢迎，各城市书房“书迷”盈门，全市 110 座城市书房每天免费开放不“打烊”，200 余名管理人员坚守岗位，“新年新目标，学习新知识”等 63 场春节主题读书活动主题鲜明，7 天假期全市图书馆城市书房共接待读者 15 万余人次，充分显示了洛阳的文化底蕴和书香氛围。

三　洛阳市城市书房建设成效

2018 年以来，洛阳市以“河洛书苑”城市书房品牌建设为引领，全力开展全民阅读设施服务网络“三个一”建设，公共图书馆、基层文化服务中心图书室、城市书房、社区书房（农家书屋）、24 小时自助图书设备、线上图书馆、流动图书车等设施网络日益完善，“15 分钟阅读文化圈”和通借通还、方便快捷、服务规范的城乡一体化阅读体系初步形成。城市书房的构建为洛阳市全民阅读活动蓬勃发展奠定了坚实的基础，各县区城市书房通过开展丰富多彩的读书活动和主题服务活动，使全市“爱读书、读好书、善读书”的阅读氛围更加浓厚。

（一）全民阅读设施服务网络日益健全

公共文化设施是公共文化服务供给的基础和载体，其完善程度直接影响着公共文化资源和服务供给水平，没有布局均匀、全面覆盖的设施网络体系，公共文化活动就难以开展。洛阳市在公共文化服务体系持续提升建设中，以城市书房建设为载体，健全了全民阅读设施服务网络，实现了体系建设的高质量发展。

目前，洛阳全市各县（市、区）均建有公共图书馆，共建成中心馆1个、总馆16个、分馆202个，初步形成了以市图书馆为中心馆、各县（市、区）图书馆为总馆、乡镇文化站（街道文化中心）为分馆、基层文化服务中心图书室作为基层服务点的总分馆体系。“河洛书苑”城市书房的建设，实现了中心馆、总馆与110个城市书房共建共享图书资源，构建了以人为本、高效便捷的都市公共图书馆服务体系和城市“15分钟阅读文化圈”。同时，城市书房24小时全天候开放，拓展了传统图书馆开馆时间，开辟了永不闭馆图书馆服务新格局。城市书房的选址、建设大多选在社区、学校、公园等人员集中的区域，节约了读者借阅图书的交通成本和时间成本，为市民阅读提供极大便利，促使广大市民能够普遍均等地享受图书的基本服务，让“人人享有”图书变成现实，极大地丰富了市民的精神文化生活。

洛阳市以城市书房建设为载体，不断创新图书借阅服务模式，利用“互联网+”服务，筹划建设全民阅读数字平台，通过线上借阅、线下配送的方式，让读者足不出户就能方便快捷地借还图书。全民阅读数字平台投入使用后，一是为读者提供个性化服务，实现图书荐购功能。对读者自选的新书（根据馆藏规则及实际需求订购）可通过图书馆网站、微信服务号提交图书馆，由图书馆采购加工后即可借阅。二是通过大数据分析各个图书馆及城市书房的借书信息和读者阅读爱好，实行精准购书、精准配书、定期流转各城市书房图书配置，最大限度满足读者阅读需求，为读者进行个性化推荐。三是通过对接“芝麻信用”，实现“免押金、免办卡”模式生成信用读者用户，让读者享受到更便捷的服务。四是将已建成的城市书房纳入视频监管，实时掌握运行情况，实现远程智能化控制，加强管理，改进服务。通过实时记录并分析全市总分馆系统内所有分馆及城市书房到馆人员情况和接待读者数量，提高图书馆资源利用率和服务质量。

（二）主题读书活动特色化、常态化、多元化

随着洛阳市创建公共文化服务体系示范区的成功，在市委市政府的重视下，洛阳市覆盖城乡的公共文化服务设施网络基本建成，公共文化服务内容日渐丰富。但是，相对于市民日益增长的精神文化需求，洛阳市现有公共文化服务的供给品相对不足、供给利用率相对不高，群众的满意程度一般。洛阳市为持续提升公共文化服务体系的效能，以遍布城乡的城市书房建设为抓手，以群众喜闻乐见的各种文化活动为载体，顺应市民的精神消费新需求，大力推进主题文化活动的特色化、常态化、多元化发展，有效地破解了公共文化服务供给侧结构性矛盾，实现了公共文化服务供给体系质量和效率的改善。

为提升市民对读书活动的参与热情，洛阳市不断丰富“书香洛阳”的内涵，将每月 23 日定为“书香洛阳”主题读书日活动，与市电视台联合打造的“书香洛阳 · 兰台读书会”影响广泛。与洛阳广播电视台、《洛阳日报》等新闻媒体合作开设《河洛书香》《书榜点击》《认真读书》《经典诵读》等专题专栏，持续深入开展阅读推广活动。“青少年爱国主义读书教育活动”等主题读书活动规模和影响不断扩大，在城市书房组织开展的法制进书房、书香女性、少儿阅读分享等主题读书推广活动定期举办，全市各级图书馆及城市书房 2018 年上半年共计组织开展全民阅读宣传推广活动 845 次，惠及 10.8 万余名读者。

此外，“经典诵读大赛”“书香洛阳 · 少年传承中华美德”少儿阅读年系列活动、“你购书我买单”我的图书我做主活动、“书香洛阳 · 河洛诗词大会”“我与洛阳的故事”读书征文大赛等品牌阅读推广项目影响广泛。其中，第三届“书相伴成长”少儿阅读年系列活动，就有 200 多所学校、10 余万人参与。2018 年 4 月 22 日举办的“世界读书日”之首届“书香洛

阳·牡丹杯”经典诵读大赛，参与活动的群众累计达5万余人次，参赛选手达2万余人次，社会影响广泛。

（三）全民阅读进基层成效显著

为深化全民阅读推广和建设，洛阳市运用“阅读+”思维，推动全市各组织机构和行业把阅读推广与行业工作有机结合、把阅读元素与行业发展有效衔接。市全民阅读促进工作领导小组成员单位，全年组织开展全民阅读进农村、进社区、进家庭、进学校、进机关、进企业、进军营活动总计600余次。市教育局组织中小学校开展经典诵读评比活动，各类诵读活动蔚然成风。市直机关工委、市妇联、团市委等部门关注贫困地区儿童和留守儿童，号召社会参与捐赠图书5万余册。“樊登读书会”“企业家读书促进会”等阅读推广组织常年走进机关和学校，广泛开展读书分享活动，取得良好社会效果。

（四）城市书房运营模式创新不断

洛阳市为深入实施文化惠民工程，积极推动全民阅读，建设“书香洛阳”，2017年率先在城市区试点建成大北门城市书房、上阳宫城市书房、青年宫城市书房、太康路城市书房、牡丹广场城市书房首批5个城市书房。截至2018年底，洛阳市完成开放运营110个城市书房，涌现出一批运营创新的特色书房，引领了城市书房功能的拓展和服务效能的高质量发展。城市书房成为市民增长文化知识、培养良好阅读习惯、提升个人修养的精神文化粮仓和阅读阵地新形态。

1. 政企共建，优势互补

上阳宫文化园城市书房是洛阳市西工区首个城市书房，是洛阳市旅游发展集团、洛阳市西工区政府合作建设“书香洛阳”实施的文化惠民工程之一。该城市书房坐落在洛浦公园彩虹桥东侧、洛阳旅发集团下属的上阳宫文化园内。自2018年1月12日面向广大市民免费开放以来，共接待读者30余万人次。上阳宫文化园是一处以盛唐文化为主体脉络，融传统与现代为一体、文化与娱乐相结合的文旅综合体，为广大市民游客提供了一方免费游玩休闲的好去处。市民群众在文化园内赏花游园，休憩之余，能够在上阳宫城市书房享受高品质阅读服务。上阳宫城市书房开放至今，日均人流量约700人次，节假日最高时达每日4000余人次，有力地促进了上阳宫文化园内的餐饮、娱乐等消费，使参与城市书房建设的企业得到了回报，实现了城市书房和文化产业的共建、共享和共赢。

2. 空间共享，功能融合

兴洛湖城市书房坐落于洛龙区兴洛湖公园北侧，是洛阳市首家城市驿站的主体部分。该城市书房与志愿者服务中心、党员之家、新时代文明实践中心等便民设施毗邻，共同构建了城市一体化便民服务站，为广大市民提供休息、志愿服务、阅读学习、便民查询等多功能日常服务。①

兴洛湖城市书房面积200余平方米，书籍7300余册。该城市书房分为主阅读区、儿童阅读区、亲水阅读平台三个功能区，为不同阅读需求的市民提供良好的阅读环境。该城市书房与城市驿站融为一体，成为新时代文明实践中心、志愿者服务中心、党员之家等便民机构的资料信息库、阅读休憩地和文化主阵地。城市书房在共建共享便民设施的同时，通过与城市驿站共同举办道德讲堂、公益课堂、政策宣讲、文化教育、演讲比赛、志愿服务、党建服务、免费亲子活动等形式多样的主题活动和公益活动，有效地拓展了城市书房的服务功能，丰富了市民的文化生活和精神需求。

四　洛阳市城市书房建设运营中存在的不足

洛阳市大力推进“河洛书苑”城市书房建设以来，用短短一年多的时间，完成了从选址、设计、施工、布置到运营的工作，建成110座城市书房，为市民阅读提供了便利，进一步满足了广大市民的精神需求，组织了形式多样的读书主题活动，为“书香洛阳”建设奠定了坚实的基础。但是，在

① 李东慧：《兴洛湖“城市驿站”今起向市民开放》，《洛阳日报》2018年12月17日。

城市书房建设运营中，在服务供给、服务效能、可持续发展等方面还存在一些问题有待改进和完善。

（一）部分县区对项目建设重视程度不够

2018 年初，洛阳市将城市书房建设工作列入全市重点民生实事强力推进，市委市政府每月对各县区城市书房建设进度、完成数量、在建数量进行项目督查和通报。城市书房建设初期，个别县区对书房建设重视程度不够，导致建设缓慢，工期延期，市委市政府对相关负责人进行约谈和公开媒体通报，要求相关责任部门提升政治站位、研究整改措施、倒排工期、确保整改任务落到实处。由此可以看出，部分基层领导对基层文化建设在思想认识上重视不够，存在“重经济建设、轻文化建设”现象，忽视了政府为市民提供公共性服务的责任和义务，忽视了广大群众对文化服务的现实需求和权利。

（二）书房建设资源配置不均衡

基本公共文化服务均等化是近年来公共文化服务体系建设的重点任务，洛阳市在城市书房建设过程中，充分考虑了各县区的经济水平、人口数量等因素，对城市区和县区的建设指标进行区别对待，但是在建设过程中，存在城乡之间、辖区之间资源配置不均衡现象。洛阳市下辖县区中，已建成城市书房的辖区，最少的有 1 座，最多的有 10 座；书房面积最小的 40 平方米，最大的 700 每平方米；藏书量最少的 2000 册，最多的 2.1 万册；书房内座席数最少的 10 个，最多的 110 个。城市区书房的座席数大多在 50 个左右，县区书房的座席数大多在 20 个左右。[①] 由此可以看出，洛阳市城市书房建设辖区差距明显，表现为城市区优于县区，经济带动作用较为明显。

（三）日常管理有待提升

个别城市书房在日常运营中，通过政府采购途径聘任的书房管理人员业

① 《全市已建成城市书房情况统计》，掌上洛阳，http://www.lyd.com.cn/n/882657。

务素质水平不高，在日常管理、主题活动开展等方面存在管理方式不当、活动开展有限等不足，书房管理工作的积极性、主动性、创新性有待提高。个别书房的开放时间不能严格遵守书房规章要求，下午时段存在提前闭馆现象，导致群众满意度较低。

（四）书房运营持续发展存在短板

城市书房是洛阳推进“书香洛阳”建设中的创新工程，洛阳市财政给予了大力的支持。城市书房建设采取“政府主导、社会参与、统一管理”的模式，市级财政投入资金补贴设备和图书，区一级政府为建设主体，主要负责整合区域内的相关资源并进行统一管理，同时激发社会力量参与城市书房建设。书房建设前期投入市县区财政都给予充足保障，但是，一座城市书房（按 50 平方米计算）不算图书配送和场地租赁费用，仅员工工资、水电费用、设备维护费用等一年也要十几万元。城市书房由于没有专项经费保障，一旦县区财政资金得不到保证，则会导致书房无法进行正常的图书更新、设备维护、日常管理和运营。

五　洛阳市城市书房建设持续提升的措施

洛阳市积极推进的“河洛书苑”城市书房建设是提升城市公共文化服务、提高市民文明素质、塑造良好社会风尚的重要抓手和载体。为深化“书香洛阳”建设提升工作，洛阳市委市政府践行以人民为中心的发展理念、以满足人民日益增长的美好生活需要为准则，持续深化公共文化服务供给侧结构性改革，通过全方位的提升城市书房建设，推动全民阅读向更高质量、更有效能、更加公平、更可持续的方向发展。

（一）规划引领，统筹推进

为巩固提升洛阳市“河洛书苑”城市书房建设成果，构建“15 分钟阅读圈”，完善阅读服务网络，洛阳市文化广电和旅游局按照市委十一届九次全体（扩大）会议，第113次书记专题会议和市重点民生实事工作要求，下发了《2019年洛阳市城市书房建设提升工作实施方案》（洛创文指办〔2019〕1号），实施城市书房服务提升项目，2019年度内新建50座城市书房（城市区30座，县市20座），管好用好已建成的城市书房，提升服务效能。文件要求各县（市、区）认真研究、全面统筹、加快部署、抓好落实，全面完成2019年度城市书房建设提升任务。①

洛阳市各县（市、区）主管领导高度重视，积极认领任务，强化考核督查，对辖区内城市书房建设数量、选址要求、配置要求、功能要求、运行要求等进行了周密翔实的布置和安排。通过筹划新建一批城市书房，提升改造一批"社区书房"，提升公共文化服务效能，切实提升居民的幸福感和获得感，让市民真正感受到现代化品质的文化气息和文化氛围。

（二）强化管理，提升效能

城市书房建设是广受人民群众欢迎的民心工程，是顺应时代发展新趋势和人民消费新需求的重要保障。为深化城市书房的服务效能，城市书房建设的工作重心应实现由"建"向"管"的转变。一是通过加强指导、规范管理，在提升服务上下功夫，做好管理服务"后半篇"文章。二是提升城市书房智慧管理水平，通过大数据分析、远程智能控制等技术措施，提高城市书房管理水平，实现"无人值守"与"有人服务"相结合的模式，更加高效地提高城市书房的服务效率，加快推进全民阅读数字平台建设，提升读者阅读体验。三是做好图书流转工作，采取政府购买服务、服务外包形式，实现城市区城市书房图书定期流转、常态化更新，更好地满足读者需求。四是指导县（市）做好图书馆总分馆体系下的阅读服务工作。②

---

① 资料来源于《关于印发〈2019年洛阳市城市书房建设提升工作实施方案〉的通知》（洛创文指办〔2019〕1号）。

② 王胜昔、常书香：《洛阳满城是书香》，《光明日报》2019年2月26日。

（三）均衡布局，深化“阅读+”

为使“河洛书苑”城市书房健康可持续地发展，必须要在全市范围内广泛开展阅读推广活动，让阅读活动深入人心。通过政府引导和社会参与，充分发挥各部门和公益人士的主观能动性，依托城市书房，开展专题讲座、交流笔会、经典诵读等阅读分享活动，扩大城市书房影响力，提高辖区群众知晓率和书房利用率，使书香社会的氛围更加浓厚。同时，应强化创新、均衡布局，促进阅读服务提质升级。一是根据群众需要，按照“15 分钟阅读圈”的标准要求，在已建城市书房覆盖不到的区域谋划建设一批新的城市书房；在人流量大的合适点位布局建设朗读亭，及时补充完善城市书房布局，擦亮城市书房这一文明城市靓丽名片。二是提升社区书房（农家书屋）服务效能。联合洛阳市委组织部，提升城区社区图书室和党建书屋服务效能，改善阅读环境，延伸服务到社区（农村），与公共图书馆、城市书房、流动图书车等共同形成“15 分钟阅读圈”。

城市书房建设符合人民群众对美好生活的向往，契合文化体制改革的精神，是古都洛阳的精神驿站、文明路标、城市窗口。“河洛书苑”城市书房业已成为洛阳一道独特的文化风景线。随着“全民阅读”活动和“书香洛阳”建设的深化，城市书房作为新时代新形态的文化供给窗口，必将成为增强市民文化获得感、幸福感的文化惠民抓手；必将成为洛阳市传承城市文脉、提升文化品质、构建文化传承创新体系的文化品牌工程；必将成为提升洛阳市文明程度和城市文明形象、持续创建全国文明城市的重要精神地标。

区 域 篇

Reports on Regional Culture

B.12
偃师市旅游产业发展报告

偃师市县域旅游研究课题组*

摘 要： 偃师市各类型旅游资源相对齐备，尤其文化旅游资源更具得天独厚优势。文化是基础，是土壤，但能否在这片文化沃土上生长出旅游产业，就得看是否能在产业化方向上进行合理有效的精耕细作。缺乏投入与运作，文化资源只能是空中楼阁供人瞻仰，拿来当作文化谈资，无法真正造福一方百姓。有丰沛的文化旅游资源，更要有将其转化为旅游产业的理念与执行力。偃师目前的文旅资源偏重于文化意义，产业价值相对缺失，可持续发展不足，旅游产业发展将会让文化“保值增值”，真正让偃师的历史文物变为“活标本”，让更多人

---

* 课题组组长：秦冰冰，中共偃师市委党校党委书记、常务副校长。课题组成员：王冬冬，河南省社会科学院偃师分院干部，研究方向为县域经济文化；蔺霄明，河南省社会科学院偃师分院干部，研究方向为县域经济文化。

感知与了解偃师文化。本文从偃师旅游发展的现状、存在问题、对策建议入手，旨在多角度剖析偃师旅游产业发展滞后症结，切实推动偃师旅游业的春天早日到来。

关键词： 偃师市　旅游产业　二里头遗址博物馆

随着我国国民经济持续增长，国民生活水平不断提高，旅游业正在成为经济发展新常态的重要增长点，并逐渐发展成为综合性、集群化的现代产业体系。为全面整合旅游资源，实现旅游业转型升级和跨越发展，近年来偃师市陆续出台《偃师市全域旅游规划》等规划意见，提出要努力打造“都城文化”“玄奘文化”“根源文化”“书法文化”“诗词圣地”五大文化品牌及“夏商古都　玄奘故里”文化旅游品牌。但是，拥有丰富文旅资源的先天条件与偃师旅游业实际运作现状反差巨大，各类旅游规划更多停留在纸面上无法落地，优质旅游资源亟待转化为能真正产生经济效益的旅游产业。

一　偃师市旅游产业发展现状

偃师历史源远流长，文化底蕴深厚，域内具有众多的历史文化旅游资源和自然生态资源，旅游产业发展潜力巨大。按照建设规划，目前二里头遗址博物馆及遗址公园工程进展顺利并将于10月对外开放。二里头遗址文化旅游有望成为偃师旅游业进一步发展的主引擎，为县域旅游产业的整体提升带来新的契机。

（一）文化旅游资源丰富

偃师位于华夏文明腹地，素以“华夏第一王都”闻名于世，是中华文明主要发祥地之一。境内二里头遗址、商城遗址、汉魏故城遗址在全国有较高知名度，有全国重点文保单位11处，省级文保单位12处，洛阳市级文保单位18处，馆（库）藏文物4万余件。偃师是唐代高僧玄奘的故乡，境内有不少历史文化名人陵墓，如秦相吕不韦、唐朝武则天长子李弘、诗圣杜甫、著名书法家颜真卿、清代书法家王铎等。偃师被认定为中原客家先民首次南迁出发地，2009年“中原客家先民南迁圣地纪念碑”在虎头山下的落成标志着偃师作为客家先民南迁纪念地得到广泛认可。

（二）旅游发展规划布局思路清晰

立足本地旅游资源实际，偃师着力建设四大文化旅游区。一是以“探源、寻亲、归根”为文化主题，依托夏都二里头遗址、商城遗址、汉魏故城遗址、洛河和客家南迁出发地，建设偃师都城文化传承区，重点打造二里头夏都遗址博物馆项目，使其成为偃师乃至洛阳旅游的重要名片。二是以“大唐盛世、三藏佛光”为文化主题，依托玄奘故里、唐恭陵、升仙太子碑、滑国故城、刘国故城，建设玄奘文化创新区，重点打造玄奘故里文化旅游区项目。三是以“朝圣之旅”为文化主题，依托汤王陵、晋帝陵、颜真卿墓、杜甫墓、王铎墓等名人墓葬以及北邙山沿线传统文化村落和自然地貌，建设北邙文化展示区，重点打造山化传统村落项目，保护、开发传统民居、窑院，发展乡村旅游。四是以“山林生态休闲”为文化主题，依托太口双龙山森林公园、缑氏黄金大草原、府店香炉寨、五佛山等，建设伏牛山生态旅游体验区，重点打造双龙山原生态森林公园项目，充分利用森林、山水自然资源，建设偃师城市后花园。

（三）二里头夏都遗址博物馆及遗址公园建设有序推进

偃师旅游的重点是历史文化旅游，重中之重是二里头历史文化旅游。作为国家“十三五”重大文化工程，2018年6月11日，二里头夏都遗址博物馆正式开工奠基，2019年10月在二里头遗址发掘60周年之时与二里头考古遗址公园一期工程同步建成并对外开放。为进一步发挥遗址博物馆对文化旅游的带动效能，偃师市商投公司与中成公司于2018年11月合作成立“偃师夏都文化旅游发展有限公司”，由该公司对游客服务中心、停车场和遗址公园周边配套工程进行投资、建设与运营，并运营考古遗址公园。二里头遗址整体项目成为全国大遗址保护、展示和利用的示范区，中国早期国家形成和发展研究展示中心，以及夏商周断代工程和中华文明探源工程的研究、展示基地。博物馆的建成在形成一种文化规模效应的同时，也有力促进与其关联度最高的旅游业发展，由参观人员所带来的饮食、住宿、购物消费等均可产生可观的经济效益。对大型遗址的整体保护和合理展示，不仅可以提升公民的历史文化素养，还可以增强城市文化软实力和综合竞争力，通过美化城市人文生态环境，拉动古城文化旅游，促进区域经济发展，发展前景值得期许。

（四）旅游资源向旅游产业转化状况不理想

发展旅游需要有开发建设相对完备的实体景区等客观载体作支撑，就偃师旅游资源向旅游产业转化来看，发展现状不够理想。偃师现正式对外开放的景区有商城博物馆和玄奘故里，不完全具备对外接待条件但有零星游客游览的景区有唐恭陵、二里头遗址、升仙太子碑、商城遗址公园、双龙山森林公园、黄金大草原、唐僧寺、颜真卿墓、会圣宫碑、游殿光明传统民居等。商城博物馆作为基层文化单位，其承担的文化研究及普及功能较为明显，受众人群相对小众，产业意义较弱；玄奘故里景区开发几经周折，目前整体建设尚不到位，虽然名声在外并以景区模式对外售票，但实际游客量有限，景区基础设施维护不完备，因保护不力年久失修等因素出现破损，不具备一个成熟景区正常运转条件，各项建设遗留问题尚待解决；按照建设计划，二里头夏都遗址博物馆和二里头考古遗址公园一期工程于2019年10月建成并对外开放，未来其对于偃师旅游业发展带动的效力如何尚待论证。整体来看，偃师各个旅游景点开发粗放有余，精细不足，开发的规模小、档次低，景区自身基础设施建设普遍不到位，更谈不上产业链的延伸发展，没有真正拿得出手的亮点。

二　偃师市旅游产业相对滞后的原因分析

偃师旅游产业虽然近年来得到了一定程度的开发利用，但是与丰富厚重的历史文化资源相比，与省、市及周边县域旅游产业的整体发展现状与水平相比，偃师的旅游产业开发显然有些滞后，存在部分重要文旅资源被闲置的现象，一些问题亟待解决。

（一）文保政策的限制

国家文物保护法和地方文物法规对于古遗址特别是全国重点文物保护单位和世界文化遗产有非常完备的保护措施，对保护区内的基建有严格规定，在古代都城密集分布、面积宏大的偃师，城市发展受到文物保护的严重制约，如华夏路西延工程受制于商都遗址保护需要，多年未曾打通，文保与城建的矛盾由来已久。就旅游业发展来讲，偃师文化资源最为著名的是二里头遗址、商城遗址和汉魏故城遗址。三者是国家重点文保单位，还列入了国家大遗址保护规划，另外像唐恭陵、邙山陵墓群、滑国故城等，都属于全国文物重点保护单位。按照《中华人民共和国文物保护法》规定，国有文物所有权受法律保护，保护第一，在此前提下方可适当开发利用，这就为偃师文化旅游开发带来了很大难度。一边是价值极大、知名度很高的历史文化资源，一边是守着“金饭碗”却找不到开发利用的途径。只强调保护为主而忽视合理利用，是不可持续的保护，并不能真正做到有效保护。以前对偃师的文物遗址过于强调保护，利用着力不多，唯保护论使保护本身也变得困难重重。如何破解这一难题，需要进一步深入研究，寻找合适的路径和方式。目前二里头夏都遗址博物馆及二里头考古遗址公园的建设与未来深度开发或许会为此难题打开解决的通道。

（二）县域经济产业发展定位的侧重

作为洛阳市下辖唯一的县级市，偃师被列为国家级重点开发区域，是河南省经济扩权市、对外开放重点市、城乡一体化试点市，民营经济起步早、门类全、基础条件好，发展定位一向是以工业立市。2016 年 10 月出台了《中共偃师市委偃师市人民政府关于构建现代产业体系的实施意见》，确定了“222”现代产业体系，明确了以文化产业为特色产业，着力促进文物保护利用、文化传承创新、休闲观光旅游业融合发展。但长期以来受本地产业发展定位局限，以及旅游业前期基础投资巨大、资金回报周期长等产业条件制约，对文化旅游资源的挖掘不到位、不充分，对文旅产业的合理化开发认识不足、着力不够，旅游产业在全市整体产业体系中的价值与贡献比较微弱。在周边县域文旅产业大发展的背景下，偃师没有充分有效地推动本地旅游产业的真正发展，以文化产业为特色产业的说法更多停留在规划层面。

（三）历史文化研究多，产业开发研究少

旅游产业要有大的发展，必须注重资源转化。把文化资源优势转化为发展优势，是发展文化旅游的根本路径。整合各类型文旅资源从而实现产业转化，这一问题不论从理论层面还是从实践层面来看，偃师都没有给予很好解决，没有找到具有偃师特色的文旅产业发展路径。基于本地历史渊源深厚，关于偃师历史文化研究的各类型资料汗牛充栋，而从偃师文化资源的产业开发角度去探讨的文本相对就很少，尤其是立足本地实际、具有产业发展可操作性的研究相当缺乏。另外研究本地历史渊源、风土人情的文本不少，但是向旅游语言系统转化的研究相对欠缺，景区内的景观文本介绍、导游解说词、宣传资料的介绍内容等都有待充实，阳春白雪曲高和寡，未必符合大众旅游口味。

（四）文化价值大产业价值小，缺乏龙头品牌的带动示范

偃师众多历史遗迹具有极高的文化意义与考古价值，但单体规模较小，布局分散，相互间关联度小，没有形成有效配合，一定程度上制约了文旅产业的发展。从旅游欣赏角度看，普遍可观赏性不足，缺乏文化内涵的挖掘与

延伸，有的景点只是一座陵墓、一块墓碑，粗放简朴有余，精细美感不足。如玄奘故里基本设施建设虽初具规模，依然显得过于粗放，无论基础设施还是卫生环境等均有明显不足；唐恭陵作为国家文保单位，没有围墙隔断，周边秩序不够理想，内部保护设施不够完善，以景区设置标准来衡量距离尚远；有大量历史名人墓葬尚待合理开发利用等。文化旅游的开发与设置需要有置身其间的美感以及文化欣赏带来的情操陶冶，偃师各个景区与成熟的景观欣赏要求尚有差距，亟待打造能起示范带动作用的金牌景区。旅游产业要做大做强，一定要有品牌意识，需要通过打造品牌扩大景点乃至地区知名度和影响力，从而产生更大更广泛的经济和文化效益。偃师目前缺少具有高知名度的旅游品牌，这是偃师旅游产业的“短板”，也是推动旅游发展需要重点解决的问题。

（五）重点景区建设不到位等遗留问题尚待解决

玄奘大师作为偃师籍世界历史文化名人，其知名度、影响力毋庸置疑。打好玄奘这张牌，对于提升偃师旅游产业的品质至关重要。20 世纪 90 年代偃师进行了玄奘故里一期工程，21 世纪初又启动了玄奘故里扩建工程，2007 年委托北京达沃斯巅峰旅游规划设计院对玄奘故里进行修建性规划设计，按照国家 4A 级景区相关标准进行规划建设，将玄奘故里的控制发展区域扩大到 100 公顷，修建性详细规划范围扩大到 20.5 公顷，目标设定为偃师旅游的形象名片、玄奘文化交流传播国际平台，并于 2008 年启动玄奘寺建设进程。玄奘故里开发经过几次建设热潮后，近些年却被诸多原因拖累导致后续推进乏力，整体建设搁置不前，信访、规划、基础设施不到位等遗留问题尚待解决，也为下一步开发建设造成较大阻碍。

三　推进偃师旅游产业发展的对策建议

立足偃师旅游业发展实际，结合县域产业布局及洛阳市旅游产业整体规划，对偃师旅游产业发展提出如下建议。

（一）现阶段暂时不必追求“全域旅游”概念

全域旅游是指在一定区域内，以旅游业为优势产业，通过对区域内经济社会资源尤其是旅游资源、相关产业、生态环境、公共服务、体制机制、政策法规、文明素质等进行全方位、系统化的优化提升，实现区域资源有机整合、产业融合发展、社会共建共享，以旅游业带动和促进经济社会协调发展的一种新的区域协调发展理念和模式。推进全域旅游是我国新阶段旅游发展战略的再定位，是一场具有深远意义的变革，但不是所有地区都有条件在近期实行全域旅游，全域旅游要分步推进，不能搞运动式发展。偃师既有厚重而丰富的历史文化资源，又有一些山水自然景观，这些为旅游业发展提供了必要的物质基础，可以着眼全局对历史文化游、山水景观游、休闲农业游等进行统一规划，把文旅产业作为经济转型升级的突破口，但要客观面对本地旅游业发展实际。偃师旅游产业目前缺乏叫得响的爆款产品，旅游资源与产品相对单一，旅游公共服务普遍不到位，产业链条延伸不足，客观上不具备推进“全域旅游”的基础条件。遍地开花不如重点突破，对于发展“全域旅游”可以有文字层面的远景规划，具体执行层面可优先着力于具有良好前景、知名度较高、基础设施相对完备、产业运作潜力大的景点，以点带面来发展，形成逐步推进态势，因地制宜，从实际出发探索具有偃师特色的文旅发展路径。

（二）着力打造龙头景区

旅游产业要做大做强，就需要打造出相对完备的龙头景区，通过知名品牌扩大景点知名度和影响力，进而带动本地区相关产业的整体发展。说起洛阳，当然是龙门石窟、白马寺；说起嵩县，首先想起白云山；说起栾川，绕不过老君山、鸡冠洞；说起新安肯定提起龙潭大峡谷，而偃师目前的旅游产业就缺少具有这样较高知名度的“金字招牌”。以目前偃师市各类型旅游资源分析，建议优先发展玄奘故里文化旅游，重启景区建设，合理切割遗留问题，准确评估既有价值，考虑打包经营授权，同时谋划与唐恭陵、邱氏宗祠等周边景区统筹开发经营的可能性，与白马寺、龙门石窟、少林寺之间借力互动引流营销；淡化宗教色彩，规避政策风险，着力弘扬玄奘坚韧不拔的人文精神及中印文化交流使者的角色特质，利用体制内外各种渠道扩大玄奘文化影响力；优先建设高标准的玄奘文化纪念馆以形成地标性文化景观等。玄奘故里景区周边近距离内可覆盖偃师众多旅游资源：玄奘故里和唐僧寺为主体的玄奘文化寻访游；唐恭陵为主的唐文化巡游；中华邱氏宗祠的根亲文化游；黄金大草原与佛光山区为代表的自然生态游与户外活动游；缑氏镇名优葡萄产区的特色农业生态采摘游等，以玄奘故里大旅游区建设进而盘活偃师潜在旅游资源，发挥龙头带动效应。

（三）合理搭乘洛阳国际文化旅游名城建设与二里头夏都遗址博物馆建设便车

2018 年 5 月 11 日召开的洛阳旅游产业转型发展会议上提出，洛阳市将着力推动旅游业向“高端化、绿色化、智能化、融合化、标准化”方向迈进，建设国际文化旅游名城；着力将龙门石窟、白马寺、玄奘故里与登封少林寺联合打造成国际一流的精品文化旅游线路；由“老三篇”向“新三篇”转变，着力培育以博物馆之都、二里头夏都遗址博物馆、隋唐洛阳城国家历史文化公园等为代表的新兴旅游项目，偃师市二里头夏都遗址博物馆与玄奘故里赫然在列。

二里头夏都遗址博物馆建设及后续文旅开发可以放在洛阳市层面旅游业大盘中考虑，围绕洛阳市博物馆之都建设，着力打造偃师古都文化品牌，推动文物保护利用和文化传承创新、旅游业态开发再上新台阶。现阶段要以二里头夏都遗址博物馆为吸引眼球的亮点，充分挖掘附加价值和衍生产品，谋划建设或引入大型主题文化园为旅游产业载体，打造产业 IP，进行“最早的中国”品牌营销推广，并在以政府为发展主导的前提下，积极引入民间资本参与文旅开发，承接业态，推进服务，并就旅游产品进行设计开发推广，把该项目开发建设成为以二里头夏都遗址承载的历史文化为核心，具备参与、体验、休闲等现代旅游功能和多元盈利能力的综合性旅游景点。要立足打造文化旅游融合发展的示范性样板，使其成为偃师文旅发展旗舰，形成金字招牌，力图以点带面，进而带动相关产业整体发展，努力建设成为洛阳旅游“新三篇”中的洛阳东部文化旅游新高地。

（四）与龙门石窟、少林寺、白马寺等成熟景区互动营销与引流

区域旅游一体化是市场经济的内在要求，是旅游产业发展的必然趋势。偃师位居龙门石窟、白马寺与少林寺三大核心景区之间，发展旅游的区位优势明显，境内交通便利，但尚未做到充分借力融合，区域合作不够充分。可以考虑与郑、洛乃至其他周边城市的联动发展，积极融入会展节庆、文化交流等活动，借势借力，加强与龙门石窟、白马寺和少林寺等旅游项目资源的互联共融，从政府层面合作到具体的旅游企业运营，打破地区藩篱，推进旅游公共服务的有机衔接，整合资源投入，实现资源共享、客源互送，打造区域旅游品牌，带动偃师文化旅游业发展。积极发挥玄奘故里与龙门石窟、白马寺、少林寺在佛教文化与唐文化旅游方面的近缘关系，打造宗教文化精品线路。

（五）明确整体定位，打响“文化偃师”招牌

近几年偃师周边县市立足各自旅游产业实际，积极打造旅游整体品牌建设，如“全景栾川”“5A 嵩县”“来孟津耍吧”“我要去新安”等品牌深入人心，高度浓缩了各地旅游资源特点，言简意赅又易于推广，在产业发展实践运作中也取得了良好效果。立足于偃师市旅游资源开发实际，无论是打造“都城文化”“玄奘文化”还是“根源文化”、“书法文化”，“文化”显然是偃师旅游资源的核心资源。文化内涵无限，空间大有可为，可以考虑明确以“文化偃师”为旅游产业发展总旗帜并着力营销，对内充分挖掘，对外统一宣传，并结合偃师现有旅游资源特点，重点开发以古都文化、名人文化、客家起源地文化等为代表的文化旅游产业，努力打造偃师新的经济增长点。

（六）龙少快速通道旅游效能的充分挖掘

龙（龙门石窟）少（少林寺）旅游快速通道是洛阳市 2015 年度启动的重点交通项目，是洛阳市打造大旅游圈的重要举措，双向四车道，按照一级公路标准修建，目前已竣工通车。该路当初设定为旅游快速通道，周边交通便利、四通八达，207 国道与龙少快速交汇处沿国道向东至少林寺、向西北至白马寺、向西至龙门石窟将更加便捷快速。2016 年初营府路已改建完工正常通车，该路按二级公路标准设计，在缑氏镇马屯村处与原有的旅游专线玄奘大道连接，线路贯通唐恭陵、玄奘故里、中华邱氏总祠等代表性景区。龙少快速通道拉近了少林寺、龙门石窟两个金牌景区的空间距离，资源互通，而偃师也更容易被纳入龙少旅游圈范畴，迎来发展契机。

（七）利用环保整治契机，积极推进偃师南部乡镇产业转型升级，联合统筹建设特色旅游小镇

长期以来府店、大口、缑氏等偃师南部乡镇产业发展以石材石料、耐火材料、煤矿石灰窑等粗放型资源产业为主，经济形态单一，多年的掠夺式开发导致生态环境遭受极大破坏。当前偃师“突出环境问题专项整治百日攻坚活动”正如火如荼进行，尤其南部乡镇积极采取有力措施，针对石料厂等“散乱污”企业进行全面排查，铁腕治污，环保治理大形势正在倒逼产业发展必须进行转型。从可持续发展角度入手，可利用此次整治契机，三镇联合统筹安排旅游产业发展的顶层设计，推进吃住行游购娱的旅游产业链发展规划与建设，加强综合生态恢复与基础设施建设，进行户外运动基地的谋划与打造，并推动本地特色产品的挖掘、展示与销售。以旅游开发为突破口，积极推进产业转型，整合南部丰富的各类型旅游资源，大力发展绿色生态产业、休闲度假产业，统筹建设特色旅游小镇。南部三镇联合打造大旅游区建设，将盘活区域内丰富的潜在旅游资源，把产业链从资源型低端发展向绿色环保、附加值高的旅游产业转化，因地制宜、扬长避短，探索该区域未来发展新方向、新途径。

参考文献

[1] 卫绍生：《偃师文化旅游产业发展研究》，张占仓等主编《偃师经济社会发展报告（2017）》，社会科学文献出版社，2017。
[2] 郭艳：《偃师文化资源的开发利用研究》，张占仓等主编《偃师经济社会发展报告（2017）》，社会科学文献出版社，2017。
[3] 偃师市文物旅游局：《2018 年工作总结暨 2019 年工作计划》。

B.13 孟津县旅游产业发展调研报告

孟津旅游产业研究课题组*

摘　要： 近几年，旅游产业的可持续发展成为普遍关注的中心议题。在我国旅游产业迅猛发展的背景之下，孟津县加大了对产业结构的战略性调整。为了进一步促进孟津县旅游产业的发展，课题组采用访谈调查和文献调查的方法，对孟津县旅游产业的发展情况进行了调研。本文从孟津县旅游资源的基本情况、孟津县旅游产业的发展现状、制约孟津县旅游产业发展的主要问题以及对孟津县旅游产业发展的建议四个部分来进行论述。

关键词： 孟津　旅游产业

一　孟津县旅游资源的基本情况

在县委县政府的高度重视下，孟津县加大对产业结构进行战略性调整优化的力度，站位于争创国家全域旅游示范区的历史节点，按照“产城互动、景城一体、城乡统筹、全域旅游”的发展思路，全力构建全域化空间布局、全链条产业聚集、全景式持续推进、全方位提升服务、全时空立体营销的发展模式。如今，全县的生态环境、交通条件、经济发展、文化创新等各项事业建设如火如荼，使孟津的知名度不断提高，影响力进一步增强。孟津的旅

* 课题组组长：赵静薇，孟津县委党校助理讲师，硕士研究生，研究方向为马克思主义理论与实践研究。课题组成员：李乾有，孟津县委党校常务副校长，研究方向为植物保护；刘俊霞，孟津县委党校教研室主任，研究方向为政策法规；谢林红，孟津县委党校高级讲师，研究方向为文化及文化产业；陆灿峰，孟津县委党校办公室副主任，研究方向为经济。

游产业也随着经济的发展而加速发展。2018 年 12 月中旬到 12 月底，课题组对孟津县旅游产业发展情况进行了调研。

（一）地缘优势

孟津县位于河南省西部，北临黄河，南接古都洛阳，黄河中下游在此分界。全县辖 10 镇 1 区，人口 46 万，面积 758.7 平方公里。境内黄河河岸线 59 公里，史称百里孟津河，是黄河首津地、人文肇始地。集灌溉、旅游、供水、养殖于一体的 31 平方公里的国家大型水利工程——西霞院水库镶嵌其境；孟津县南接九朝古都洛阳，素有“九朝古都半孟津”之称，距洛阳中心市区 16 公里；西辖闻名世界的黄河小浪底大型水利枢纽工程，是名副其实的“金三角”之地。邙山自西向东贯穿孟津全境，西部为低山区，东部为丘陵，南部为洛河冲积平原，北部为黄河冲积平原。境内主要河流除黄河外还有瀍河、金水河。属亚热带和温带过渡地带，四季分明，气候温和，光照充裕。

（二）人文优势

孟津是一个有着 5000 年人类文明的历史文化名县，位于华夏文明的摇篮——黄河中下游分界处，百里黄河在这里肇始了灿若瑰宝的华夏文明，先祖圣贤在这里演绎了波澜壮阔的文明进程。先后有 6 个朝代建都于孟津，被誉为“河图之源、六朝帝京、邙山福地、黄河明珠”。古有河图之源，洛书之府之说，与古都洛阳共享盛誉，文化遗址灿若繁星，旅游景观星罗棋布。散落在黄河两岸的汉魏故城遗址、龙马负图寺无不述说着孟津厚重的历史文化；坐落在万里黄河之上的小浪底水库景区，又给孟津带来“万里黄河孟津蓝”的自然山水景观；此外，这里还有全国最大的皇家陵园和古墓葬群、汉光武帝陵、神笔王铎故居及书法馆等名胜古迹。来到孟津，可以到龙马负图寺追溯中华民族文化的起源，到成周城和汉魏故城回望当时的盛世洛阳，到王铎故居领略书法造诣的博大精深，到小浪底水库欣赏北方千岛湖的自然风光，还有被誉为洛阳北戴河的西霞院景区。4000 年的文明史和万里黄河给孟津带来了丰富的人文历史和自然景观资源，其中有很多资源值得进行旅游开发。

（三）市场优势

除了地缘优势和人文优势外，孟津四通八达的交通网又给旅游产业的发展提供了巨大的便利。孟津县地处中原城市群腹心地区，交通发达，在河南省规划中提出建成以郑州为中心、客运专线和城际铁路为纽带，通达开封、洛阳、许昌、新乡、焦作、漯河、平顶山、济源等市的半小时交通圈，通达其他中心城市的一小时交通圈，连接周边省会城市的高效便捷的交通格局。310 国道、207 国道、连霍高速、太澳高速、洛常公路、洛吉快速通道等 11 条干道在孟津境内形成了七纵四横的公路框架；焦枝铁路在孟津有 3 个火车站；连霍高速公路在孟津有 4 个下道口；国家二级航空口岸洛阳飞机场坐落在孟津境内，形成了航空、铁路、公路、水运四通八达的立体交通网络，为孟津提供了和外界连接的纽带，便利的交通，为孟津旅游提供了良好的准入条件。

（四）资源优势

孟津县农业产业规模化发展迅猛，形成了万亩稻田、万亩荷花、万亩鱼塘、万亩花卉、万亩无公害蔬菜、万亩孟津梨等一批“万字号”农业项目，高效特色农业总面积达 15 万亩，其中蔬菜用地 14000 亩，草莓用地 4000 亩，瓜果用地 1000 亩，孟津梨用地 10000 亩，樱桃用地 3000 亩，葡萄用地 5000 亩，牡丹用地 22000 亩，花卉苗木用地 23000 亩，核桃用地 35000 亩，石榴用地 3000 亩，鱼塘用地 15000 亩，荷塘用地 8000 亩，药材用地 1500 亩，桃、苹果等其他水果用地 3500 亩。孟津丰富的农业资源非常适宜发展特色农业观光、采摘、品鉴等乡村旅游。

二　孟津县旅游产业的发展现状

（一）旅游产业体系日渐完善

如今，旅游业已经成为我国国民经济的重要增长点，在大环境的影响下，孟津县旅游产业的发展也步入了发展快车道。2017 年，全县旅游工作坚持以新发展理念为引领，以推进供给侧结构性改革为主线，集中精力抓项目，汇聚合力抓招商，多措并举抓宣传，着力发展乡村游，荣获全市旅游工作综合类先进单位。截至 2017 年 10 月底，全县游客接待量 1019. 32 万人次，旅游综合收益 10. 38 亿元，分别完成年度目标的 92. 67% 和 94. 36% 。

孟津的文化旅游资源可分为三大片区：一是山水风光片区，该区域西起横水镇，东至西霞院旅游度假区，包括炎黄母祖平逢山、黄鹿山、柏崖山、小浪底旅游区，西霞院旅游区，黄河湿地国家级自然保护区；二是历史文化片区，该区域西起汉光武帝陵、龙马负图寺、黄河中下游地理分界主题公园、王铎故居、白云观、伯夷叔齐扣马处、汉魏故城以及数量众多的邙山古墓群；三是观光农业片区，主要指沿 S314 线（孟扣路）、小浪底专用线两侧的观光农业园区，主要包括卓安农场、洛建农业观光园、洋丰生态园、十里香生态园、银滩农业观光园、翠湾果岭生态园、金禾幸福农场等 20 余座农业休闲庄园。另有王铎拓片、唐三彩、粤钰青铜器、黄河石画、平乐牡丹画等社会人文资源及横水剪纸、王良杂技等民俗文化资源。

近年来，孟津围绕建设“全域乡村旅游休闲公园”主题，大力发展乡村旅游。以“来孟津耍吧”为宣传口号，持续策划嘉年华系列活动和草莓采摘节、会盟荷花节等 10 余个旅游节会。全县 500 亩以上的农业观光园达 55 个，孟津生态旅游业已经初步走上规模化发展之路。

通过对近几年工作开展情况的调研，我们了解到孟津县坚持重大项目稳步推进的战略：重点打造卫坡古村落、朝阳镇南石山三彩小镇、平乐牡丹画创意园区“三点一线”精品旅游线路；伏羲文化产业园项目完成投资 5000 万元，占年度目标 50% ，总规划已通过专家评审；卫坡古村落完成投资 3700 万元，占年度目标 74% ；三彩小镇完成投资 6000 万元，占年度目标 55% ，已完成立项、环评、文勘、总规评审等前置手续，传习馆主体已基本竣工，地标、停车场项目正在施工中；小浪底户外运动主题公园完成投资 3000 万元，占年度目标 120% ，2017 年“十一”期间已对外试营业；黄鹿山绿岛生态园规划正在编制中；黄河小浪底国际旅游度假区完成投资 5000 万元，占年度目标

50%，土地流转合同已签，项目备案已完成，正在编制详细性规划；小浪底景区整合小浪底、西霞院与翠绿湖争创国家5A级景区工作顺利推进。

（二）管理服务水平持续提升

2017年，孟津县争取上级扶持资金33.1万元，用于旅游厕所革命。截至目前，全县已建成A级旅游厕所57座，基本满足游客需要。军嫂土鸡园、盛世山庄成功申报四星级乡村旅游经营单位。随着全域旅游强力推进，体制机制不断创新。孟津县组建了县委书记黄玉国、县长宗国明亲自挂帅的全域旅游示范区创建指挥部，建立全域旅游发展联席会议制度，构建旅游发展委员会、旅游警察大队、旅游巡回法庭、旅游工商分局等“1+3”旅游综合管理和执法体系。加大A级景区整改力度；组织各镇区领导、园区负责人赴外考察旅游业态、学习先进经验；组织全县旅行社、景区、休闲农业园区、星级酒店负责人参加领导能力提升培训班，开展行业集中培训；举办全县导游、讲解员业务技能培训班和全域旅游专题培训班，进一步提高了企业的服务水平和管理运营水平；开展旅游市场和旅游景区周边环境整治工作专项整治，全县旅游市场秩序总体良好。同时，开展行业集中培训5次，举办全县导游、讲解员业务技能培训班和全域旅游专题培训班，邀请北京大学乔然教授作“孟津旅游经济发展新思维新方法”专题讲座。组织文化旅游领导小组及涉旅企业先后2次外出考察学习全域旅游发展、乡村旅游驿站建设、田园综合体建设等方面的先进经验。朝阳镇、小浪底镇、送庄镇游客服务中心已建成投用，开通“来孟津耍吧”一日游、两日精品游旅游线路，组织开展21次联合执法检查，持续整治旅游市场秩序。

三　制约孟津县旅游产业发展的主要问题

（一）缺少龙头企业及旅游特色

经调研发现，孟津县旅游产业龙头企业少，产品同质化现象严重，特色不明显，部分在建项目受融资瓶颈、手续办理等因素制约进展较慢。所推出的乡村旅游项目，大多停留在观光上，尚未深入挖掘农业旅游资源和民俗文化内涵，当地的民风民俗、农业土特产尚未得到充分体现，拿不出具有较强代表性的品牌，品牌层次较低，形式较落后，推不出经典精品观光点。

（二）旅游要素发展不均衡

在旅游要素的配套方面，主要问题突出表现在旅游景点配套设施不完善，交通设施相对滞后，吃、住、行、游、购、娱等方面尚不能充分满足游客的需求，基础设施和旅游项目明显滞后，旅游队伍建设落后等。主要表现在：首先，由于距离洛阳市区比较近，交通十分便利，在旅游业吃、住、行、游、购、娱“六大要素”中，“购”“吃”“住”落后于“游”“娱”，六大要素发展的协调性、均衡性差；信息化程度低，在游客数量的统计以及游客在景区消费方面的统计不精准；其次，旅游接待设备设施陈旧，升级换代的任务较重，缺少高档次的星级宾馆，与发展休闲度假的要求存在较大差距。

（三）旅游人才队伍有待壮大

孟津县当前旅游人才队伍总量相对不足，人才培养滞后于市场需求。旅游人才供给主要来源于旅游院校，供需之间缺口较大，高端人才及一线应用技能人才紧缺，人员流动频繁，从业人员队伍不稳定；旅游人才队伍结构不合理，素质总体偏低。学历以高中学历者为主，多数管理人员与所学专业不一致，一些新兴的旅游服务业所需的人才缺口较大；人才资源培养和开发的机制、政策还有待完善，缺乏明确的旅游人才引进和培养奖励政策；旅游人才队伍建设和培训的硬件明显不足。

（四）宣传营销热度有所下降，缺乏形式创新

经调研，孟津县对旅游宣传促销的投入相对较少，在重点市场只能做到

蜻蜓点水式的宣传促销，在宣传片的拍摄、制作方面，存在质量低端，内容不具有实时性的问题。同时，宣传方式过于陈旧，难以吸引游客的眼球。由此可见，旅游部门在搞产品开发的同时，对市场的开发有所忽略。

（五）A级景区品质下降

旅游局对A级景区、农业园区和相关涉旅企业在指导上不到位，管理上存在短板。工作中，没有严格对照《旅游景区质量等级的划分与评定》的国家标准和《河南省旅游景区服务规范》的地方标准，在服务质量、环境质量、景观质量和游客满意度方面有待提高。

四　对孟津县旅游产业发展的建议

旅游业被誉为“永不衰落”的朝阳产业，是涵盖面宽、关联度高、带动力强、发展潜力大的综合性产业，对区域经济社会发展有着极其重要的牵引作用。孟津县旅游资源丰富，发展旅游业既是促进产业结构调整的重大契机，也可以带动广大群众致富增收。现就如何发展好孟津县旅游业提出一些思考和建议。

（一）总体目标

孟津县旅游工作应以全力创建“国家全域旅游示范区”为目标，传承、发掘、活化孟津文化资源，融合、发挥、利用孟津旅游资源，重点实施“五大提升”工程（旅游服务提升、旅游交通提升、旅游品牌提升、旅游产业提升、旅游管理提升），促进“三大转变”（即项目建设、宣传营销、公共服务体系转变发展），拓宽文农旅融合，加快构建文化传承创新体系。坚持“高端设计，品牌引领”，以建设“洛阳市文化休闲旅游示范区”“都市第三地”和“全域乡村休闲旅游公园”为目标，紧密围绕“河图之源、六朝帝京、邙山福地、黄河明珠”四大文化名片，深度挖掘整合孟津历史文化、山水生态、特色农业等旅游资源，强化项目支撑和品牌塑造，加快旅游产业转型升级步伐，促进文化、文物、城建、生态、特色农业与旅游融合发展，实现文化旅游产业新突破。力争到2020年，实现游客接待量1200万人次，文化旅游收入超过16亿元，使文化旅游产业真正成为促进孟津经济发展的支柱产业。

（二）具体建议

孟津县旅游产业开发缓慢、设施不完善、经济综合效益不佳，固然与景区范围大、景点分散、居民村落多、资金共享率低等客观原因有关，但深层次的根源还是墨守成规、思想不解放、开发建设思路问题。针对调研中所了解到旅游产业中存在的问题，本课题组提出以下具体建议，以期实现孟津县旅游产业的蓬勃发展。

1. 统一思想，营造旅游发展的良好氛围

思路决定出路，观念决定行为。

第一，要进一步解放思想，统一认识，从县域经济发展的高度，明确抓旅游经济的重要性和紧迫性，真正把旅游业作为第三产业的龙头和山区经济的增长点，以咬定青山不放松的韧劲，全力推进旅游业的发展。

第二，要坚持大社会办大旅游的思路，按照“谁投资，谁受益”的原则，打破常规，放宽景区建设开发政策。

第三，要统筹安排、通力合作、形成合力。各有关部门都要以发展旅游业为己任，主动出谋划策，主动破解难题，共同营造旅游业发展的良好氛围。

2. 加快旅游产业转型升级

以市场需求为导向，以改革创新为驱动，丰富旅游产品体系，发展旅游新业态，加快景区提升步伐，促进产业融合，促使孟津旅游业由单一观光型向观光度假型转变，由门票经济型向产业经济型转变，由电线布局向集聚发展转变，由量的扩张向规模与质量并重转变，全面提升旅游产业规模化、品牌化、市场化水平。

第一，推进旅游+休闲度假。重点推进沿黄河旅游休闲度假区建设，突出黄河主题游，打造各有特色的区域化旅游地。深度挖掘历史文化，整合农耕文化、田园风光、特色农业、民俗风情等乡村旅游资源，积极开发农业科普、农事体验、田园观光、民俗娱乐、文化体验、养生度假等多种类型的乡村旅游产品，加快乡村旅游发展步伐。

第二，推进旅游+新业态。着力培育红色旅游、航空旅游、养生旅游、工业旅游、体育旅游以及旅游演艺、旅游会展、旅游动漫、旅游电子商务等新型旅游业态，构建多元化旅游业态格局，满足旅游市场多样化需求。

第三，推进旅游+美丽乡村。着力培育红色旅游、航空旅游、养生旅游、工业旅游、体育旅游以及旅游演艺、旅游会展、旅游动漫、旅游电子商务等新型旅游业态，构建多元化的旅游业态格局，满足旅游市场多样化需求。

3. 完善旅游配套服务

加快游客咨询服务中心和旅游集散中心建设，完善城市旅游服务功能。大力发展旅游电子商务，建设智慧旅游服务平台，加快推进智慧景区建设，力争至2020年，全县所有3A级以上景区实现智慧旅游全覆盖。深入推进旅游标准化建设，形成文明经营、有序竞争的旅游服务环境。优化旅游人才结构，倾力打造一支综合素质过硬的旅游服务团队，提升旅游服务水平。

4. 多措并举，发展壮大旅游人才队伍

第一，突出和强化“人才资源是第一资源”的观念，进一步加强政府主导作用，将人才队伍建设放到旅游发展的突出位置，纳入政府绩效考核体系，探索建立旅游人才队伍建设工作责任制。

第二，主动出击，面向高校、面向社会，公开选拔招聘优秀人才进入孟津重点旅游景区或旅行社，充实旅游人才队伍。将引进和合理使用并重，巩固和壮大旅游人才队伍。要给旅游人才相对优惠的工资待遇，建立合理的激励机制，使旅游人才愿意来、留得住、干得好。此外，要高薪聘请旅游方面的策划人才，对孟津的旅游资源进行全面整合，总体规划。要发现和培养一批有创新能力有组织能力的旅游团队和项目管理人才，创建新队伍，开发新景点，开辟新线路，为孟津旅游事业注入新的活力。

第三，旅游人才队伍素质包括文化素养、业务能力、品德修养。旅游人才队伍素质的提高，是全方位的提高，同时，旅游人才队伍是城市文明的形象代表。政府要下大力气抓好旅游人才队伍素质建设。要把好入口关，对有意愿加入旅游人才队伍的人要严格审查、严格把关。没有受过大专以上旅游专业正规培训和教育的，原则上不得进入这个队伍。审查把关不仅要看业务能力。还要看基本的文化素养，更要看政治思想品德。同时，对业务能力不强的、游客对其服务不满意的要退岗培训；经培训重新上岗后仍不能适应岗位要求的，要果断解聘、转岗或令其另谋出路；对说话不文明，品德有问题，在游客中造成恶劣影响的要坚决令其退出旅游队伍。

第四，大胆选贤任能，引进优秀旅游管理人才，实行高薪激励，按职计薪，留住人才，用好人才。落实社会保障，为旅游人才解除后顾之忧。加快建立法制化、规范化的旅游人才市场，规划好旅游人才的储备，建立健全旅游行业管理运行的各项规章制度，以制度管人，按制度办事，以制度监督，按制度奖惩，努力把旅游人才队伍建设纳入科学化、规范化运行的轨道，推动孟津旅游产业健康、快速、跨越式发展。此外，加强与河南科大、洛阳师院等高校合作，成立孟津旅游智库，建立与旅游商会的对接交流渠道，帮助企业找准市场定位、运营模式和盈利点。

5. 拓展宣传营销创意水平

第一，针对孟津县旅游宣传过程中存在的问题，要创新全域旅游营销方式，有效运用高层营销、公众营销、内部营销、网络营销、互动营销、事件营销、节庆营销、反季营销等多种方式。文化是旅游的灵魂，旅游是文化发展的重要途径。文化旅游是我国大力扶持发展的第三产业新模式，文化与旅游两大产业的融合发展对促进整个国民经济的发展升级和结构转型有着重要意义。旅游的项目和目的决定了其文化含量，除了常规旅游项目外，还有许多为满足专门目的开展的旅游活动，大幅度提升了旅游质量。如汉诗旅游、历史探秘旅游、书法学习旅游、围棋交流旅游、名人足迹寻访旅游、民族风俗旅游，可谓种类众多，文化深厚。这类旅游的特征是有明确的求知目的，通过旅游有目的地学习某种专业，研究发现对这一专业的现状，发展和运用价值，使参加这种旅游活动的人掌握这一专项领域更多的信息资料，以便更好地施展才干、提高技能、有所作为。

文化旅游产业是一个跨行业的产业，在经济社会发展中有着至关重要的作用，不仅对经济结构调整、区域经济协调发展、扩大对外开放具有重要作用，而且是满足人民群众日益增长的文化需要、提高人民生活水平、构建和谐社会、实现全面协调可持续发展的重要途径。随着经济社会的不断发展和人民生活水平的不断提高，旅游成为一种时尚，文化旅游产业已经成为发展的现实优势，发展文化旅游产业的条件已经成熟。文化是人文旅游资源的灵魂，我们在为人文旅游资源做旅游规划时，要将当地的文化和现代的休闲形式有效地结合起来，这样做出的产品才是活的旅游产品，即文化旅游，从而产生文化和旅游的紧密结合。这也进一步说明旅游本身就是一个带动能力很强的产业，文化旅游可带动一、二、三产的发展。

文化旅游可发展以下三种类型。

一是景点依托型。通过品牌开发企业在景点周边所做的优质商业生活配套，很容易给一个景点和周边欠发达地区带去生机与活力。赋予自然资源更多的魅力，在原有的旅游资源之上打造更加多样性的产品，适当融入一些更和谐的体验性文化商业设施。

二是文旅小镇型。文物遗存、特色民风民俗和悠闲的古镇生活，可以为旅游开发大大加分，开发者往往不需要规模巨大的硬件投入，只需加大更多的软性投入。在城镇化趋势下，更多特色迥异、各具千秋的文旅小镇将会被挖掘出来，市场机会巨大。

三是度假酒店型。在传统度假酒店可以满足基本居住生活需求之外，这里还可以有更多的艺术、文化元素，拍卖、博彩、会议、影视等多样的收入渠道和灵活的租售方式使企业不需要再进行住宅开发即能保证收益，实现小而精的成功。

此外，要强化宣传，大力推介孟津旅游文化产业。发展旅游宣传，推介至关重要。只有“推出去”，游客才会“走进来”。这就要求做好形象包装，向社会广泛征集宣传口号，拍摄专题宣传片，对旅游地的区位优势、资源优势、文化优势、政策环境优势进行深度包装，强力宣传推介，营造良好的舆论氛围，增强孟津县旅游资源的知名度。

第二，巩固主要客源市场，开拓潜在客源市场。继续巩固洛阳本地客源市场，加大郑州、三门峡、济源、漯河、新乡、信阳等周边客源市场，大力开拓北京、西安、太原、青岛、武汉等潜在客源市场。

第三，加强整体旅游形象宣传，丰富旅游宣传品。高规格、高标准印制孟津旅游宣传折页、《孟津旅游》宣传画册，“来孟津耍吧”宣传文化衫、宣传手提袋、旅游志愿者马甲和帽子、卡片式宣传U盘等旅游宣传品。同时，开展孟津旅游形象宣传语全球创意征集大赛，面向全球，征集旅游形象宣传语，进而提升孟津的旅游形象；

第四，拓宽旅游营销渠道。构建旅游营销团队，建立以主管领导为组长的旅游宣传营销团队，创新营销思路和推介方式，策划更高水平的节会活动，提升“来孟津耍吧”品牌影响力。拓展营销内容，大力实施“以节促旅”营销战略，持续高水平策划、高规格举办“老家河南·孟津过年”、小浪底文化旅游节、草莓嘉年华、漫步花海嘉年华、瓜果飘香嘉年华、春华秋实嘉年华系列节庆活动和古城骑行活动，以节会聚人气，将文化节庆、乡风民俗、优良生态等拓展为宣传推介的重要内容，继续瞄准和利用“户外大牌、楼宇视频、电梯轿厢、报纸、广播、高铁杂志”等主流媒体开展旅游产品形象广告宣传，积极参加国家、省、市组织的旅游推介会，全方位提高孟津旅游产品的知名度和美誉度。同时，充分利用主流媒体网站，在首页设置孟津旅游超级链接，利用微信、微博等自媒体平台，面向所有用户推广孟津旅游，与携程、去哪儿网等知名电商合作，线上营销孟津旅游产品。另外，与洛阳、郑州等主要客源地及太原等潜在客源地的旅游批发商、销售商建立合作机制，围绕客源地进行孟津旅游产品宣传。

6. 强力推进全域旅游创建工作

第一，健全体制机制。新组建的孟津县文化广电和旅游局，要加快体制机制的健全和完善，有效承担旅游资源整合与统筹协调、旅游规划与产业促进、旅游监管与综合执法、旅游营销与形象推广、旅游公共服务与专项资金管理、旅游统计与综合考评等职能；推动孟津县综合执法体制改革创新，构建全域旅游领导体制、管理体制和综合执法体制“三位一体”大旅游格局。

第二，完善顶层规划。完成《孟津县全域旅游发展规划》和《黄河水镇修建性详细规划》等项目规划编制工作，协调推进黄河小浪底国际旅游度假区、南石山三彩小镇、黄鹿山绿岛生态园、伏羲文化产业园修建性详细规划编制工作。

结　语

如今，孟津旅游正在朝着景观全域优化、服务全域配套、管理全域覆盖、产业全域联动、成果全民共享的方向发展。把孟津全域作为一个大景区来打造，促进多业共生、众业共进的旅游发展格局。全域旅游不仅要完善吃、住、行、游、购、娱的传统旅游要素，还要培育商、养、学、闲、情、奇等新兴旅游要素，实现景点景区内外一体化，做到人人是旅游形象、处处是旅游风景。全域旅游展开壮美画卷，多彩孟津奏响全域发展的赞歌。孟津正努力走出一条融合型、内涵型、惠民型、集约型的全域旅游发展新路，让孟津真正成为游客来了不想走、走了还想来的全域旅游目的地。

参考文献

[1] 孟津县旅游局：《来孟津耍吧——孟津特色游线路》。
[2] 孟津县旅游局：《2017 年工作总结及 2018 年谋划》。
[3] 靳涛：《加快县域旅游资源的开发与旅游产业的整合——以孟津县发展县域旅游为例》，《经济研究导刊》2012 年第 21 期。

B.14

新安县文物保护与开发研究

新安县文化研究课题组*

摘　要： 新安县文物资源丰富，文物保护和开发工作开展扎实，亮点纷呈，但也存在文物展示手段单一、文物文化内涵发掘不够、红色文物开发利用不够等问题，与当地的文化建设、经济建设、政治建设等有一定程度的脱节。本报告在梳理新安县文物保护与开发现状的基础上，总结了新安县文物开发方面存在的问题，最后从服务文化建设、经济建设、政治建设等方面提出了一些有针对性的建议。

关键词： 新安县　文物保护　开发

新安县地处以洛阳为核心的河洛文化圈之内，是华夏文明的发祥地之一，"从七八千年前的裴李岗文化遗址到四五千年前的仰韶文化遗址，再到三四千年的龙山文化遗址，已有近百处之多"①；进入阶级社会后，新安县由于地处中原通往西北的咽喉要道和横渡黄河天险的要津，被历代统治者视为战略要地，自战国以来，有正史记载的战事即达40余役，留下了八陡山、函谷关、白超垒、慕容山、黄河漕运等众多遗址遗迹；近现代以来，由于地处周秦古道和陇海铁路沿线，新安县见证了近现代史上的众多历史巨变，

---

* 课题组组长：李权，新安县委党校讲师，研究方向为新安县历史和文物保护。课题组成员：王宇红，新安县文物局考古发掘副研究员；李芳，新安县文物局考古发掘馆馆员。

① 张宗子：《新安史迹》，河南人民出版社，2012，第1页。

2019 年 3 月，中宣部、财政部、文化和旅游部、国家文物局发出关于公布《革命文物保护利用片区分县名单（第一批）》的通知，新安县成为洛阳地区入选的 2 个县之一，新安县革命文物资源的丰富可见一斑。

然而，随着经济社会科技的全面发展，全社会对文物的需求愈加多样，作为基层政府和文保机构，再也不能局限于简单地收集、馆藏和展示文物，而应该顺应时代要求，运用新手段传承和利用文物，使文物的价值得以充分开发，进而服务于地区的政治建设、经济建设、文化建设、社会建设等。

本文在总结新安县文物保护与开发现状的基础上，借鉴国内外文物保护与开发的新思路、新技术，从文化建设、经济建设、政治建设等方面，对新安县文物的保护与开发，提出一些见解和设想。

一　新安县文物保护与开发的现状

新安县文物资源丰富，文物保护的历史较早，最早可以追溯到民国人士张坊先生收集唐代碑刻兴建千唐志斋。新中国成立后，新安县的文保事业开始步入正规化轨道。

（一）文物概况

截至 2016 年，“新安县有世界文化遗产 1 处，国家级文物保护单位 11 处，市级文物保护单位 19 处，县级文物保护单位 18 处，不可移动文物点 835 处，县博物馆馆藏文物 4595 件（套），其中三级以上文物 731 件”①。

（二）文物保护情况

1. 文物保护机构

1984 年，新安县成立文物保护管理所；2007 年 4 月，新安县成立文物

① 新安县人民政府：《新安年鉴 2017》，中州古籍出版社，2017，第 283 页。

管理局。新安县文物管理局位于新安县黄河大道 1061 号，内设办公室、文物股、安全保卫股、博物馆股、计财股，下设汉函谷关文物保护管理所、新安县博物馆、洞真观文物保护管理所、千唐志斋博物馆。

2. 文物保护制度

经过长年实践探索，新安县形成了一套严密的文物保护制度。

（1）严格执行文物安全责任制。每年年初，县文物管理局同各乡镇、产业集聚区及相关单位、局二级机构签订文物安全目标责任书、消防安全责任书，明确各乡镇、相关单位安全责任；每季度召开一次文物安全例会，全年集中开展 2 次全县业余文物保护员履行职责情况检查活动，并对业余文物保护员进行业务培训和安全教育。

（2）坚持不懈地抓好文物安全检查。自年初开始，先后开展节假日、夏季消防、防汛、安全生产月等系列安全检查活动，全面排查、整改文物安全隐患，着重对市级以上文物保护单位进行全面排查和整改。

（3）定期开展消防培训和消防演练，提高县文物管理局局属单位职工及重点文物保护单位管理人员消防安全意识和危机处理能力。

（4）积极做好选址审批、文物勘探、文物普查、文物维修等各项文物保护工作。

（三）文物开发利用情况

新安县在做好文物保护的基础上，积极开展文物开发工作，具体工作如下。

1. 加强文物宣传力度

新安县通过电视、广播、网络等媒体，多形式、多途径、全方位开展文物宣传教育活动：一是开展博物馆“进校园”“进军营”“进社区”三进活动，深入宣传新安县历史文化和文物法规；二是积极向外推介新安文物资源和文保经验，2017 年全年，“中央电视台《消费主张》《远方的家》栏目摄制组到函谷关采风报道，新华网、《中国文物报》《光明日报》《大河报》《洛阳日报》《洛阳晚报》《今日新安》等多家媒体多次关注并报道新安县文物工作”①。

2. 大力发展博物馆事业

近年来，新安博物馆每年开放天数达 310 天，免费接待观众 8 万余人次。以新安博物馆为平台，举办新安县美术作品展、书法大赛作品展等活动，努力将新安县博物馆打造成保存文物、宣传文化的平台，极大地提升了新安博物馆的知名度。从 2007 年开始，投入大量人力物力积极申报汉函谷关世界文化遗产项目，并建立汉函谷关保护管理所；2018 年，新安县政府筹资 1.1 亿元建立千唐志斋博物馆新馆，进一步完善文物保护措施，满足群众的参观需求。

3. 积极发展文物旅游产业

近年来，新安县的文物旅游产业主要从四个方面进行：一是围绕新安县博物馆、汉函谷关遗址公园、千唐志斋博物馆等文化场馆进行游客接待工作；二是围绕洞真观等遗址遗迹进行景区建设；三是围绕北冶甘泉村、石井寺坡山村、铁门土古洞村等古村落进行旅游开发；四是复兴传统手工艺品，如澄泥砚、黑陶等。

二　文物保护与开发中存在的问题

新安县政府和文保部门在文物保护与开发的常规工作方面，已经走在洛阳各市县的前列，其中不乏亮点。在文物考古方面，新安县有小浪底库区的大规模考古挖掘，发现了大量史前文物、遗迹；在文物馆藏方面，新安建有高标准的县博物馆，近年投入巨资扩建千唐志斋博物馆新馆、汉函谷关博物馆；在文物开发方面，新安县举全县之力成功申报汉函谷关世界文化遗产，开发甘泉村、石井老街等一系列古村落，复原澄泥砚、黑陶等传统手工艺，初步实现了部分文物的开发和利用，取得了一定的社会和经济效益。

---

① 新安县人民政府：《新安年鉴 2017》，中州古籍出版社，2017，第 284 页。

然而不能回避的事实是，新安县在文物保护与开发方面也存在与其他县区相似的问题，即绝大多数文物仍处于馆藏、展示、研究的初级阶段，与社会脱节较为严重，对本地区的文化建设、经济建设、政治建设等影响较小。具体表现如下。

（一）文物与文化建设脱节问题

“岁月失语，惟石能言”，文物蕴含了丰富的历史信息，是了解不同时期文化、经济、艺术、社会制度、生产方式、民风民俗的重要实物资料。深入挖掘文物资源所蕴含的价值理念、道德规范，可使文物资源的社会教育和公共服务功能得到充分发挥。

新安县在长期发展过程中留下了众多的文物古迹，也孕育了众多独具特色的文化遗产，但总体来看，新安县文物的开发水平同当前文化建设的要求还相去甚远，主要表现在以下几个方面。

1. 文物展示的层次较低

与其他县区文保机构类似，限于人力、物力、资金、政策等各方面的不足，新安县的文物展示基本处于静止、无声状态，要么在博物馆、展览馆静躺，要么在乡村乏人问津，缺少更深层次的历史研究和数字化的展示。

以新安县铁门镇樊氏祠堂所存《荒年序碑》为例，该石碑用 1227 字的篇幅详细介绍了光绪元年到光绪三年豫西大旱发生的过程、惨况、结局，真切地反映了大灾之年人们求告无门、灭绝人性的悲惨遭遇，碑文中有“操觚时不堪回首，泣下沾襟，作鄙俚言，以戒后人。尔后人尚鉴于此，勤俭为本，积粟积金，勿临渴掘井，使室家生死离分可也”。这石碑本是教育人们勤俭节约、居安思危的最好教材，但由于地处偏僻、言语晦涩难懂，只能静静地躺在乡村祠堂里，未能充分发挥其教育、警示作用。

新安县类似的文物很多，可以从多方面对人民产生教化作用，可惜都没有被充分解读和宣传，也未能参与文化建设之中。

2. 文物的文化内涵提炼较少

由于各级各类文物基本处于馆藏、保护状态，对文物的文化内涵研究得少、提炼得少。

反映古代乡村治理、道德教化的禁赌碑、家训、匾额、村规民约等文物，散落民间，少有人研究、少有人宣传；教育人们节俭持家、居安思危的《荒年序碑》长年锁在祠堂角落；反映耕读传家、清廉为官的吕氏家族老宅、吕氏家族墓地或破败不堪、无人问津，或荡然无存；反映社会主义建设热潮、规模浩大的卫星大渠湮没于荒山野岭，那段党领导人民热火朝天搞建设的历史也鲜为人知；反映新安人民改革开放后艰苦创业的新安电厂旧址、老县委县政府旧址，尚未被视作文物看待，对其文化内涵鲜有发掘。

3. 文化推广力度不够

由于对文物研究不够、对文化内涵提炼不够，新安县文物的历史价值、文化价值只存在于文物研究者和爱好者心中，对广大人民群众影响较小。

截至目前，新安县缺少系统介绍新安文物的通俗读物及影视作品，缺少影响广大中小学生的乡土教材，缺少对古民居古民俗的保护开发，导致文物所反映的文化离人们过于遥远。

（二）文物与经济建设脱节问题

文物是旅游资源的基本组成部分，“具有历史、艺术、科学价值的古遗址、古墓葬、古建筑、石窟寺和石刻，与重大历史事件、革命运动或者著名人物有关的以及具有重要纪念意义、教育意义或者史料价值的近代现代重要史迹与代表性建筑等文物遗迹往往成为开发旅游产品、吸引游客参观的重要吸引物”①。

以文物促进经济发展的成功案例很多：洛阳市宜阳县灵山寺景区，以灵山寺为核心，发展庙会文化、宗教文化，联系周边莲花公园等景区，充分满足游客吃喝玩乐住等多方面的需求，成为该县旅游业的新亮点；河南省灵宝市的秦函谷关早已沉入三门峡水库库底，但当地以新建函谷关为抓手，逐步创建函谷关古文化旅游区，包括太初宫、道圣宫、道家养生园、蜡像馆、博

① 杨劲松：《文物旅游事业进入新的发展阶段》，《中国旅游报》2018 年 10 月 12 日。

物馆等20余处景点，形成了知名的国家4A级旅游景区。

反观新安县，坐拥大量文物资源，却未能形成成熟的文物旅游产业，主要原因如下。

1. 文物旅游缺乏统一规划

新安县政府近年提出“全域旅游”的概念，即推动旅游与其他产业的深度融合，在山水游、乡村游等方面进行了一系列大手笔的投资，形成了数条精品旅游线路。但文物旅游产业发展相对滞后，主要表现为缺乏全县范围内的文物旅游规划，新安县文物场馆、遗址遗迹大多处于孤立发展的状态，一方面文物场馆、遗址遗迹缺乏规划串联，未形成一条成熟的人文旅游路线；另一方面文物场馆、遗址遗迹未与新安县成熟的山水景区相串联，最终导致文物场馆、乡村遗址处于浅层次保护、分散开发的地步，难以形成人气，更难以聚拢财气。

2. 社会力量参与不足

文物旅游的开发需要大量资金、人力、物力，单靠基层政府和文保机构的力量是不够的。限于目前文物保护政策、利益分配机制等多方面原因，社会力量在新安县文物旅游方面的投入较少，导致新安县难以产生宜阳灵山寺、灵宝函谷关那样规模较大的文物旅游产业。

3. 文物开发深度不够

新安县虽然拥有新安博物馆、千唐志斋博物馆、张坊故居、汉函谷关遗址等一大批文物旅游资源，但这些文物大多处于馆藏保护、静态展示的状态，缺乏周边文创产品的开发、缺乏体验互动的活动形式，导致文物吸引力小，参观者大多处于“一日游”或“半日游”的状态，对周边的交通、住宿、餐饮拉动作用极小。虽然也有澄泥砚、黑陶等文创产品，并取得良好的经济效益和社会效益，但类似的产品开发数量太少。

（三）文物与政治建设脱节的问题

习近平总书记在党的十八届中央纪委七次全会上指出，党内政治文化是以马克思主义为指导、以中华优秀传统文化为基础、以革命文化为源头、以社会主义先进文化为主体、充分体现中国共产党党性的文化。[①] 从这个意义上来说，红色文物，是党内政治文化的重要载体，也是当前进行政治建设的最好教材，其效果要远远优于单纯的理论说教。

目前很多地方将红色文物和政治建设相结合，建立红色教育基地，达到了既保护、开发文物，又服务政治建设的目的，如河南省的大别山干部学院、愚公移山干部学院、红旗渠干部学院、西辛庄农村党支部书记学院、新乡先进教育群体基地等。

对于新安县而言，红色文物资源异常丰富：1921 年 11 月，新安县火车站铁路工人在党员王保的带领下，参加了党领导的陇海铁路大罢工。此后的北伐战争、抗日战争、解放战争时期，新安县作为各种势力的交接地带，见证了我党与国民党、日寇的种种抗争，留下上百处遗址遗迹，2019 年 3 月，中宣部、财政部、文化和旅游部、国家文物局发出关于公布《革命文物保护利用片区分县名单（第一批）》的通知，新安县成为洛阳地区入选的两个县之一，红色资源之丰富可见一斑。社会主义建设时期，新安县有以黄河水泥厂为代表的“156 工程”、以卫星大渠为代表的一系列水利工程遗址、有弘扬舍己救人精神的郭冬梅博物馆。改革开放后，新安县走向工业强县之路，有以新安电厂、新安煤矿为代表的工矿企业，有以李廷魁为代表的优秀共产党员；等等。

令人惋惜的是，当前的文物保护与开发有些“厚古薄今”，偏重于保护古代文物，对近现代的红色文物保护开发不到位，未能充分发挥红色文物在政治建设方面的重要作用，具体问题有以下几个方面。

1. 对革命遗址遗迹的保护力度不够

近代革命活动大多位于山区，革命遗址与民居高度重合，加之长期以来重视不足以及农村旧居翻新，导致相当数量的革命遗址被彻底毁坏。

2. 对新中国成立后红色遗址遗迹的统计相对滞后、不够全面

尤其是社会主义建设时期的生产生活遗址遗迹，由于人们缺乏前瞻意

① 张城：《革命文化与党内政治文化》，《学习时报》2017 年 5 月 3 日。

识，未能将其作为文物或准文物看待，任其被荒废破坏，待可以评为文物时，实物已毁坏殆尽。最令人痛惜的莫过于黄河水泥厂，该厂虽地处新安县，却是新中国成立初始洛阳的“十大厂矿”之一，更是苏联援建的“156工程”之一，改革开放后因管理不善而破产、转让，最终被彻底推平，这本是见证新中国社会主义建设、国企转型改革的最佳典型，就这样在地面上消失得无影无踪。新安县兴建于1958年的“卫星大渠”，工程浩大、构思巧妙，是党领导人民艰苦奋斗、改造山河的历史见证，曾获国务院奖状和奖章，也曾被国内外专家群众长年学习，可惜改革开放后失去管理，最终在乡镇经济建设中被一步步吞食破坏，新安县也失去了一个类似“红旗渠”的红色旅游景点。

3. 红色遗址遗迹的开发形式单一、管理分散

当前新安县红色遗址遗迹仅限于文物局统计保护、党史办编书研究、部分遗址的简单维护，并未对其进行深度研究、广泛开发。

三　新安县文物保护与开发的建议

结合新安县情况，在加强新安县文物保护与开发方面提出如下建议。

（一）以文化建设为引领，加强文物传承利用力度

脱离文物的文化建设，只能是无本之木无源之水。在文物保护与传承利用方面，应以服务本地区文化建设为导向，秉承科学的保护理念，不断挖掘文物的历史价值、科学价值、艺术价值、社会价值和经济价值，加强对各类文物的开发力度。

1. 基层政府要充分认清文物与文化建设之间的关系

基层政府要充分认识到文物对文化建设的积极作用，从打造历史文化名城、提升人民素质、发展旅游产业的角度对文物进行保护、研究、开发，协调政府、文保、教育、旅游等部门对文物进行全面研究、广泛宣传。

2. 深入开展文物价值研究

新安县乡文物或准文物之所以在博物馆被冷落、在乡野乏人问津，最关键的原因在于没有对文物的价值进行充分研究和挖掘。以经典曲剧《曹端返乡》为例，渑池县曲剧团通过研究曹端这一历史人物，发掘曹端身上所体现的清廉为官等思想，进而创作了《曹端返乡》这一经典剧目，由于该剧符合当下反腐形势、党员干部培训以及基层群众文化需求，一经推出便广受欢迎，长年在河南省各市县乡镇巡回演出，既配合了文化建设、政治建设的要求，又增加了当地的经济收入，可谓一举多得。因此，结合当前文化建设、乡村旅游、乡村振兴等大局，基层政府要加强与高等院校、科研机构、民间文史爱好者的合作交流，通过组织学术研讨会、设立研究基金等方式，开展新安县相关文物的文化价值挖掘和保护工作，不断提炼新安县各类文物的文化价值和深刻内涵，使文物在文化建设、经济建设、乡村振兴中体现出应有价值。

3. 提升和创新文物传承利用手段

一是做好文物古迹的活化利用。在借鉴外市县的基础上，结合新安当地的文化需求、乡村旅游等情况，对现有的文物建筑（明代古城墙）、工业遗产（如黄河水泥厂、新安电厂、矿山矿井）、传统村落（如甘泉古村落）、革命遗址等开展活化利用工作，引入公共考古的理念，激发社会参与热情。二是加强对传统文化遗产的活化利用。充分发掘新安县历史故事、民间技艺、传统戏剧等文化资源，借助戏剧、影视剧等形式加以展现。三是加强文物的信息化建设。对于基层文物保护部门来说，可以参考的模式是央视的《如果国宝会说话》，即精选若干文物，通过制作微视频的方式将文物背后的故事一一道来，最终上传官方微博，吸引更多的人关注和感受文物与文化的魅力。

（二）以经济建设为引领，加强文物旅游资源的开发利用

结合新安县实际及外地经验，新安县可从以下几个方面着手。

1. 进行充分的科学论证

要把保护文物放在第一位，遵守各级文物保护法，进行科学规划，宁可不开发，也不要因为乱开发而导致文物损坏。新安县汉函谷关遗址的保护和

开发就是一个典型的例子。汉函谷关作为新安县唯一的世界文化遗产，具有重要的历史价值和旅游价值，但新安县政府坚持在没有合理规划的情况下不开发这一景区，避免了文物破坏，也为未来更好地开发打下了基础。

2. 充分协调处理投资方和政府利益

必须充分考虑旅游开发涉及各方的实际情况，按照市场规律对旅游开发收入进行尽可能合理的分配，一方面要保证投资方的经济收益，以带动更多社会力量进入文物的旅游开发领域，促进旅游业的良性发展；另一方面要杜绝投资方鸠占鹊巢、独占收益、忽视国家利益分配的问题。充分吸取红军北上抗日先遣队纪念馆圈占粟裕将军墓进行高收费的教训，协调处理好各方利益，带动更多社会力量积极参与文物旅游开发。

3. 对文物进行深度开发

基层政府不能满足于简单的文物收藏、保护、展示，还要进行文物的深度开发，这方面应当积极向外市县学习：比如济源市济渎庙景区的互动体验活动，邀请观众亲手体验拓片制作、搭建斗拱等活动，让观众在活动中感受传统文化的魅力，新安县的千唐志斋博物馆就缺乏类似的体验活动。又如宜阳灵山寺，该县围绕灵山寺发展宗教文化、庙会文化，同时在周边发展莲花园等场馆，满足了游客吃、喝、玩、乐、住等多方面需求，新安县众多的道观、寺庙可以学习灵山寺这一模式。

4. 文物与周边旅游资源“抱团”发展

河南灵宝市函谷关作为一个异地仿建的古代建筑，之所以能形成一个庞大的旅游产业，关键在于其善于与周边旅游资源“抱团发展”“捆绑发展”，使游客在这里能享受到多方面的体验，而非只是简单地观赏文物，值得新安县学习。

自 20 世纪 90 年代以来，新安县大力发展山水旅游，开发了龙潭沟、青要山、黛眉山、荆紫山、万山湖、漏明岩等一系列成熟的山水景观，“仅 2018 年 1 月至 8 月就吸引游客 835.62 万人次畅游新安”①。如果新安县能将

① 朱天玉：《新安：在大融合中做强旅游产业》，《河南日报》2018 年 9 月 23 日。

文物旅游与山水旅游“捆绑”，或有意识地在知名山水景点周边开发文物旅游，使自然景观和人文景观相结合，必将带动文物旅游产业的发展。

（三）以政治建设为引领，加强对革命文物的保护和开发力度

新安县应当从政治建设的高度，认识红色文物的重要性，在以下几个方面采取措施。

1. 抓紧统计现存红色遗址遗迹遗物

这些遗址遗迹遗物目前难以评定为文物，如卫星大渠、老县委县政府大楼、新安电厂旧址等，但将来可能会被评为文物。对此类文物，基层应当有前瞻意识，提前统计、适当保护、避免破坏，以免将来追悔莫及。建议由党史办牵头，组织党校、党史办、史志办、文物局、相关乡镇，结合党史、地方史，从革命、建设、改革开放三个时期，尽可能详尽地调查统计这些红色遗址遗迹，最后由文物局牵头，抓紧挂牌保护，减少、延缓文物被破坏。

2. 深入整理研究红色文化

由党史办牵头，组织党校、党史办、史志办、各乡镇详细挖掘各乡镇在革命、建设、改革年代的事迹、人物、遗址、遗物，广泛征集历史资料（形式包括文献整理、口述史整理等），最终以党史通讯的形式逐期发表成果，切忌为了赶进度而仓促成书，导致敷衍、遗漏。

3. 编写红色文化读本

新安县虽有《新安县志》《新安革命史》《中共新安党史（第二卷）》《新安革命故事》等党史著作，但印量少、学术性强，除了文史爱好者，难以在更大范围内被人学习、接受。

建议县委组织部、党史办、党校等编写红色文化教材，以直观、形象、生动为原则，将我党在革命、建设、改革年代的丰功伟绩和优良作风展示出来。成书之后，组织部门、党校、教育局等，将红色文化读本运用于县委党校干部培训、基层支部建设、中小学爱国主义教育之中，使红色文化能够影响更多的人。

4. 尽快建立红色文化教育基地

由党校牵头，采取大别山红色旅游的模式，精选新安县红色遗址遗迹，将众多分散的红色遗址串联成线，编制现场教学大纲，将新安县红色文化遗址的现场教学纳入党校课堂。随着红色教育路线、模式的日益成熟，新安县红色文化教育基地也可吸引广大中小学生、外县干部培训、社会旅游人士等，取得社会和经济效益。

5. 围绕红色文化开展“乡村振兴”

党的十九大后，在中央“乡村振兴”战略的倡议下，各村庄纷纷结合自身优势搞发展和创新，而红色资源和自然资源都可以成为乡村振兴的重要抓手。

以新安县铁门镇土古洞村为例，该村先以水为文章开发矿泉水、温泉山庄，后来以山为文章开发郁山旅游，但山和水仍难以支撑村子的旅游业发展，于是近年来该村将红色文化作为山、水之外的第三个亮点来开发，新建红色文化展览馆，展示各版本的《毛泽东选集》、毛泽东纪念章等文物，契合广大中老年同志的心理需求和中青年的好奇心，迅速成为新的旅游亮点，丰富了该村的旅游资源。

相比于土古洞村，新安县许多乡村的历史传说、民居民俗、山水风光更具吸引力，也可以借鉴土古洞的模式，开发红色文化、乡村游、乡村民宿等，并与山区旅游景区相“捆绑”。

结　语

随着社会经济科技的进步与发展，随着人民群众对物质文化需求的日益增长，文物保护与开发的作用日益突出，文物已经成为一个地区的文化建设、经济建设、政治建设的重要抓手，但文物保护和开发没有放诸四海而皆准的模式可以套用，不能单纯靠政府和文保机构来维持，文物保护和开发的未来发展之路会很艰辛很曲折，但其将结出的硕果值得全社会长期坚持和不懈探索。

参考文献

[1] 翟耀:《新安革命史》，河南人民出版社，1993。

[2] 张宗子:《新安史迹》，河南人民出版社，2012。

[3] 吕克勇:《新安函谷关》，中州古籍出版社，2014。

[4] 李留拽:《阅史品廉——新安清官那些事儿》，中州古籍出版社，2016。

[5] 张城:《革命文化与党内政治文化》，《学习时报》2017 年 5 月 3 日。

[6] 陈琳:《发挥革命文物在红色旅游中的作用》，《遗产与保护研究》2017 年第 7 期。

[7] 新安县人民政府:《新安年鉴 2017》，中州古籍出版社，2017。

[8] 朱天玉:《新安：在大融合中做强旅游产业》，《河南日报》2018 年 9 月 23 日。

[9] 杨劲松:《文物旅游事业进入新的发展阶段》，《中国旅游报》2018 年 10 月 12 日。

B.15

伊川县文化发展研究报告

远利平*

摘　要： 伊川是全国科技先进县、国家园林县城、国家卫生县城、国家级生态示范区建设先进县，获得中国诗词文化名县、中国硬笔书法之乡、河南诗词名县等荣誉称号。近年来，伊川以创建省级文化先进县为抓手，大力推动文化传承创新，实现由文化资源大县向文化强县的提速跨越发展。本文就伊川文化发展做了调查研究，希望从其既有文化发展脉络中找寻提速跨越发展的新动力，结合新时代发展大潮，探究获得进一步创新性发展之路经。

关键词： 伊川　文化　挑战　创新性发展

伊川是洛阳南大门，伊河贯流其境，宋代理学家程伊川长眠于此，故“伊川”县名得以长传。境内东有老君山，北有万安山，西有紫荆山，南有九皋山，伊阙关、大谷关等古地遗迹可循，故山川秀美，资源丰富。因地近洛阳，久为京畿之地，历代有不少名人俊士游历其间，流连忘返甚至结庐而居，留下许多脍炙人口的名篇与遗迹，悠久丰厚的文化之乡造就了伊川人才荟萃、社会繁荣的锦绣发展。

当今，伊川辖区面积 1059.45 平方公里，总人口 789600 人，其中城镇人口 344108 人，城镇化率 43.58%。辖 15 个乡镇、街道，县综合经济实力

* 远利平，伊川县委党校高级讲师。

逐年攀升，2018 年，县域生产总值约达 380 亿元，居民人均纯收入约达 17500 元。伊川县是省委省政府确定的 23 个首批对外开放重点县、35 个扩权县之一。先后获得全国科技先进县、国家园林县城、国家卫生县城、国家级生态示范区建设先进县、中国诗词文化名县、中国硬笔书法之乡、河南诗词名县等荣誉称号。近年来，伊川以创建省级文化先进县为抓手，大力推动文化传承创新，实现由文化资源大县向文化强县的提速跨越发展。2018 年，伊川成功创建省级文化先进县。

一　伊川文化资源发展概况

（一）历史文化资源

伊川有着悠久的历史，文运兴盛，俊杰辈现，文化底蕴深厚，有“圣贤之乡，理学名区”之美誉，又是我国酒文化之乡，历史文化资源丰厚。

目前，全县共有古文化遗址 14 处，古名人墓葬 10 处，古建筑 6 处，石窟造像 2 处，国家级文物保护单位 3 处、省级文物保护单位 8 处、市级文物保护单位 18 处、县级文物保护单位 20 处、文物点 700 余处。文物库房藏品 3442 件，其中一级 1 件、二级 21 件、三级 585 件，一般不可移动文物 679 处。

经过政府与社会多年来的保护与修缮，二程文化园、范园已盛名远扬，伊川书院、徐阳墓地墓葬群在文化研究相关领域也越来越受到重视。

伊川书院是宋代中原地区四大著名书院之一。建于宋神宗元丰五年，由北宋著名的理学大家程颐创建，书院所在地南望九皋山，东临伊水。《诗经》有名句：“鹤鸣九皋，声闻于天。”故初名伊皋书院。后在延祐三年（1316 年）春三月，获仁宗嘉许，赐名“伊川书院”，流传至今。

2013 年 6 月，在县文物部门的配合下，徐阳墓地墓葬群出土，此墓葬距今 2600 年，发现“长方形竖穴土坑墓 200 余座，车马坑 8 座、灰坑 30 余座、烧窑 10 余座”。可印证陆浑戎与“问鼎中原”历史事件有密切关系，对研究东周时期民族迁徙和文化交流具有重要意义，亦可间接论证洛阳在中华文明起源发展过程中有着不可替代的地位。

（二）非物质文化遗产

伊川民间文化艺术品种繁丰、风格特异、底蕴深厚、内涵丰富。近年来，全县开展非物质文化遗产调查及申报工作，已经成功申报的项类有："省级非物质文化遗产项目 4 项（杜康酿酒工艺、烟云涧青铜器制作技艺、邵雍传说、十盘）；市级非物质文化遗产项目 4 项（中药"偏瘫速愈康"制备工艺、易筋经导引术、程门立雪传说、跑阵）；县级非物质文化遗产项目 4 项（范村狮舞、靠山吼、白沙宋记羊肉汤制作技艺、石氏祖传点穴正骨推拿按摩）"。通过对非物质文化遗产的整理，涌现出许多新的基层文化骨干、民间文化人才，丰富了乡土文艺。

（三）红色文化资源

伊川是一片英雄辈出的土地，为建立新中国经历数次革命斗争，涌现出了许多气壮山河的革命英雄故事，留下了极其丰富与珍贵的红色文化资源。据统计，全县共有在册烈士 356 名。这些烈士曾经革命与战斗过的地方就是伊川县红色文化资源集聚的主要区域，目前已经形成的红色文化资源有三类，分别是革命老区、烈士陵园与革命英雄纪念馆。伊川县共有革命老区村 125 个，革命烈士陵园和吕店抗日烈士纪念碑、彭婆烈士纪念碑等三处纪念建筑物，伊川革命烈士纪念馆一座。

伊川的红色文化资源是由共产党人、先进分子和人民群众共同创造的，内涵丰富、主题鲜明、种类齐全、独具特色，是持续加强和弘扬优秀革命传统文化的宝贵财富。

（四）公共文化资源

1. 公共图书馆

公共图书馆已形成覆盖城乡的网络体系，以县图书馆为中心馆、14

个乡镇文化站图书室为分馆、369个农家书屋为基层服务点的资源共享模式，全县馆藏图书达76万册，实现县乡通借通还，免费开放，服务设施齐全。

县文化馆老馆面积360平方米，充分发挥县群文事业的龙头作用，承办和参与市、县级各类大型群文活动。举办各类培训班150多期，极大地提高了全县人民群众的文化艺术水平。

2. 文化经营单位

全县共有文化经营单位300余家，其中演出团体18家，歌舞娱乐场所17家，网吧83家，游艺类场所14家，电影放映单位4家，出版物经营单位17家，印刷单位7家，复印打印店40余家，其他文化产业经营单位100余家。

3. 城市书房

全县建设有7座城市书房，总面积1070平方米。城市书房是面向社会公众开放，免费为人民群众提供图书阅览、借阅、电子书下载等服务的新型公共文化服务空间。其中普惠金融广场、酒城路、人民路、酒城北路、文化南路5座城市书房已投入使用，30000余册图书可免费阅读。书房内实现智能化管理和借还，配备有办证机、借还机、电子书下载机等自助设备，读者凭身份证或读者证刷卡进入。

二　2018年文化发展现状

（一）加大公共文化基础设施建设

2018年，伊川继续巩固公共文化示范区成果，不断加大公共文化基础设施建设力度。

1. 三馆一中心

规划建设中的伊川县文化中心，占地226亩，投资约3.5亿元，分伊川博物馆、图书馆、文化馆、文化中心广场四大区域，总建筑面积约为4.1万平方米。建成后，能够从整体上提升伊川县的文化建设水平，能显著改善全县的公共文化服务体系，推动伊川县文化事业发展，丰富全县群众的文化生活。

2. 河洛书院——伊川城市书屋

2018 年，伊川县投入 660 万元，规划建设城市书房 7 座，总面积达 1070 平方米。建成后将形成“15 分钟阅读文化圈”，倡导全民阅读，构建“书香伊川”。目前，已经有 5 个城市书房建成投用。

3. 文化中心与文化大院

2018 年，伊川建设乡镇、街道综合文化服务中心与文化大院，持续投入资金 1500 余万元，配送图书 13400 册、电脑 136 台、文化活动器材 70 套、广播音响设备 58 套、体育器材 65 套、宣传栏 45 个，新建舞台 41 个，新建文化广场 21 个。这些文化场所的充分利用调动了乡村群众参与公共文化活动的主动性和积极性。

（二）县乡村一体化公共文化格局

伊川在公共文化建设中着力构建县乡村一体化格局，在县一级有三馆一中心与城市书屋，乡镇一级有文化服务中心，村级有文化广场与大舞台，都是标准化建设。形成“交流有地方，活动有去处，娱乐有场所”的三级一体化公共文化新格局。县、乡、村一体化基层文化服务体系已经初步形成。

（三）文化旅游产业蓬勃发展

伊川有着丰富的人文历史资源，目前有 3 处国家级旅游文化资源：二程墓、范仲淹墓、土门仰韶文化遗址，此三处均为国家级文物保护单位。有 8 处省级旅游文化资源：伊川书院、温氏民居、邵雍墓、白元遗址、姚崇墓、南岳庙、朱温墓、大觉寺，这些都是省级文物保护单位。另有“佛寺”、龙泉寺、金山寺、净土寺等为代表的 13 处古寺庙。

伊川的名川山水资源也十分丰富。“名山”有九皋山、万安山；“秀林”有荆山森林公园、龙凤山生态林业观光园、西山植物园；“酒祖”有酒祖杜康古酿酒地及杜康酒。

当前，文化旅游产业初具规模，产业收入比往年有大幅度增长，成为伊川县经济新的增长点。据统计，伊川文旅产业现有 15 家规模以上企业、320 家一般法人企业，2018 年新增 2 家龙头企业，总营业收入较上年预计增长约 1.5 亿元。

（四）文化市场繁荣有序、管理规范

伊川始终坚持积极培育和发展文化市场，本着“一手抓繁荣，一手抓管理”的方针，文化市场布局从县城延伸至乡镇，文化经营项目日趋多样化、差异化和现代化，形成歌舞娱乐、出版物、音像、互联网服务、印刷业等多元市场体系，呈现投资主体社会化、经营方式多样化、市场效能扩大化的格局。目前，“全县共有 124 家文化经营单位，其中出版物经营单位 26 家、娱乐场所 14 家、印刷单位 8 家、演出团体 17 家、网吧 53 家、电影放映公司 4 家、互联网文化经营单位 1 家、艺术品经营单位 1 家”①。

文化市场的繁荣发展，丰富了全县人民群众的精神文化生活，改善了投资环境，极大地促进了县域经济持续稳定发展。据不完全统计，全县文化旅游产业从业人员有 3000 多人，年利税达 2800 多万元，同时还明显带动了交通、餐饮、宾馆、休闲等第二产业其他门类的发展。

2017 年伊川文化产业收入 6.9 亿元，文化产业实现的增加值逐年加大，占 GDP 的比重逐年递增，成为县域经济发展新的增长点。为加强管理、规范文化市场，伊川县成立文化市场管理和“扫黄打非”工作领导小组，根据中央、省、市、县文化体制改革要求设立文化市场综合执法大队。理顺文化市场管理体制，完善文化执法相关制度，规范开展法规宣传与文化经营引导，在专项治理中依法依规严格执法。2018 年，无一起行政应诉案件出现，充分体现了伊川在文化市场管理上的规范化和精细化。

① 见《伊川县志》。

三　伊川文化发展面临的挑战

（一）文化与金融融合方面

总体上看金融资本助力文化产业的融合度还比较低。伊川有着丰富的文化资源，近年来文化产业呈现健康、持续、快速发展的良好局面。不过，伊川的文化资源品牌定位不清晰，品牌的美誉度有限，文化产业体量小、资产弱，多为小微企业，普遍面临融资贵、融资难的问题。进入伊川文化领域的资本成熟度不高，再加上文化产业发展的周期与回报的周期都比较长，能够专注于文化产业领域、专业性高、耐受期长的金融资本比较稀少。

（二）文化人力资源方面

文化从业人员庞杂，专业人才严重缺乏，培训渠道窄狭。伊川文化从业人员包括四类："1. 文化行政主管部门、街道乡镇等从业人员；2. 各级公共文化馆、图书馆、美术馆（艺术馆）、博物馆（纪念馆）、文物文博保护单位、广播电视、产业市场、各街道社区文化活动中心、广电单位、非物质文化遗产保护单位、文教结合相关单位等；3. 文化类社会组织、民营文化企业、民营艺术院团、社会文化组织从业人员和文化志愿者，以及其他企事业单位和机构的相关公共文化从业人员；4. 在电影、电视节，市民文化节等重大节庆活动中，能有效参与文化领域合作的科研高校、组织机构、配套企业合作方的负责人和工作人员。"①

在这些从业人员中，从业来源各不相同，有事业单位中其他岗位转岗人员、部队转业安置人员、政府购买服务岗位人员、社会文化爱好者、社会志愿者等。其中专业性人才占比极小，从业人员专业化培训渠道也十分有限，不利于文化从业人员持续性成长。

---

① 《省文化厅财政厅关于做好全省公共图书馆、文化馆（站）、美术馆免费开放工作的意见》。

（三）文化发展创新方面

县域文化的发展往往动力不足，文化从业者在发展创新方面缺乏自觉性与主动性。文化的创新发展需要依托既有文化资源与底蕴，对原有文化资源的发掘、整合、研究是取得发展创新的前提。不过，因为县文化从业人员的名额限制，在这一点上很难做到充分的准备，这就对后续发展乃至创新发展造成了先天不足的劣势。

文化发展创新强调与时代要素的融合，对文化发展软环境与文化发展理念创新有较高的要求。当前，大都市文化、时尚文化与区域文化交织，青年一代对大都市文化、时尚文化的关注远远超过了对区域原生文化的关注，如何保留原生文化的内涵，在传承和发展中不出现破坏性，成为文化发展创新中需要攻克的新课题。

（四）产业盈利方面

县域文化产业的发展与产业盈利互为促进。目前，伊川文化产业盈利方面与文化发展的需求还存在着一定的落差。以伊川程林文化园为例，整个项目投资3.5亿元人民币，在2017年春建成运营，同年12月成功创建为国家4A级旅游景区。2018年国庆期间数据显示，虽然该景区门票价格仅为1元，仍是门可罗雀。

伊川青铜小镇坐落在伊川县葛寨镇葛寨村，处于县域东南端。距离中心县城17公里。青铜小镇是一体化综合性社区，包含住宅、青铜传统产业、教育、商业、农贸等多种物业形态，虽已被列入市级文化产业发展重点项目，但在产业盈利方面依然需要有更积极的举措。

四　伊川文化发展的创新路径

伊川作为中原地区县级文化区域，文化发展优势众多，如文化资源优势、文化发展底蕴优势、文化发展大环境优势、交通优势等，都是伊川文化发展的厚重支撑。在今后的创新发展中既要突出县域文化的原生特色，更需要融合时代文化的创新元素。基于此，本文对伊川文化发展的创新路径有以下几点思考。

（一）以社会主义核心价值观为指导，凝练县域文化精髓，发展县域文化特色

伊川文化的精髓，是伊川文化从业者要集中力量承继并发展的核心内容，也是社会主义核心价值观的集中体现。伊川的文化内涵至少包括传统智慧与时代光辉。传统智慧中有着睿智的思想成果，如二程理学的思辨，范仲淹忠直许国、克俭清廉的风范；非物质文化遗产中酿酒技艺、青铜器制作中的陶范法、失蜡法等。这些不仅是某个人物、某种产品、某种技艺、某类文化形态，更重要的是寄寓其中的一个区域宝贵的智慧和精神血脉。综合来看，当前需要关注的是以下几处。

1. 传统智慧

伊川古为京畿之地，各类学者、思想者曾经流连在此，中国哲学史、思想史、科学史等都有与伊川交汇之处，所以在伊川可以提炼传承并弘扬的传统智慧有很多，如二程理学、新儒家思想、先天象数学体系等。伊川东北部万安山下为唐、宋名相墓园群，他们留在伊川的智慧之光丰富着传统智慧之库。

2. 特色技艺

伊川已经申报成功的各类非物质文化遗产有 12 项，此外还有一些极具区域特色的民俗民艺，如婚俗、节俗、食俗、曲艺等，需要加以收集与提炼，以传承辈辈相续的记忆。

3. 不朽精神

不朽精神是精神动力，是光照千秋的高尚情操。要举精神之旗、立精神支柱、建精神家园。中华精神的践行在伊川有着地区特色，伊川儿女在传承中形成了以爱国主义精神为核心的团结精神、创造精神、奉献精神、奋斗精神、追梦精神等。现今，亟须对这些精神给予进一步的叙述与传播。

4. 风物、遗存

县域文化特色除了非物质方面，还有自然风光与物质形态方面。伊川区位特点与地貌特色形成了宜人气候与特色风光，如“名山”“名寺”等；代代伊川人的辛勤劳动也铸造了不少灿烂的物质成果，如伊川缸、故城遗址等。将这些风物、遗存进行系统的特色介绍、断代说明、地域渊源解读，是对其更好地保护与发展的重要途径。

（二）以工匠精神为引领，提升伊川文化品牌美誉度

工匠精神体现出来的是脚踏实地、精益求精、一丝不苟、专注专业。伊川文化资源丰富，享有知名度的文化形态不在少数，但是文化名片的美誉度不够理想，究其缘由应是文化名片与文化品牌的品级不高与品质内涵不精，因此，当务之急需要加强的有三点。

1. 一心一意，在“品”上下功夫

“品”指的是品位与品级。文化产品是文化发展的载体，文化发展的势头与后劲与文化产品的品位与品级密切相关。伊川的文化产品，包括有形的无形的、可移动的不可移动、文字影像等，进入市场之初，就要一心一意聚焦在产品之“品”上，分析市场需求，精准选择品级定位，区别投放，有的放矢，以满足不同市场主体的需求。

2. 静心专注，在“质”上下功夫

“质”指的是质量。质量是成就品牌极为重要的因素，文化发展中的质包含内容颇多，文化导向正确、文化产品质量、文化消费感受、文化周期交替等。随着市场经济向纵深发展，效益与质量并不是想当然地成正比关系，就文化领域而言，效益并不当然与质量的高相关联。文化品牌出现了重短线效益、忽略文化产品质量、无视文化消费售后等现象，这些一次性输出与消费的理念是对文化发展之“质”的粗暴摧折，对于文化产业发展有非常大的负面作用，也是严重损毁品牌美誉度的行为。所以，要克服并最大限度地避免此类现象。

3. 精益求精，在“美”上下功夫

“美”指的是形态与观感的双重美度，是视觉、听觉、嗅觉、感觉等感官的综合性评价指标。需要文化从业者在文化环境、文化产品、文化产业链环节中注重细节，多角度多层次地完善文化发展的多样化要求。

（三）以服务人民为本，优化伊川文化发展环境

文化发展环境观是大环境观念，有软环境与硬环境之别，软环境指的是无形环境，如文化政策、文化传播、文化受众等；硬环境指的是有形环境，如文化设施、文化活动、文化运行等。如何在环境上做篇好文章，笔者有以下几点建议。

1. 整合各类政策中涉及文化的条目，系统规划，相互依托，节约资源，增加成效

对党和国家政策的执行需要具体到地方各层级与各职能部门，在贯彻落实中就有纵横交叉落实的情况，如一个社区或行政村中，宣传、纪监、党建、文化等各职能部门要求建立、建设的场所有家风馆、讲习所、廉政教育版面、特色课堂、文化书屋等，分别贯彻落实就可能出现场所、人力、财力方面的制约，导致捉襟见肘。如果综合考量，就能收获为民想、为民谋的综合利好。

2. 规范各类资本运行环境，为文化发展、文化产业发展注入强劲动力

资本是个综合概念，本文做限制性指代，包括政策扶持资金、银行信贷资金、股票融资、债券融资、保险资金、民间融资等的应用。经济实力是文化发展的前提基础，资本充沛能够为文化发展提高持续动力。在文化场馆、节会活动、公益项目、文化企业、产业延展等各类运作中，应保障资本的运行依法合法，规范有序。

对资本市场进行统一有效的监管，对组织、个人（企业）建立广泛的征信系统，能有效防范金融风险，能及时、有序、有效处置资本运行中突发及消极状况。

3. 发挥融媒体在文化传播上的优势，为文化发展插上翅膀

“融媒体”是新兴事物，充分利用现有媒介载体，整合广播、报纸、电视、移动媒体等，充分运用互补性，在内容、宣传、受众等方面进行广泛覆盖。

发挥融媒体作用，一是可以培育文化需求，能够教育、引导、鼓励并奖励传播受众关注、了解、参与、消费文化产品。二是避免文化发展陷于“酒香也怕巷子深”的尴尬环境，文化各类形态只要符合市场与群众的需求，就能插上翅膀四处翱翔。

伊川的融媒体已经全新在线，在伊川文化品牌、场馆活动等的推介中频频发力，不过在文化教育、文化互动与文化发展成效上还须创新方式，再寻通幽之路。

4. 创新文化管理与服务理念，让人民共享文化惠利

打铁还须自身硬。文化产业向好发展必须先练好管理“内功”。寓管理于服务中，向管理要产业发展效益。

在伊川文化管理中：一是要创新从业人员管理，从个体能力发展的角度去实现有效管理，通过学习、培训的形式去实施管理，以行业和人员共同发展进步体现管理效益；二是要规范场馆管理，公共场所的管理也是一种社会教育，规范有序展示的是正向社会效应，失范无序有可能造成负向社会反应。作为文化管理要充分重视行业管理中的教益，创新理念、优化服务，让人民群众切实共享文化福利。

（四）以新发展理念为基，以数据、科技为载体，不断创新文化产业形态

大数据的发展能精准解决供需契合的问题，文化市场需要什么，缺乏什么，潜在追求什么，都可以通过数据分析得到精准的研判。伊川的文化产业应借助数据解读、科技发展的快捷，不断创新文化产业业态。

1. 找准传播载体的优势，创新作坊式与规模化并行发展

传播载体包括教育、文字、典籍、人的移动。文化产业业态可以嫁接于

任何一种载体得到传播。文化市场奉行丛林法则，选择哪一种文化业态取决于市场发展趋向的载体。伊川的文化产业可以找准自身定位，以选择合适的载体得以发展。

笼统来看，目前的文化产业有家庭作坊式的，如青铜器制作、酒类酿造、膏药草方等，也有规模化的，如二程文化园。

家庭作坊式的文化产业可以以移动媒体为主，以产品为载体做推介，做展示，做课堂，做分享，做分销，等等，派生出新的文化产品、文化业态与产销渠道。

规模化的文化产业可以综合运用各类载体，书籍、典籍是长效载体；通过数据库、科技手段、网络平台、交互基地建设等优化硬件设施，增加参与式、体验式、共享式、纪念式文化产品与业态的发展，如二程文化园区、范园、邵雍墓等，可以综合参观、讲座、研讨、年会、展示、传承、仪式等新的形态，拓展教育，形成规模化文化产业新的发展格局。

2. 借助新媒体优势，拓展文化产业发展格局，寻找类化或区域化发展的新形态

新媒体又称“第五媒体”，相对于广播、报纸、杂志、电视四大传统意义上的媒体，是“在新的技术支撑体系下出现的媒体形态，如数字杂志、数字报纸、数字广播、手机短信、移动电视、网络、桌面视窗、数字电视、数字电影、触摸媒体等”。

伊川的文化资源有些并非本地独有，与中原地区，乃至省外国外都存在着某些交叉与关联。如二程理学、范仲淹精神等。新媒体的交互运用，打破了地域上的分隔，可以通过技术手段直观集中地呈现各地的影像与文字资料。伊川文化发展格局不应以一地为限，可探索按人物、思想、技术、风物等分门别类走专门性整合、区域性合作的开放、共享新发展之路。

3. 重视“绿色发展”理念，协调资源与环境，融合数字新技术手段，研发绿色、创意型社会化文化产品

绿色发展理念，指的是发展中必须把自身的利益、受众的需求和环保利益三者有机地结合起来，文化企业（包括个体）在整个发展过程中都应当

考虑到资源的节约利用、社会正面导向和环保利益，追求安全、节约、卫生、无公害的价值倾向。

习近平总书记提出供给侧结构性改革，文化发展中同样要关注文化产品供给侧方面存在的缺陷和短板，文化产业并非全部是低损耗、低库存、低成本、零污染的产业，伊川的仿古青铜器制作产业就面临着环保转型，二程文化园面临着多类资源高成本、低收益的运作瓶颈。

数字新技术可以相对减小绿色发展成本，通过大数据分析、虚拟模拟、3D 演示、全息技术等可以有效选择文化产品的针对性与文化业态的适用性。

结 语

伊川的文化发展取得过显著的成果，为实现中华民族伟大复兴做出了一县一域的不懈探索。今后，站位于中国特色社会主义发展的新时代，要贯彻落实新发展理念，创作丰富的文化产品，创新文化发展业态，拓展文化发展格局，为实现中国梦做出伊川的努力。

参考文献

[1]《习近平谈治国理政》，外文出版社，2014。
[2]《习近平谈治国理政》第二卷，外文出版社，2017。
[3]《伊川县志》，河南人民出版社，1991。
[4] 杨康贤：《论当前民族文化传承发展面临的挑战及对策》，《价值工程》2014 年第 1 期。
[5]《关于开展 2019 年度国家文化和旅游科技创新工程项目申报工作的通知》。
[6]《范文正公陵园大事记》，世界范氏宗亲联谊会官方网站。
[7]《邵雍全集》（全五册），上海古籍出版社，2015。
[8]《中华人民共和国文物保护法》。

B.16
洛宁县文化旅游产业发展报告

马平娜　吴　鹏*

摘　要：　近年来，洛宁县立足其在特色农业发展和人文历史方面的独特优势，大力发展文化旅游产业，有力推动了脱贫攻坚工作和县域经济发展，“文化旅游”也逐渐成为洛宁的一张名片。本文通过深入调研，分析了洛宁文化旅游产业发展现状，指出其在文化旅游产业发展中存在的问题和原因，并提出相关对策和建议。

关键词：　洛宁县　文化旅游产业

习近平总书记在党的十九大报告中深刻指出：没有高度的文化自信，没有文化的繁荣兴盛，就没有中华民族伟大复兴。洛宁是河洛文化发祥地，境内有标志中华文明渊源的“洛出书处”“仓颉造字台”“伶伦制管”等众多历史文化遗存，历史文化厚重，旅游资源得天独厚，自然和人文景观异彩纷呈。借助境内资源禀赋，洛宁县大力推动和发展文化旅游产业，并取得了一定的成效。

一　洛宁县文化旅游产业发展现状

围绕经济社会发展和脱贫攻坚工作，结合洛宁县自身资源禀赋和实际，不断加大资金投入和宣传力度，着力推进文化旅游产业发展，境内文化旅游产业发展呈现新局面。

---

* 马平娜，河南省洛阳市洛宁县委党校副校长；吴鹏，河南省洛阳市洛宁县扶贫办干部。

（一）文化旅游资源丰富，形式多样

其一，传统历史文化景点。结合境内丰富历史文化遗迹，洛宁县着力打造和推介了“洛出书处”“仓颉造字台”“北国漓江——西子湖”“绿竹风情园”等一大批历史文化旅游景点，吸引了海内外众多游客。其二，“节会”文化景点。借助自身资源禀赋，洛宁县着重打造了“上戈苹果节”“高山牡丹节”“马店梨花节”等以休闲、养老、观光、娱乐为主题的节会，均已成功举办多届，吸引了大批游客，仅2018年“上戈苹果文化节”期间，就吸引了20余万人次的游客。其三，“古院落”文化景点。洛宁地处深山区，境内民俗古院落广布（以明清建筑为主），目前保存完整且形成规模的有东宋镇程家大院、河底镇张家大院、上戈镇乔家大院等，遗留的古院落生动形象地展示了当地的历史传统和民俗风貌，观赏价值较高。其四，沟域经济带中散布的文化景点。“十二五”至今，洛宁县投入数10亿元资金，打造了以春山溪谷、豫西苹果谷、小铁沟沟域示范区、关庙梨源沟域经济示范区四条沟域经济带，其中散见着众多知名文化旅游景点，如原始古朴的生态环境和现代陶瓷艺术完美结合的“洛阳三彩国际陶艺村”、上戈“金果小镇”等。

（二）文化旅游产业发展呈现两个特点

一是紧扣脱贫攻坚。洛宁县1984年被确定为国家级贫困县，2001年被确定为国家扶贫开发重点县，2011年被纳入国家集中连片特困区秦巴山片区。截至2018年底，全县有118个贫困村，建档立卡贫困人口15497户58681人。脱贫攻坚是洛宁县最重要的政治任务，近年来，洛宁县强力推进旅游扶贫模式，通过艺术+扶贫、文化+扶贫等模式，全县直接或间接实现就业1260人，人均收入在5000元以上。二是凸显“绿色”理念。洛宁山清水秀，林木覆盖率达60%，生态环境良好，国家森林公园、国家地质公园、4A景区神灵寨、西子湖等自然生态景观风光宜人。全县现有原生态古竹林1万余亩，素有“北国竹乡”之美誉。作为生态涵养区，在文化旅游资源开

发和产业发展中，洛宁一直秉持“绿水青山就是金山银山”的发展理念，坚持走“绿色”发展道路。

二　文化旅游产业发展存在的问题及原因分析

受限于主客观条件，洛宁县文化旅游产业发展起步较晚，在发展过程中，还存在一系列问题，主要表现在以下几个方面。

（一）文化旅游产业发展滞后

一是开发程度低。“洛出书处”“仓颉造字台”等历史文化气息厚重的传统文化景点，因年代久远，残存的遗迹较少，文化旅游景点开发难度大，开发程度低。二是规模较小。以古院落文化为例，除河底镇张家大院规模较大外（占地约200亩，房屋400余间），其他院落景点皆规模较小，而相应的开发程度也低，经济效益普遍低下。三是集群效应差。受限于自然条件影响，文化旅游资源在空间布局上较为分散，且缺乏统一的规划，没有形成文化旅游产业发展的合力，在旅游资源整合、推介旅游精品线路等方面集群效应无法充分发挥。四是知名度低。相较于洛阳市内众多知名文化旅游景点，洛宁的文化旅游景区知名度较低，缺乏对消费者的吸引力。

（二）文化旅游业发展的长效机制尚未建立

一是缺乏总体规划。对文化产业的发展缺乏一个科学、明晰的总体规划，文化、旅游、宣传等部门之间存在各自为政、各行其是的现象，影响了文化产业的整体合力。二是缺乏统筹融合。洛宁县文化资源与旅游资源整合、协调发展不够，与旅游、休闲、古院落等关联的产业尚处于起步发展阶段。三是缺乏人才支撑。当前，与洛宁旅游产业和文化旅游业发展相适应的人才市场、劳动力市场等产业要素市场等尚未建立，通晓文化产业内容又具有自主创作能力的复合型人才，既懂创意研发又懂艺术创作的实用型人才，从事古建筑修复和保护及文化旅游产业经营管理的人才较为短缺，人才队伍的创造力和竞争力相对不足。

（三）文化旅游开发缺乏创意和深度挖掘

文化旅游业发展需要用创新的思路去挖掘、整合，以激活旅游资源的“文化之魂”，而不是通过复古和再造来实现对本地人文历史的重新认知和认同，洛宁文化资源虽然丰富，但是大多数景区对文化内涵挖掘不够，文化创意缺乏，旅游产品内容单一，开发深度不够，缺少极具民族特色和文化气息的呈现方式，旅游文化氛围不浓，吸引力不足。

三　促进洛宁县文化旅游产业发展的几点建议

文化旅游产业是综合性产业，关联性高、涉及面广、辐射带动性强，对区域经济发展具有极大的促进和推动作用。坐拥丰富文化旅游资源的洛宁县应克服发展中的问题，采取更加有效的措施推动文化旅游产业发展，打造经济增长亮点。对此笔者提出以下建议。

（一）加强顶层设计

文化旅游产业开发投资大、周期长、见效慢，因此文化旅游产业的发展并非朝夕之功，政策的连续性对洛宁文化旅游产业的发展至关重要，洛宁县已将文化旅游产业发展纳入县域经济发展整体规划中，下一步应借助当前机构调整窗口期，加大对文化、旅游等部门的资源整合，充分发挥政府部门职能作用，制定规划战略，理顺旅游产业相关利益群体的关系，加大宣传推介力度，为文化旅游产业发展创造环境，确保政策支持不断档、发展可持续。

（二）加大挖掘力度

文化、旅游等部门要积极组织相关专家、学者加大对“洛出书处”“仓颉造字台”等文化历史的挖掘力度，在充分展现中华传统文化基础上赋予其新的时代内涵和价值，激活其生命力，增强其影响力和感召力。在现有条件下，要加大对“古院落”文化旅游资源的挖掘，不局限于建筑、艺术等观赏方面，还要对其在传统文化教育、民俗风情等方面有借鉴价值的内涵充分挖掘，对陈旧的表现形式加以改造，从而推出更具价值和更有影响力的文化产品，吸引更多的消费者。

（三）加快资源整合

针对县域内文化旅游景点分散、规模小等现象，要加快对区域内同质化旅游资源的整合，完善交通、住宿等基础设施和相关服务，相关部门要协调联动、主动作为，强化“一盘棋”思想，坚持共建共享，通过共同开发旅游景区、共享游客市场，不断做大做强大景区旅游，为推进旅游业发展创造良好环境，实现文化旅游产业集群化发展，形成规模效应，增强竞争力。

（四）强化人才支撑

人才是文化旅游产业发展的重要保障，对文化旅游产业的发展至关重要。现行条件下要着重关注以下几个方面。一是引进人才。从市场上引进一批文化旅游产业经营管理人才、懂创意研发又懂艺术创作的实用型人才充实文化旅游人才队伍，为洛宁文化产业发展注入新鲜血液和强劲动力。二是挖掘和培育本土人才。加强对现有从业人员的培训，提升整体素质，培育一批本土优秀人才，促进文化旅游产业的长足进步。三是争取高校和相关协会在人才方面的支持。加大与高校和相关文化行业协会组织的合作力度，争取其在科研、市场、管理人才方面对洛宁的支持。

（五）深化产业融合

依托现有的、已形成规模的“上戈苹果节”“高山牡丹节”“马店梨花节”等“节会”文化旅游模式，大力宣传和推介文化旅游，促进特色农业产业与文化旅游产业融合发展。借助县域内成熟的淡竹工艺品、木制品加工及丰富且具特色的农产品，通过产品深加工、销售等多个环节，拓宽产业链，提升产业发展效益，进而促进一、二、三产业的协同发展。

B.17 宜阳县文化发展报告

宜阳县文化发展研究课题组*

摘　要： 宜阳县历史悠久，人文荟萃，拥有强大文化资源存量与积淀。近年来，宜阳县以“富美宜阳”建设为目标，坚持“县为龙头”，强化“乡镇支撑”，实现“村村覆盖”，大力推进公共文化服务体系建设，公共文化事业不断发展繁荣。大力实施文化惠民工程，弘扬主旋律，文化进万家。文化遗产保护、文化产业发展、文化扶贫、文化监管等工作多点开花结果，极大满足了群众的精神文化需求，文化建设取得了显著的成绩。该报告总结了宜阳县文化发展的现状，对当前文化发展存在的主要问题进行简要分析，并在此基础上提出一些推动宜阳文化发展的对策建设以供参考。

关键词： 宜阳县　文化发展　文化产业

宜阳紧邻“千年帝都”洛阳市区，夏属豫州，战国时置县，至今已有2400年历史。宜阳是西周召伯听政处、战国时期韩国都城、唐代诗人李贺故里、中国西游文化之乡。文化底蕴深厚，自然山川秀美，为宜阳文化事业的发展提供了珍贵的文化土壤。宜阳县以满足人民对美好生活向往为己任，

---

* 课题组组长：李娇丽，河南省洛阳市宜阳县委党校讲师。课题组成员：闫鹏杰，河南省洛阳市宜阳县纪律检查委员会科员；王亚丽，河南省洛阳市宜阳县委党校讲师；杨耀明，河南省洛阳市宜阳县委党校高级讲师；任婧祎，河南省洛阳市宜阳县委党校讲师；李涤非，洛阳古代艺术博物馆科员。

围绕“9+2”工作布局，以“富美宜阳”建设为发展统领，坚定文化自信，推动文化惠民，现代公共文化服务体系日益完善，文化事业快速全面发展，文化遗产保护、文化扶贫、文旅产业项目各项工作成效显著，充分满足了广大群众的精神文化需求。

一　2018年宜阳县文化发展现状

（一）公共文化事业发展繁荣兴盛

1. 现代公共文化服务体系逐步完善

近年来，宜阳县坚持“县为龙头”，强化“乡镇支撑”，实现“村村覆盖”，大力推进公共文化设施建设，基本实现公共文化设施“县乡村”整体覆盖。

一是宜阳县文化馆、图书馆建成交付使用，“两馆”建筑面积达2万平方米，硬件设施一流。先后投资1.5亿元，建成了锦屏生态文化广场、李贺文化广场、召伯文化广场等8个文化景观广场，在洛河之滨建成了可容纳3000余名观众的滨河文化广场1处。5座城市书房建成投用，公共文化设施面向社会免费开放，文化滋养轻松易得。

二是宜阳县16个乡镇文化站完成提升改造，按照要求建有“三室一厅一房”（图书室、信息资源共享室、娱乐室、多功能厅和管理用房），室外文化广场的建筑面积均在300平方米以上，并且配套建设了各类文化器材设备，配备了2名以上文化管理员，各类设备齐全，完全能够满足基层群众的文体娱乐需求。

三是完成行政村综合性文化服务中心建设任务。总投资4498.8万元，完成345个行政村、6个居委会“七个一”村级综合性文化服务中心建设任务，为各村配齐了锣鼓家什、广播器材、体育健身器材，实现行政村全覆盖。投资2560万元，实施贫困村广播电视“户户通”工程，全县所有贫困户有线电视信号全部免费接入，并免费收视。构建了以县级公共文化设施为龙头、乡镇文化站为纽带、村级综合文化服务中心为基础的公共文化服务体系。

2.“书香宜阳”建设工程全面实施

一是城市书房建设。城市书房建设是宜阳县2018年一项重要民生工程，也是“书香宜阳”建设工程的重要内容。8月底，投资165万元建成滨河广场、城东区合欢路2座城市书房并率先开放，11月中旬，总投资343万元的滨河北路、水晶城、红旗路3座城市书房建成开放，11月15日，举行了宜阳县5座城市书房集中开放仪式，受到社会各界的肯定和赞扬。

二是基层流动服务点建设。建成图书馆馆外图书车流动服务点16个，利用流动图书车开展图书“七进”（进农村、进社区、进家庭、进学校、进机关、进企业、进军营）活动30次，送去各类图书8000余册。

三是倡导全民阅读活动。充分利用“三下乡”“4.23读书日”“全国图书馆服务宣传周”等活动之机，宣传《公共文化服务保障法》《公共图书馆法》，倡导全民阅读。通过举办“小小梦想家”活动、“六一”节慰问，经典诵读大赛、诗歌朗诵比赛、阅读比赛等方式，“书香宜阳”氛围日渐浓厚。

3.“弘扬主旋律·文化进万家”群众性文化活动蓬勃开展

一是“双节”文化活动。共组织义写春联送百姓、书画作品展、民间杂耍调演、唢呐调演、灯谜晚会、全民广场舞大赛等10余项活动。各乡镇文化站也组织举办了形式各样的节会文化活动，乡村实现“乡乡有节目、村村有活动”，活跃群众的节日文化生活。全县353个行政村有700余支乡村文艺宣传队，围绕党的十九大、脱贫攻坚等，村村开展文体活动，村村组织道德模范评选，全县城乡呈现一片喜庆祥和局面。

二是中原大舞台优秀剧目展演活动。宜阳县特邀偃师市豫剧团在县委党校多功能演播厅上演优秀剧目《山妞》《父亲》《山村母亲》等剧目。

三是第36届洛阳牡丹文化节“河洛欢歌·广场文化狂欢月”宜阳专场活动。4月21日，组织县剧团赴洛阳周王城广场精彩上演的经典豫剧《三娘教子》，被评为洛阳市一等奖。

四是“千人共舞一曲”活动。卓创陶瓷文化创意园、三乡汉唐古镇、莲花山生态园七彩花海三园“五一”开业。组织开展了“舞动船城”全民广场舞大赛、“前进杯”全民龙舟大赛、全民健身球大赛等丰富多彩的文体赛事，荣获“全国健身球操之乡”称号。深入推进“诗词宜阳”建设，成功创建“河南省诗词之乡”。

五是围绕“弘扬主旋律、文化进万家”主题，连续17年举办“滨河之声”群众文化活动，成为享誉全省的群众广场文化活动金字招牌。第17届“滨河之声”群众性系列广场文化活动于7月20日开幕，历时2个月，组织文艺晚会、曲艺表演、戏曲票友大赛、青少年歌曲大赛、百姓广场舞大赛等各类赛事56场，受益观众近12万人次。

4. 文化走基层惠民活动扎实推进

一是扎实开展“舞台艺术走基层”“百场公益性演出”“戏曲进校园”等文化惠民活动350余场次，以健康向上的文艺形式，弘扬社会正能量。

二是组织“三区”文艺人才队伍，开展基层文艺培训活动，全年共赴乡村举办戏曲、广场舞、美术、书法、大鼓等培训班500余次，培训总人数12000余人次。集中组织开展广场舞、戏曲、盘古艺术、书法等培训活动20余次，培训基层文艺骨干3600余人次。尤其是“千人广场舞表演”和盘古艺术培训，盛况空前，影响广泛。

三是增强公共文化产品供给，支持高村镇农民剧团精品创作，倾力打造了廉政扶贫戏曲《万家灯火》、现代家风曲剧《古树老宅》等精品剧作，并组织开展巡演活动，收到了良好的社会效果，其中《古树老宅》荣获洛阳市精神文明建设“五个一”工程奖。同时组织县剧团、高村农民剧团深入乡村，开展“党的创新理论宣讲进基层·红色文艺轻骑兵”活动80余场次。

（二）文化市场执法监管强力推进

坚决贯彻落实中央和省、市工作要求，开展文化市场综合整治，规范文化市场秩序，为文化发展塑造干净清洁的氛围。

1. 开展节日治理

春节、元宵节期间，对全县文化市场特别是印刷品市场开展执法监管，按照《宗教事务条例》，查收宗教非法印刷品20000余张。

2. 强化日常监管

开展网吧集中整治行动，加大检查频次，严查网吧及歌舞娱乐场所接纳未成年人等违法经营行为，对存在违规行为的网吧场所坚决予以关停整顿，依法取缔“黑网吧”6家。

3. 坚持“扫黄打非”

严厉打击政治性非法出版物，强化对旅游文化市场及校园周边文化经营秩序的治理整顿，查缴各类盗版及非法出版图书2000余册。

4. 监管演出市场

加强对春季各类庙会、集市营业性演出、临时搭建舞台、组台演出等现场监控，坚决杜绝不健康节目流入演出市场，确保全县演出市场健康有序。

5. 扫黑除恶专项斗争

成立领导小组办公室，印发《实施方案》，建立工作台账，发放调查问卷，积极开展宣传和线索摸排工作，严厉打击文化市场领域各类违法经营行为。截至11月底，关停城乡黑网吧37家、无证KTV娱乐场所13家、无证图书店4家，做到守土有责、守土尽责、守土问责，为全县扫黑除恶营造良好的文化市场环境。

（三）文化遗产传承保护不断加强

1. 文物保护

一是报国家文物局批准，投资750万元，实施了唐代五花寺塔、宋金时期灵山寺、苏羊古村落修缮保护工程，实现对外开放。二是完成对汽车客运南站、碧桂园、经九路等项目的文物勘探。三是完善县、乡、村、保护员四级安全网络体系。召开宜阳县文物安全会议，与16个乡镇签订文物安全目标责任书，要求各乡镇与各村委和每位文保员分别签订目标责任书，层层压实责任，确保全年文物安全。四是成立由公安、消防等相关部门为成员的文物安全工作领导小组，建立协调工作机制。五是完成洛阳市文物安全专项督查工作。洛阳市文物安全第三督查组对宜阳县贯彻省市文物安全集中整治工作开展情况、文物安全责任制落实、安防设备运转管理、日常文物安全保护等情况进行全面督查，对宜阳县文物安全及文物保护工作予以充分肯定。

2. 非遗保护

一是深入挖掘、收集、整理项目资料，进行数字化整理，完善4个县级项目文字资料和32个项目的图片、音视频资料，完成4个市级项目申报工作。二是完成省、市、县级名录项目传承人授徒培训工作。三是启动《宜阳县非物质文化遗产资源汇编（2008～2018）》编撰工作，完成资源汇编初稿。四是组织开展《非物质文化遗产保护法》宣传活动，在“文化遗产日”期间，利用网络、微信平台、媒体和节庆活动广泛宣传非物质文化遗产知识，让非物质文化遗产保护工作深入人心。积极开展二月二灵山文化庙会、三月三福昌阁文化庙会、赵堡红色革命老区文化纪念活动等。通过开展丰富的文化活动，形成了传承保护文化遗产的良好氛围、昂扬向上的精神面貌。

（四）文化产业发展势头强劲

1. 加强文化产业管理

文化局成立文化产业科，充实2名工作人员负责此项工作，开展对全县文化产业发展现状的调查摸底，参加市文化产业业务培训，提升文化产业管理水平。

2. 组织参加文化产业博览活动

2018年4月，精选锦一牡丹瓷、聂麟郊膏药、东方陶艺泥塑3家文化企业产品，参加在洛阳会展中心举办的第36届中国洛阳牡丹文化节第二届河洛文化大集，展现宜阳县文化企业的特色。9月24日，宜阳县5家文化企业参加洛阳市首届中原文化产业博览会活动。

3. 文化产业项目进展情况

文化产业发展系列化、特色化趋势明显，发展前景可观，势头强劲。宜阳县突出“品历史、赏美景、享创意”特色，充分发掘汉唐文化、李贺文化、西游文化、驿站文化、古韩文化等文化内涵，并通过景区举办非遗展示展示、诗词朗诵、笔会等各项特色文化活动展示宜阳文化内涵，灵山文化旅游区、三乡汉唐文化园充分把传统文化、历史文化和自然风光紧密结合起来，使宜阳既有诗又有远方，提高了宜阳文旅产业的核心竞争力。宜阳倾力打造了三乡汉唐古镇、莲花山生态园七彩花海、卓创陶瓷文化创意园项目，“五一”开园迎宾。

奥斯卡影城形成了影视、KTV 量贩、游戏、网吧等文化娱乐及相关服务的产业板块。灵山莲花公园已成为集莲花观赏、水上乐园、5D 影院、水幕电影、温泉养生、特色客房、休闲娱乐为一体的大型旅游景区。该园区有一批骨干文化企业和大型文化产业项目为支撑，形成较完整的产业链，实现集约化、规模化经营，具有较强的文化创新能力，社会效益和经济效益显著，年接待游客约 115 万人次。

目前，宜阳县法人单位增加至 317 家，“三上”企业达到 21 家。在洛阳市“四高一强一率先”指标排名中，宜阳县文化产业增加值占 GDP 比重指标位列全市 9 县（市）第 3 名。

（五）文化扶贫工作成效显著

宜阳县立足乡土文化，推进文旅深度融合，以文旅产业发展，带动群众增收。“历史文化景区”带贫增收，依托宜阳“西游文化、驿馆文化、禅修文化、诗词文化”，打造了“花果山、三乡汉唐文化园、灵山寺、莲花公园”等历史文化景区，直接带贫增收 650 户，带动周边群众兴办家庭宾馆 88 个，发展餐饮、购物、娱乐等服务业，惠及贫困群众 4500 余人。

“乡村文化旅游”带贫增收，依托宜阳县丰富的农业生态资源，培育乡村节庆文化，形成了上观桃园文化节、韩城桃花节、凤凰岭槐花节、柳泉草莓采摘节、锦屏镇石榴节、七彩花海田园综合体等乡村文化特色产业，带动周边 6 个乡镇、29 个村发展特色种植，惠及 3.5 万名农民群众。

“工业文化小镇”带贫增收，充分挖掘宜阳县红星陶瓷、青岛啤酒、富隆特公司、好射手体育文化集团等工业文化资源，建设红星陶瓷文化小镇、青岛啤酒文化广场、富隆特文化产业园、凤凰岭体育小镇等文化景区，通过吸纳用工、虚拟岗位、入股分红、入园经营等方式，带动群众增收 3200 余人次。宜阳县始终把公共文化服务体系建设作为“文化扶贫、文化惠民”的有力推手，让文化扶贫成果惠及广大群众，努力提升幸福指数，让贫困群众不断立志创业，走向富裕。

二 宜阳文化发展存在的主要问题

当前，宜阳县公共文化服务体系日益完善，群众性文化活动丰富多样，文化旅游文化产业不断发展且势头强劲，但与当前“富美宜阳”建设全局要求、与群众的现实期待还有一定的差距，如文化馆、图书馆新馆以及博物馆建成后，美术、音乐、舞蹈、图书管理、文博等方面的专业人才缺乏；长期以来，县剧团演员存在青黄不接局面，没有人才和资金用于排演新剧目的局面亟须改善，农村文化队伍依然薄弱，文化站人员文化不专，村级文化协管员待遇尚未解决等问题依然存在。专业人才短缺、经费不足、基层文化队伍力量仍然薄弱，另外文化发展缺少突破，文旅产业缺乏后劲等一系列问题，都影响着宜阳县文化事业的持续繁荣发展。

（一）文化发展缺乏突破创新

宜阳县历史悠久，文化资源丰富，当前文化发展过分依靠宜阳原始的历史文化资源积存，部分文化发展点保存价值虽优但缺乏后期发展效益。宜阳文化发展可以拓展的空间很大，需要在文化旅游、民间文艺、民俗文化等产业基础上，结合网络、现代文艺、工业发展等时代新业态，创新文化发展形式，寻求县级文化发展的新突破。

（二）文化投入仍然不足

当前宜阳县对各种文化发展建设的资源投入明显加大，但与实际需求仍然有差距。当前全县乡镇文化站都得到提升改造，设施条件明显改善，但利用率低，文化活动开展所需的图书报刊等不能及时有效地更新使用，效用发挥不够。另外，文化用品的投入与基层百姓的实际文化消费需求难以完全匹配。部分领导干部对文化建设的重要性缺乏认识，基层事务繁忙，出现文化事业说起来重要、干起来次要、忙起来不要的现象。也就容易导致出现政策措施、工作热情、经费投入短缺的后果。

（三）文化产业仍然较弱

对丰富深厚的历史文化资源宣传不够，对文化古迹、人文景观的宣传力度还远远不够。文化产业文化旅游项目的经济与社会效益显现较慢，使得建设文化产业的积极性还没有被充分调动起来，社会资本投入文化产业的渠道不宽。在文化旅游项目的开发利用上，没有形成多元化的投资格局。具备高层次文化素养和市场营销发掘能力的文化产业经营和管理人才不足，具有影响力和可持续发展的文化品牌不多。不少干部群众对文化旅游等产业认识模糊，缺乏对其拉动县域经济作用的认识，全县上下还没有达成共识，存在上热下凉的情况。同时一些政策和管理措施不到位，也影响着文化大发展。

三　持续推进宜阳县文化发展的对策建议

宜阳县将以习近平新时代中国特色社会主义思想为指导，以满足人民群众对美好生活的向往为目标，科学决策、科学部署，加强文化基础设施建设，实施文化惠民工程，开展富有地方特色的群众性文化活动，不断完善现代公共文化服务体系建设，确保文化各项工作再现新亮点，再上新台阶，为“富美宜阳”建设提供强大的文化支撑。

（一）深化思想认识，加强组织领导

必须进一步坚持文化自信，坚持和发展本地先进文化，引导广大干部群众正确认识文化建设文化发展对于实现“富美宜阳”目标、推动宜阳县经济社会发展的巨大推动作用。高度重视文化发展，在统筹县域发展和实际工作中要把文化发展作为重要的工作内容来通盘考虑谋划，切忌以文化发展难

搞、见效慢为由而把文化建设当作摆设。加大对群众文化生活服务与环境设施建设、县级文化馆、乡镇文化站等涉及文化发展环节的财力、物力、人力投入，强化政策扶持。加强督促检查落实，把文化发展成绩作为考核干部的重要指标，发挥导向作用。

（二）加强队伍建设推进文化建设

加强宜阳县文化干部队伍建设，不断提高文化干部素质，为文化工作顺利开展提供有力的人力保证。通过选拔考试、提高待遇等手段，招聘热爱文化工作、有责任感、有敬业精神、有组织管理能力的专业技术人才，充实文化队伍，实施专兼职相结合，同时吸收民间艺人和学校教师加入县文化建设大军。另外要正确使用管理文化队伍，保持其稳定进步，加强干部培训，提高素质增强本领以适应群众的新需要、满足群众的新期待。

（三）不断提升公共文化服务水平

1. 提升公共文化设施建管水平

全面提升宜阳县图书馆、文化馆、乡镇综合文化站、村级综合性文化服务中心三级公共文化设施，力争全县乡镇、行政村公共文化实施“硬件、软件”双达标，设施面积、规模等硬件要达标，配置要实现“三化”（即人员配备精准化、免费开放常态化、文化活动多样化）。完成柳泉、樊村、韩城、董王庄、上观、花果山、三乡等7个乡镇、11个行政村的综合性文化服务中心迁建、改建任务。充分发挥县、乡、村三级文化设施的阵地作用，实现全天候、零门槛向社会公益开放，努力为广大群众提供快捷方便的公共文化服务。

2. 创新开展群众文化活动

以“双节”文化活动、灵山文化庙会、“滨河之声”群众性广场文化活动三大品牌为主线，全年举办百场大型文艺活动；以“红色文艺轻骑兵”“百场戏曲送农民”“戏曲进校园”“书香宜阳”全民阅读等形式，开展各类文化惠民活动400场以上；以提高基层文艺水平为目标，以“三区”人才支持计划专项培训为主要手段，全年举办广场舞、戏曲、鼓乐、书法美术等培训 500 次以上，培训文艺骨干 1000 名，培训人员 10000 人次。

3. 繁荣文艺精品创作，增加文化产品供给

深入挖掘特色文化资源，坚持以人民为中心的创作导向，在深入生活、扎根人民中进行文艺创造，大力宣传党的十九大精神，重点抓好体现社会主义核心价值观的戏曲、音乐、美术、舞蹈等精品生产。县剧团力争排演新戏 2 部，支持民间文艺团体排演新剧 1 部。积极组织文艺精品参加各级各项艺术会演、赛事，夺得好成绩。

（四）加强文化遗产保护

1. 加强文物宣传保护力度

组织开展博物馆日、文化遗产日宣传活动，强化全县群众的文物保护意识。落实好县、乡、村三级文物保护管理机制，加强“文保员”队伍建设，加大巡查力度，确保各级文物保护单位巡查率、完好率达到 100%。做好各级文物保护单位修缮项目的审批工作。完成宜阳县博物馆建设、搬迁及开放服务工作。

2. 做好非物质文化遗产的传承保护工作

积极申报省、市级非遗名录或传承人，完成《宜阳县非物质文化遗产资源汇编》，完成省级项目《苏羊竹马》纪录片拍摄。

（五）严格文化市场管理

1. 强化行政审批和文化市场执法监管

坚持“一手抓繁荣，一手抓管理”的方针，积极推进简政放权、放管结合、优化服务改革，完善“放管服”制度体系，坚持依法行政，优化政务服务，规范行政审批许可。进一步完善文化市场行业自律和行业管理，推进文化市场社会信用体系建设，建立与上级文化综合执法部门的协作机制。加大文化市场执法监管力度，严查未成年人上网行为，加强农村演出市场的监管，杜绝不健康节目流入演出市场。

2. 深化“扫黄打非”进基层工作

以开展专项行动为抓手，以查办案件为突破口，以打击各类非法出版物及有害信息为着力点，牵头组织好“扫黄打非”工作。加强对乡、村两级“扫黄打非”工作责任人和骨干的培训，提升基层“扫黄打非”工作能力和水平，确保“扫黄打非”进基层工作见成效。

3. 持续开展扫黑除恶专项斗争

积极开展文化市场领域扫黑除恶专项斗争的宣传和线索摸排工作，严厉打击各类文化“涉黑”经营行为，严查背后的“保护伞”，坚决关停城乡黑网吧、黑歌厅、无证图书经营户，做到守土有责、守土尽责、守土问责。

（六）推动文化旅游产业整合发展

对符合条件的文化产业、文化企业争取申报省、市级文化产业园（基地）项目。实施文化与旅游融合发展，支持灵山文化产业集聚区、花果山旅游区、红星陶瓷文化创意园、三乡汉唐文化小镇、七彩花海、洛邑水乡等文化产业项目的文化集约发展，提升文化产业附加值，促进集约化、集团化发展，使其成为宜阳县文化旅游业发展乃至全县经济发展的重要支柱产业。做好新项目的建设和老项目的提升工作，继续强化领导分包项目制度，做好前期谋划、规划定位、跟踪服务和协调督促工作。加强文旅项目资源、线路整合，在对外宣传营销上加大投入，加强旅游行业监管力度，规范旅游市场秩序，制定激励政策，鼓励符合条件的群众参与文化旅游产业的发展，兴建农家乐和民宿等项目。

B.18
汝阳县文化旅游发展报告

汝阳县文化发展研究课题组*

摘　要： 文化是旅游的“灵魂”，旅游是文化的重要“载体”，没有文化的旅游就没有魅力，而没有旅游的文化就缺少活力。旅游的优势在市场，而文化的优势在内涵。站在旅游的角度，抓住文化就抓住了核心价值；站在文化的角度，抓住旅游就抓住了市场。因此，旅游产业和文化产业是相互融合、共生共荣的。

关键词： 汝阳　文化　旅游

一　汝阳文化旅游发展现状

汝阳历史悠久，文化灿烂，底蕴深厚，虽然旅游业起步较晚，基础相对薄弱，但是汝阳县旅游资源丰富多彩，具有资源多、门类全的优势，据2003年河南省旅游资源普查结果显示，汝阳县单体旅游资源数量1222个，居全省第五名，洛阳市第一名。是中国历史文化名酒——杜康酒的发祥地，是世界最大恐龙——巨型汝阳龙的发现地，享有中国杜康文化之乡和中国恐龙之乡两大国字号名片。全县旅游资源中涵盖自然观光、人文历史、科普教育、休闲体验等几大门类，在全省也是不多见的。

---

* 课题组组长：王念丽，河南省洛阳市汝阳县委党校高级讲师。课题组成员：卢亚乐，河南省洛阳市汝阳县直工委副书记；侯松巧，河南省洛阳市汝阳县委党校讲师；任红芹，河南省洛阳市汝阳县委党校讲师。

（一）文化旅游资源

汝阳境内人文历史景观和自然景观星罗棋布，交相辉映，素有“四祖”“三杜”之称（即人文始祖炎黄、酒祖杜康、军祖鬼谷、道祖真武和杜康酒、杜鹃花、杜仲茶）。境内具有代表性的文化旅游景区如下。

1. 国家4A 级景区——西泰山景区

位于汝阳县西南部的付店镇境内，是一处集生态游、文化游、休闲游为一体的综合型旅游胜地。西泰山突出的特点是“山峻、石奇、林密、花妍、水幽”。其中极具代表性的石峰“情侣峰”其形如情侣，生动逼真，人动景变，景随步移，为游客们真实地演绎出一段情真意切、一吻万年的爱情故事。更为神奇的是高达145.8米的奇峰“炎黄峰”，因酷似炎黄二帝巨像堪称“惊世奇观、华夏一绝”。《韩非子》十过篇中记载：“昔日黄帝合鬼神于西泰山之上……”种种历史典故、传说谚语，更是赋予这里更多的神秘色彩。每年春夏之交，西泰山万顷杜鹃花漫山遍野、怒放盛开，花海万紫千红，可与洛阳牡丹媲美。

2. 国家4A 级景区——恐龙谷漂流

恐龙谷漂流为国家4A级景区，经过专家精心设计修建，在恐龙谷漂流时如同去往远古时代的一场穿越冒险，从恐龙的诞生与灭绝、人龙大战、恐龙争霸、极端雨雪天气、迷雾前行，再到柳暗花明，根据漂流的游线，设置种种惟妙惟肖出人意料的特效情景，最大限度地融合恐龙文化于其中，打造出了中国第一条恐龙主题漂流。

3. 国家3A 级景区——龙隐景区

位于汝阳县西南部，是按照国家4A级标准修建的大型综合型景区，景区内不仅有国内罕见的崩塌奇峡景观，有宛如神话般的奇石王国，令人惊叹的水中洞天；还有满山盛开的杜鹃花海，清澈见底、纵横流淌的溪流和湖泊，是一处犹如世外桃源般的原生态旅游景区。

4. 汝阳恐龙国家地质公园

河南汝阳恐龙国家地质公园具有独特的旅游优势，区内已发现恐龙化石

10个属种、130余个化石点，发掘出土并命名的恐龙化石共有六个属种，即“汝阳黄河巨龙”“洛阳中原龙”“巨型汝阳龙”“史家沟岘山龙”“刘店洛阳龙”“汝阳云梦龙”。其中号称“世界龙王”的“巨型汝阳龙”为目前世界已知最大恐龙，“刘店洛阳龙”为世界上最小的进步类盗蛋龙。先后被授予“全国第一批古生物化石重点保护产地”“中国恐龙之乡”“河南省科普教育基地”“河南省十大具有重大科学价值的地质遗迹”等荣誉。

5. 杜康古镇

杜康古镇位于汝阳县城北25公里的蔡店乡杜康村，古人杜康在此发明秫酒，是中国秫酒鼻祖杜康的故里，是全国规模最大、建筑精美的酒文化博览中心和游览胜地。她是在杜康造酒遗址上恢复兴建的中国唯一的酒文化圣地，悠久的历史古迹、深厚的文化底蕴、独特的自然景观、典雅的园林建筑，使之成为中原旅游大地上的一颗璀璨明珠。

6. 雅文虎山温泉

位于汝阳大虎岭，由河南雅文集团投资兴建，涵盖以户外运动为主的喜鹊小镇、高端民宿山上村以及虎山温泉。总体布局以休闲度假为主，设有星级酒店、温泉洗浴中心、木屋别墅、室内外游泳池、酒吧、茶社、足球场、网球场、动物园等多功能业态。园区建设将度假和养生有机结合，构建了一个集休闲旅游、宜居宜游的现代化生态旅游园区。

大虎岭喜鹊小镇是雅文虎山温泉旗下以户外运动为主要特色的景点之一，喜鹊小镇集汽车越野、摩托车、卡丁车、跑马场等十余种户外运动于一体，配套乡村酒吧、特色旅馆、拓展训练、儿童乐园等多种新颖、齐全、个性化的软硬服务，通过开展多种多样的户外体育运动，吸引游客和体育爱好者参与，打造健身旅游新时尚。

7. 中农富源农业观光园

汝阳农业嘉年华由中农富源公司规划设计施工，场馆内以热带果树、花卉、蔬菜等农业素材为设计基础，用园林景观的手法，融合农业科技、创新、时尚等元素，打造一个具有热带风情的花卉果蔬乐园，使游客能充分感受到农业的科技性、景观性和趣味性。

8. 岘山（又名铁顶山）

位于汝阳县城南15公里处，自古与武当山（金顶山）相对应，是豫西地区最大的道教活动圣地。岘山自上而下建有真武观、崇天宫、广成宫等三道宫观、三个建筑群。这里的诸多景观，往往伴有优美动人的故事传说，亦庄亦谐，引人入胜。

岘山脚下更有一湖——玉马湖，高峡平湖，碧波盈盈，就像一颗巨大的明珠镶嵌在群山环抱之中。周围崇山峻岭，风光旖旎，湖光山色秀冠中州，是体味大自然风情的理想去处。

9. 天下第一军校——云梦山

位于汝阳县城南4公里处，鬼谷子王禅老祖在此栖身讲学，培养了著名的古代军事家孙膑、庞涓、尉缭子以及纵横家苏秦、张仪等历史名人，故此处称“云梦鬼谷故里”。当代著名军事家伍修权将军为此题名“天下第一军校”。云梦山至今尚有孙膑演武的石八阵，孙膑归隐的云梦洞、水帘洞、古桃园遗址，苏张比试的说泪井，还有孙膑墓、试剑石、镇奸石、演兵场等20多处名胜古迹。

10. 观音寺

位于汝阳县城东10公里处，是河南省重点文物保护单位，洛阳三大古寺之一。该寺创建于宋庆历年间，距今已有970年历史，是豫西闻名的宗教圣地。寺内有天王殿、伽蓝殿、正佛殿、大雄宝殿、汤王宫等隋唐建筑。寺院虽经千年沧桑，但建筑保存完整，结构严谨，布局合理，为古建筑之精华，是豫西地区现存最完整、最有价值的古建筑群之一。

11. 登山精神展览馆

20世纪60年代，汝阳县十八盘乡登山村曾创造出与“红旗渠精神”齐名的“登山精神”。当年的汝阳县十八盘乡登山村在村党支部书记赵春兰的带领下，以“宁愿苦干改山河，不愿苦熬度日月”的坚定决心，提出“条件差难不倒、灾害多吓不倒、歪风邪气吹不倒、成绩大喜不倒、荣誉高夸不倒”的“五不倒”要求，通过10年改土、8年治水、7年综合治理，“扳倒”小山丘120多座，硬是在荒山乱石堆上建设了500余亩高标准“石磷梯田”，从根本上改变了该村缺粮少地、贫困落后的面貌，更是留下了“艰苦创业、自强不息、敢为人先、务实清廉”的登山精神。为弘扬登山精神，汝阳县于2005年建登山展览馆，又先后于2007年、2009年、2018年进行了整修，它是首批洛阳市中共党史教育基地之一。

（二）创新举措

近两年来汝阳县委、县政府大力实施“工业强县、旅游活县、生态立县”主战略，不断加强指导，加大投入，强化统筹，着力推动文化旅游融合发展，文化旅游产业呈现蓬勃兴起的喜人态势。

汝阳出台了《构建现代产业体系促进旅游产业发展实施方案》，明确了指导思想、发展目标、重点任务和发展措施。还制定了《旅游产业扶持奖励办法》，出台一系列优惠政策，营造了良好的融合发展氛围，为文化旅游以及多产业融合发展提供了有力的政策支撑。

对原本以休闲观光为主的旅游项目，注重挖掘历史资源，把握文化脉络，提炼核心特色主题，丰富文化内涵，提高内在吸引力和核心竞争力，如西泰山景区依托资源优势打造了炎黄文化、情缘文化，靳村乡依托水利工程发展乡村旅游，恐龙谷景区以漂流运动为特色，以恐龙文化为主题，打造出中原地区乃至全国独一无二的恐龙主题漂流景区，成为全市首家以漂流为主的国家4A级景区，实现了景区（景点）的提档升级、跨越发展，经济效益和社会效益不断提升，旅游收入呈井喷式增长。

为延伸产业链条，进行了地方美食评选活动，评选出蔡店卤肉、八股麻花、杜仲羊肉以及五花八门的农家特色美食。汝阳上店麻花还荣获了洛阳市乡村十大特色美食称号。旅游商品评选也在进行中，千层布鞋、阿婆香包等各类民间工艺产品经过包装宣传，进一步丰富了旅游产业的文化内涵。

（三）取得的成绩

近年来，汝阳县立足资源优势，在旅游招商引资方面取得了突破性进展。招商成功使汝阳县旅游基础设施得到飞速提升，先后成功创建2个国家4A级景区和1个国家3A级景区，天炎大酒店成为汝阳县继杜康大酒店之后的第二个三星级酒店。旅游业发展带动了“乡村旅游”快速发展，建成了初具规模的“农家风情小镇”，拥有星级农家宾馆 70 余家，先后荣获“全国特色景观旅游名镇名村”“全国乡村旅游模范村”“中国最美休闲乡村”“中国乡村旅游金牌农家乐”等各类荣誉称号，旅游业发展实现了历史性跨越。

2018 年，汝阳以“酒”为媒，全力做强杜康文化，完成 10 家杜康酒铺建设，杜康古镇建设初具形象；加入“伏牛山旅游大联盟”；恐龙国家地质公园成功创建 3A 级景区；成功创建西泰山省级旅游度假区，西泰山景区 5A 级景区创建工作已全面启动；第十七届杜鹃花暨炎黄文化节、第七届中原生态漂流节、2018“醉美汝阳”汽车拉力精英赛成功举办。全年累计接待游客 912.9 万人次，综合收入 23.7 亿元。

二　汝阳文化旅游产业发展中存在的问题

与丰富的文化旅游资源优势和当前日益增长的市场需求相比，汝阳县文化产业与旅游产业的融合还不够深入，仍存在诸多问题。

（一）现行管理体制不顺

体制问题是制约文化旅游产业融合发展的一大障碍。汝阳县的文化旅游资源分属于多个政府部门管理，且分属不同的行政区域管理。这种条块分割、多头管理的体制造成各个部门各自为政，如文化部门管理娱乐休闲场所和文化场馆、文物资源，宗教部门管理宗教庙宇，林业部门管理森林公园，国土部门管理地质资源，水利部门管理河道水库，体育部门管理运动赛事，旅游部门管理风景区等，未能进行有效整合，纯文化元素或纯旅游元素较多，文化元素未能渗入旅游元素，旅游元素未能彰显文化底蕴，两者未能进行有效融合，无法形成极具吸引力的优质文化旅游资源，有的甚至存在行业保护现象，严重束缚了文化、旅游产业的融合发展。

（二）文化产业化程度低

文化一直以来都被当成一种事业而不是作为一种产业，文化产业在很大程度上还停留在计划经济阶段，市场经济文化产业成分还不够。汝阳县缺少把丰富的文化宝藏开发“变现”为产业化的经济运作，汝阳县虽然守着如杜康、恐龙、杜鹃、炎黄、鬼谷等众多文化资源，有些甚至是极为稀缺的资源，但至今没有培育出在省内外市场颇具竞争力的知名文化产品和较强的文化产业。更多的文化旅游资源仍然保持其原始的无形性，没有进行深度文化挖掘，部分甚至完全没有进行产品和产业化开发，无法投入市场，这就造成了文化资源的巨大浪费。如果不加快文化产业化的步伐，不仅汝阳县“云梦鬼谷文化”会成为别人创造财富的资源（已被鹤壁淇县抢先开发，并已创成4A景区），而且其他一些宝贵的文化资源如恐龙文化、杜康文化等都可能被全国乃至全世界的文化淘金者掘走。

（三）旅游产品内涵不丰富

在旅游产品开发中，文化与旅游脱节的现象比较突出。文化部门只研究文化产品，旅游企业只研究旅游，缺乏互动与互促，对旅游产品的深层文化价值挖掘得不够深，没有体现出汝阳县深厚的文化内涵，作为旅游灵魂和核心的文化没有得到突出体现，文化资源的价值没有得到最大限度地开发利用，缺乏在省市有名、在全国有影响的富有地域特色的文化旅游产品。目前汝阳县主要的旅游产品大多还是依托自然资源开发的自然景区，如西泰山、龙隐等，既无法与南方的自然风光相比，又缺少文化元素的融入，景点“有景无文”的现象比较突出。尽管汝阳县的文化资源较为丰富，且部分资源已成为旅游景点，但由于对文化内涵的挖掘与开发不够，有文化无市场的现象也很突出。

（四）文化旅游产品缺乏创意

旅游的文化品位是全方位的，体现在吃、住、行、游、购、娱等各个环节、各个方面。这就需要积极推动旅游项目的文化创新，提升旅游商品的文化创意，打造高品质的旅游演艺产品，把抽象的文化资源融入具象的旅游项目当中，深度开发独特的符合地域文化特色的旅游工艺品、纪念品、美食等，提高导游的文化素养，加强文化与旅游资源、产品、市场的全面整合，着力提升文化产业和旅游产业的生产力和影响力，适应消费者的文化旅游体验需求，最终实现文化传承与创新的使命。

近年来，河南省出现了一些极具创意的优秀文化旅游产品，如《禅宗少林音乐大典》和《大宋东京梦华》等。《禅宗少林音乐大典》是以嵩山少林佛教禅宗文化为背景，利用现代科技打造出来的创意性文化旅游产品。演出规模宏大，音画一体，近600人的禅武演绎、僧侣的现场唱诵给人以极大的震撼。《大宋东京梦华》是一个大型水上实景演出。演出采用高科技手段打造出梦幻般的效果，婉约的景致、浪漫的旋律、宏大的场面、华丽的视觉场景，使人仿佛置身于900多年前的那个鼎盛王朝。这两个项目是演艺界、学者、企业家联手共同培育的艺术之花，更是旅游产业和文化产业合作的成果，一经推出，立即声名鹊起，收效显著。项目的成功证明了文化旅游产品离不开好的创意。不过，这样的项目投资巨大，目前成功的范例还太少。汝阳县拥有杜康文化、炎黄文化、恐龙文化、鬼谷文化、佛教文化、道教文化等厚重和多元的文化资源，但能够直观地展示地域特色、反映文化旅游资源的高层次创意项目匮乏，缺乏把文化遗产等一些“死”的东西转变为游客喜闻乐见、愿意体验的“活”产品的创意，缺乏对文化进行产品转化的包装和创意。

三　相关意见建议

基于在调研中发现的以上问题，结合汝阳实际，借鉴其他优秀旅游地市建设经验，为加快汝阳县文化与旅游深度融合，提出以下建议。

（一）重视旅游环境构建，高水准谋划

一是在城市基础设施建设中融入文化特色。在功能区规划、楼盘建设、城市绿化、亮化以及街道、公交车站牌、垃圾桶设置等基础设施建设中加入更多的文化元素，不论是在整体规划还是在细节雕琢上都要更多地融入汝阳特色、文化特色。

二是完善旅游基础服务设施建设。具体来讲，可以从三个方面着手。其一，旅游形象标志及导视系统。设计统一的旅游形象标识，完善通往各旅游景区景点、休闲娱乐场所等地道路的统一导视标识，确保外来游客便捷到达目的地。其二，建立旅游咨询与投诉系统。在人流量较大的汽车站、景区、星级宾馆等设立旅游咨询服务中心，为游客提供便捷的咨询服务；成立由县旅游局牵头，公安、工商、质监、交通、食品药品监督等部门参与的旅游服务办公室，专门处理游客信息咨询与消费投诉事宜，确保游客满意度。其三，旅游快速通道系统。在全县各主要旅游景区之间规划修建通畅、快捷的旅游绿色通道。

（二）梳理盘活资源，高标准整合

建议在县城沿汝河周边规划建立一个主题风情文化区。整合文化产品资源，建设酒文化一条街、土特产品一条街、特色工艺品一条街、小吃一条街、娱乐演艺一条街等，把汝阳杜康酒酿造技艺、南庄木偶戏、三弦铰子书、梅花玉雕制技艺、汝阳南街排鼓、柏木神枕制作技艺、传统香包缝制技艺、坠琴演奏技艺等民间文化元素通过精心包装设计，用游客喜闻乐见的形式呈现出来，让他们一见倾心，从而延长来汝游客的滞留时间，拉动消费增长。

（三）借鉴他地成功经验，高站位营销

一是明确市场定位，抢占旅游形象制高点。实施“五个一”工程，即一句能够打动人的旅游广告宣传语、一位富有亲和力的旅游形象代言人、一首大家都会唱的旅游歌曲、一本大家看得懂的“汝阳旅游指南”手机 App，一张“谷歌”“百度”找得到的旅游电子地图。

二是借助旅游节会事件不断推出有影响力的作品，形成丰富的文化套餐。目前，已推出杜鹃文化节、炎黄文化节、汝阳漂流节等重大节事活动，下一步还要积极推出或提升更多有影响力的作品，如杜康文化节、观音寺佛教论坛、西泰山养生论坛、汝阳美食节等节事活动，让汝阳旅游在国内有形象、在业界有地位、在游客中有魅力。

（四）大力推动产业链延伸，高速度发展

一是积极引进高端人才。把培养、吸引、留住旅游人才作为推动旅游业大发展的重要组成部分，充分引导景区企业把高端紧缺人才更多更快地引进景区管理层、领导层、决策层，同时还要积极培养中高级导游。

二是推动文化产业与其他产业以及文化产业之间的融合渗透。借力本地品牌节会，举办系列高端活动，推动文化旅游产业与商业、农业、体育等产业融合，鼓励文化与创意营销大赛，不断增加文化创意衍生品。

汝阳文化旅游资源遍布全境，文化旅游产业开发是一项系统工程，在下一步发展中，汝阳应立足资源优势，围绕“全域旅游”模式，倾力打造“五大板块和三个文化旅游小镇”：一是以炎黄文化为主的西泰山养生度假旅游产业板块，并在该区域建设以民俗文化为依托的西泰山风情小镇和龙隐小镇；二是以鬼谷文化为主的云梦鬼谷文化旅游产业板块，并在该区域建设以鬼谷文化为依托的云梦小镇；三是以恐龙文化为主的恐龙科普文化旅游产业板块；四是以杜康文化为主的杜康工业文化旅游产业板块，并在该区域建设以杜康文化为依托的杜康古镇；五是结合前坪水库开发建设，规划开发以民俗文化为主的前坪水库文化旅游产业板块。

同时，要进一步改变理念，以资源为依托，以保护为平台，变资源为资本，变资本为资产，推进文化旅游产业的大发展，加大文化旅游资源的开发和利用，打造汝阳文化旅游品牌，在规模和品位上做文章，进一步加强引导，合理开发，使汝阳县的文化旅游产业做大、做强，形成规模效益，培育县域经济新的增长点，提升县域经济的旅游竞争力，实现成为国内一流旅游目的地的目标。

参考文献

［1］《汝阳县 2018 年政府工作报告》。
［2］《汝阳县“十三五”时期公共文化服务体系建设发展规划》。
［3］《汝阳县“十三五”旅游业发展规划纲要》。

B.19

嵩县文化旅游发展报告

嵩县文化发展研究课题组*

摘　要： 嵩县历史悠久，文化遗产丰富，旅游业从无到有，蓬勃发展，文化旅游不断融合。但也存在重生态游轻文化游，重单干轻融合，重嵩南轻嵩北，重模仿轻差异，精准发力不够等问题，需要紧跟旅游发展新趋势，在旅游供给侧发力，全面理解"5A 嵩县，全域旅游"理念，落实好全域旅游发展规划，围绕新型城镇化做文章，与陆浑湖一体打造，突出嵩北文化游，培育嵩县旅游发展新的增长极，把养老文化旅游提到议事日程上来，打造康养圣地，壮大骨干文化企业，培育更多有影响力的文化企业，建立文化旅游产业发展联动机制。

关键词： 嵩县　文化旅游

近年来，嵩县按照"生态立县、工业强县、旅游带动、民生为本"的发展战略，提出了"5A 嵩县、全域旅游"的发展理念，持续培育文化旅游产业，探索加快文化旅游发展新思路，完善相关基础设施，打造了一批文化旅游点，推动了文化与旅游的融合发展。

---

* 课题组组长：郝小锋，河南省洛阳市嵩县县委党校副校长。课题组成员：袁新新，河南省洛阳市嵩县基础教育教研室教师；张迎会，河南省洛阳市嵩县实验中学教师；李金多，河南省洛阳市嵩县县委党校教师；吕媛，河南省洛阳市嵩县县委党校教师；孙晓阳，河南省洛阳市嵩县文化广电旅游局干部；李铁峰，河南省洛阳市嵩县文化广电旅游局干部。

一　嵩县文化旅游发展现状

（一）嵩县文化底蕴深厚

嵩县地处河洛大地伊河流域，是河洛文化的源区之一。嵩县建制古老，春秋时为陆浑戎地，汉置陆浑县，金为嵩州，明初降州为县，始名嵩县。嵩县历史悠久，又处于中原腹地，文化遗产十分丰富。

1. 历史文化灿烂

一是历史遗存丰富。目前存留的遗址有60多处，主要有库区桥北仰韶文化遗址、老樊店二里头文化遗址等39处古文化遗址。二是名人辈出。主要有：商相伊尹，生于嵩县桑涧沟，系中国历史上首位宰相，史称“元圣”和“厨圣”；宋代理学家程颐、程颢，晚年居住嵩县田湖程村，完成理学著作，史称“兄弟二贤”；宋代朱熹是理学之集大成者，曾在嵩县闫庄大朱村居住，现存朱熹庙；民国时河南省主席万选才，出生在嵩县闫庄乡闫庄村，葬在闫庄万安山下，现有万氏故居、万氏佳城为省级文物保护单位。大诗人李白、杜甫、白居易也曾游历嵩县，留下了许多赞誉嵩县的诗篇。

2. 民俗文化独特

一是民间故事多。在嵩县广泛流传的民间故事达200多个，如白蛇、青蛇白云山修炼，大禹娶涂山之女为妻，商汤三聘伊尹，姜尚神水救百姓，七仙女，王莽撵刘秀，程门立雪等。二是民间艺术丰富。戏剧主要剧种为曲剧、豫剧、越调。其中，有濒于灭绝的靠山簧（又名靠山吼）、罗戏、卷戏等剧种；民间曲艺主要有坠子书、铰子书、大调曲子、大鼓书等；民间舞蹈主要有旧县西店背装、车村孙店高装、纸房高村的火龙、大章街的狮舞、德亭赵元的高跷等，其中旧县西店背装是全国仅存的一种背装艺术；民间器乐主要有闫庄的唢呐，田湖、城关的铜器及50个打击乐牌。

3. 宗教文化广泛

嵩县宗教教类齐全，历史悠久，遍布全县，影响深远。一是佛教文化悠久。汉、唐、宋、元、明、清各代屡在嵩县建寺院，塑佛像、广聚僧尼，大办佛事。嵩南有72曼、82庵之说。嵩县著名寺院登记在册的90多个，其中红椿寺是中国第一个民间建立的寺院，云岩寺为唐代中原四大名寺之一，与少林寺、白马寺、相国寺齐名。有重要文物价值的有：红椿寺、云岩寺、五马寺。二是道教文化盛行。庙宇较多，现保留较好的有姜公庙、玉皇阁、张良祠。

4. 现代文化产业发展迅速

嵩县经过近几年的培育和建设，不断加大投资力度，两馆建设、文化广场建设、文化大院建设、文化队伍建设力度较大，进一步挖掘文化资源，优化产业结构，文化活动丰富多彩，嵩县文化产业已初具规模，并成为全县经济的组成部分和新的增长点，截至2017年底，全县新闻出版发行服务、广播电视电影服务、文化艺术服务、文化信息传输服务、文化休闲娱乐服务、工艺美术品生产等文化主营业务文化企业有311家，“三上”规模11家，文化产业增加值3.36亿元，占全县GDP比重的2.6%。

（二）嵩县旅游蓬勃发展

嵩县旅游从1992年起步至今，经历了兴起、发展、提升三个发展阶段，旅游业从无到有，设施日趋完善，市场业已形成。目前已形成以白云山、天池山、杣岭和陆浑湖为龙头的“三山一水”的旅游格局。近年来，嵩县以旅游业统领一产、融合二产、带动三产，让旅游产业发展理念融入经济社会发展全局，持续打造全域交通支撑、城乡建设、廊道绿化、公共服务、旅游产品和驿站建设，旅游带动能力不断增强。目前，全县共有景区22家，其中A级景区10家，以及5家漂流点、3家滑雪场、1家温泉疗养中心；云岩寺、三清洞等文化旅游资源正在开发；大坪中原花乡、白河千年银杏林等23处乡村旅游点初具接待规模，全域旅游发展格局初步形成。

在旅游业的带动下，全县挖掘开发旅游商品12大类208种，旅游商品经营商户1000余户，全县宾馆、农家宾馆1100余家，床位3万多张；成立旅游汽车公司6家，旅游定点服务单位达60家，直接从事旅游经营服务的商户6850家，从业人员2万人，提供社会就业岗位5万个，10万名山区群众依托旅游增加了收入，旅游业已经成为县域经济的支柱产业。2018年，全县接待游客1047万人次，实现综合收益46亿元。

（三）嵩县文化旅游不断融合

一是文化活动不断拉动旅游发展。近年来开展了嵩县风光书法、绘画、摄影、电视大赛，篝火晚会、文艺演唱会、特色旅游产品展示会、旅游饮食文化节、伏牛山登山节、伏牛山红叶节、油菜花节、桃花节、孔雀·兰花节、龙虾啤酒美食狂欢节、汽车拉力赛、摩托车越野赛、户外拓展训练、马拉松赛、“白云山杯”中国围棋赛、“保护老屋，我们在行动”新闻发布会等丰富多彩的文化旅游活动。二是以山水为主的旅游文化元素越来越丰富。如最早开发的5A景区白云山就注意融入文化元素，建成的文化景观有张良祠、占地2000亩刻有100多位世界文化名人的石刻碑林的森林氧吧、玉皇顶玉皇阁、文化演出场所白云山演艺中心等。4A景区天池山依托伟人卧像打造伟人文化长廊，红色文化游影响力不断扩大，成为洛阳市爱国主义教育基地。民宿建设成热点，计划投资10亿元，新建、改造、提升精品民宿1000家，总建筑面积20万平方米。三是以文化为主的旅游点不断在打造。形成了一批文化旅游点。黄庄乡三合村“手绘小镇”、德亭镇“回民风情小镇”、“两程故里”理学产业园及家风教育基地、庆安寺文化园区、云岩寺佛教体验园、道安寺文化园区、嵩湖文化生态园等文化旅游产业示范园区、九店乡石头部落、天桥沟自驾游体验园等。

二　嵩县文化旅游发展存在的主要问题

近几年，嵩县文化旅游总体上呈现健康向上的良好发展态势，但还存在一些不容忽视的问题。概括来讲，主要是文化旅游融合度不够，头轻脚重，精准度不够。

（一）从旅游角度来看，生态游发展较快文化游发展较慢，嵩南发达嵩北次之，发展不平衡

嵩县得天独厚的生态环境资源是嵩县旅游事业发展的天然条件，正是在此基础上，嵩县的旅游从无到有，从弱小到壮大，不断地发展兴旺，嵩县生态资源呈现南优北次态势，导致旅游发展南重北轻，嵩南生态游开发较好，蓬勃发展。但由于文化遗存保存较好的不多，再加上开发难度较大、品位不高，引进资金难、挖掘不够、思想不解放等原因，整体文化开发利用的文化游发展较为缓慢，在嵩县整体格局中分量较轻。尤其是嵩北围绕陆浑湖的文化游，受饮用水水源保护地的限制，文化资源开发不够，虽有便利的交通住宿条件却没有带来足够的人气，旅游收入中生态游的占比几乎是百分之百。影响了全域旅游。

（二）从文化角度来看，融合不够

文化和旅游有可以融合的一面，也有各自相对独立的一面，推动文化和旅游融合发展，一定要坚持“宜融则融、能融尽融”的原则，嵩县虽然近几年对文化建设的投资力度较大，嵩县文化产业取得了一定的成绩，也已初具规模，但规模较小，同时投资没有形成合力，再加上嵩县文化产业起步晚、文化体制不活、专业人才短缺、文化团体缺乏活力等，没有形成后发优势，也没形成龙头产业，缺乏名牌支撑，更缺乏主动与旅游资源大县相融合的大担当、大思路，尚未找到闯出文化旅游融合的大出路。

（三）从文化旅游发展规律来看，差异化发展不够

文化旅游的发展必须遵循市场规律，实现“人无我有，人有我优，人优我转”的差异化发展战略，嵩县旅游的发展一路在模仿中走来，创新较少，旅游发展雷同，同质化较为严重，嵩山有的邻县栾川等区县也有，嵩山没有的可能栾川等地区已经有了，差异化发展没有形成，竞争力不强，与栾川等生态资源丰富的县区相比，嵩山的文化资源优势没有真正发挥出来，没有形

成比较优势。文化的发展上也是亦步亦趋，文化上没有形成独具特色的具有一定影响力的文化产业，现有的文化产业还处在初级发展阶段，以散而小居多，城乡文化产业差距较大，发展还不平衡，竞争力不强。

（四）精准发力不够

旅游景点打造、文化产品设计、配套设施建设等没有根据游客和人民新时代条件下的新需求、新要求去打造，尤其是在一个景点内，缺少各种娱乐休闲和餐饮服务设施，除了景点、饭店、小商店、大巴车，没有新鲜的特色，引不起人们的购物欲和游玩欲，游客感觉不舒服、累得慌，没有休闲的感觉。

（五）系统化的研究不够，缺乏足够的人才支撑

发展文化旅游事业，人才是关键，但由于管理机制、激励机制、培养机制不健全等，人才难留、难培养，本土的专业化人才也很少，尤其是文化旅游事业是一项系统工程，需要各方面的人才，需要形成一个专业化的团队，进行设计、策划、营销、组织实施等。截至目前，嵩县没有形成一支数量可观、懂文化旅游的专业化团队，这与嵩县文化旅游资源大县的地位很不相称。

总之，嵩县文化旅游的发展还不能跟上时代发展的步伐，还远不能满足人民日益增长的美好生活对文化旅游的新期盼。上升的空间巨大，下挖的潜力也同样巨大。

三　嵩县文化旅游发展的对策建议

（一）紧跟旅游发展新趋势，在旅游供给侧发力，精准发力，满足大众休闲需要

旅游产业发展呈现阶梯性态势。第一阶段，游客的旅游大体是观光，目的是看世界，丰富个人经历，出行方式大多是团队，选择的目的地主要是名

胜古迹、名山名水。第二阶段，游客旅游目的增加了休闲的需求，目的地不再局限于名胜古迹，城市周边、自然山水、农家乐园和休闲文化主题公园成为人们的徜徉之地，从容游玩日益成为一种爱好和时尚，消费程度加深，出行方式中散客、家庭自助式、自驾游的比例大大增加。第三阶段，人们的休闲需求和消费能力日益增强并呈现多样化，目的地选择更在乎环境的优雅和设施的品位，停留时间大大增加，一地滞留型和第二家园式的休闲旅游日渐成为有消费能力人群的爱好。其目的不再是为了猎奇或是长见识，而是休憩身心，尽享天伦和自然之乐，借以提高自己的生活品质。从20世纪90年代开始，旅游产业正式成为世界第一大产业。中国连续多年保持世界第一大出境旅游客源国和全球第四大入境旅游接待国地位。我国旅游业正在经历前所未有的历史性转变：从粗放型旅游发展向比较集约型旅游发展转变；从小众旅游向大众旅游转变；从景点旅游向全域旅游转变；从观光旅游向观光休闲旅游并重转变；从浅层次旅游向深层次旅游转变；从事业方向向产业方向转变。中国在2017年旅游大会上提出了旅游“三步走”战略：第一步，到2020年从粗放型旅游大国发展成为比较集约型旅游大国；第二步，到2030年从比较集约型旅游大国发展成为较高集约型旅游大国；第三步，到2040年从较高集约型旅游大国发展成为高度集约型世界旅游强国；再用10年，到2050年继续全面提升我国优质旅游发展水平。

在2016年6月27日夏季达沃斯论坛上，李克强总理提出“五大幸福产业”的概念，即旅游、文化、体育、健康、养老。李亚书记在调研嵩县时也指出：“人民群众对旅游更加追求个性化、更加追求多元化、更加追求品质化。所以，应通过发展旅游新业态使旅游更加优质化，更好满足人民日益增长的旅游美好生活需要。让旅游成为安心、放心、贴心、开心、舒心的幸福旅游。”2019年3月8日，全国两会期间，文化和旅游部部长雒树刚在答记者问时指出：“2018年我国境内旅游的人数是55亿人次，一年人均出游4次，可以说我们已经进入了大众旅游时代。旅游已经成为人民幸福生活的必需品。”随着大众旅游时代的到来，旅游已经逐渐成为人们生活的一部分。现在，人们更加注重旅游过程中的体验性和参与性，不断追求刺激、新颖的旅游经历。现代社会的城市生活、工作竞争压力不断增加，越来越多的人希望回归自然，体验本色，放松身心。更多人愿意选择乡村游、生态游等。还有人趁机增长见识充电提高，比如研学旅游。数据显示，我国游学人次自2014年后迅速增长，境内游学人数由最初的140万人将增长至2017年的340万人。近年来，国内文化旅游的发展出现了一些成功的范例，无不是紧跟旅游发展新趋势，在旅游供给侧发力，满足人民日益增长的休闲旅游新需求。如嵩县两程故里家风教育基地、嵩县手绘小镇、伊滨区的民俗文化旅游名村倒盏村、中国薰衣草庄园、陕西省咸阳市礼泉县烟霞镇袁家村、鸭子会唱歌的浙江杭州建德三都镇镇头村滕头村等。

这就要求我们在旅游新业态上发力，满足人民旅游新需求。大力发展文化游、商务游、生态游、乡村休闲游、体育健身游、中医药养生游、情感游、太空游、探险游、教育游、乐活游、康养游、文创游、工业游、拓展训练、摄影、采风、夏令营冬令营活动、研学游、成人研学游（IT编程、瑜伽养生、品酒、咖啡、潜水等）、自驾车房车营地游、会奖游、影视游、换房游、科技游等旅游新业态。

这也要求推出更多文化和旅游的精品。现在人民群众对文化和旅游的需求已经从“有没有，缺不缺”到了“好不好，精不精”的发展阶段，为适应这种文化和旅游供给主要矛盾的变化，要从数量追求，转到质量和品质的提升。把质量作为文化和旅游的生命线，坚持以人民为中心，多推出接地气、传得开、留得下的优秀文化产品；多推出能够修身、养性，能够使人民享游、爱游的优质旅游产品，更好满足人民群众对文化和旅游不断增长的需求。同时也要把更多优质的文化资源转为优质的旅游资源，以优质的文化旅游资源为主线，精心打造特色旅游产品，使群众能够享文化、乐旅途。如今，在“博物馆里过大年”已经成为一个新年俗，2018年春节最鲜明的特点就是文化热、旅游火。

这还要求大力推进乡村休闲旅游。据统计，中国休闲农业和乡村旅游接待人次，从2012年的8亿人次增至2018年的30亿人次；营业收入从2012年的2400亿元人民币增长到2018年的8000亿元人民币，年均增长27%。

休闲农业和乡村旅游已成为城市居民休闲、旅游和旅居的重要目的地。目前，休闲农业和乡村旅游已从零星分布向集群分布转变，空间布局已从城市郊区和景区周边向更多适宜发展的区域拓展。要充分发挥乡村资源、生态和文化优势，发展适应城乡居民需要的休闲旅游、餐饮民宿、文化体验、健康养生、养老服务等产业，结合 2018 年 11 月 15 日文化和旅游部、国家发展改革委等 17 部门印发的《关于促进乡村旅游可持续发展的指导意见》，在规划引领，优化区域布局，促进乡村旅游区域协同发展上发力；完善基础设施，提升公共服务，改善乡村旅游环境，促进乡村旅游便利化；丰富文化内涵，提升产品品质，丰富乡村旅游产品类型，提高乡村旅游服务管理水平；创建旅游品牌，加大市场营销，培育构建乡村旅游品牌体系，创新乡村旅游营销模式；注重让农民受益，助力脱贫攻坚，探索推广发展模式，完善利益联结机制，推动乡村旅游提质增效，促进乡村旅游可持续发展。

这就要求我们要创造更加舒适、便利的旅游环境。大力改善旅游场所的基础设施，提高旅游场所的接待和服务水平，使旅游环境更加个性化，更加舒适化，更加便利化。坚持文化与旅游、科技、民俗等高度融合，互促发展，提供所需的服务、配套设施，健全功能，提高旅游产品的竞争力，使游客既得到精神层面的享受，也得到物质方面的满足。

（二）全面理解“5A 嵩县，全域旅游”理念，落实好全域旅游发展规划

2012 年，嵩县在全国率先提出“打造 5A 级景区县域”，即“5A 嵩县”的新理念，把 3009 平方公里县域打造成开放式的 5A 景区。各个产业按照旅游的标准和理念来转变发展方式：农业围绕旅游调整结构，城镇建设围绕旅游完善功能，社会服务围绕旅游突出特色等。这个理念的核心是全域性、标准性和开放性，全域性即指嵩县就是“一个景区”，要按照“一个景区”理念进行经营管理、景点打造、宣传营销、旅游线路设置等，实现全方位联动，打破各景点各自为战、孤军奋战、相互拆台的局面；标准性即指以 5A 景区的标准来打造，在顶层设计的基础上细化每一个标准，分阶段分步骤实

施；开放性即指打破各个景区的利益限制，突出整体效益，建设责任和利益共建共享机制，在景点打造、宣传营销，旅游线路设置等方面全方位开放发展。但种种原因，原有的设计规划在实施中被搁浅，夭折。2017 年 10 月《嵩县全域旅游发展规划》出台，这是一部新时代条件下指导嵩县旅游发展的顶层设计，是对原有“5A 嵩县”相关规划的丰富、发展和细化，可操作性较强，下一步的工作就是要落实好这一规划，把蓝图变为现实。

（三）围绕新型城镇化做文章，与陆浑湖一体打造，突出嵩北文化游，培育嵩县旅游发展新的增长极，形成一个嵩北文化旅游圈

文化是旅游的“灵魂”，旅游是文化的重要“载体”，没有文化的旅游就没有魅力，而没有旅游的文化就缺少活力。因此，旅游产业和文化产业是相互融合、共生共荣的。2017 年 12 月 20 日李亚书记在调研嵩县时指出：要做好“文”的文章，嵩县拥有两程故里、伊尹祠、云岩寺等众多文化遗存，一定要保护好固态、传承好活态、发展好业态，加强历史文化遗产的保护利用，实现以文“化”城；城镇化不仅是物的城镇化，更重要的是人的城镇化，要紧盯宜居目标，统筹宜住、宜业、宜学、宜商、宜游等环节。这些论述深刻地指出了嵩县旅游发展最根本的出路和主攻方向。

嵩北是嵩县的政治中心、经济中心、文化中心和交通枢纽，离洛阳较近，是游客进入嵩南、栾川、伏牛山旅游的北大门，要吸引游客首先在这里落脚游玩，必须打造出能够激发人们游玩兴趣的东西，而嵩北最吸引人之处无疑是这里的深厚文化、优美水景和特色县城。大力开发嵩北文化游，并与陆浑湖、嵩县城一体打造，是提升嵩县旅游档次，实现与其他地区差异化发展，形成嵩县旅游发展新的增长极，成功推动嵩县大发展的不二选择。实践也证明发展嵩北旅游的选择是正确的，2018 年，嵩县两程故里家风教育基地和手绘小镇迅速走红为嵩县下一步文化旅游发展提供了成功的范例和鲜活的经验。要借鉴外地经验，总结本地经验，寻找不足，加快黄庄乡三合村“手绘小镇”、德亭镇“回民风情小镇”“两程故里”理学产业园等文化旅游产业建设。嵩北要打造成豫西风貌最具代表性的地方，让人有一种“到

了嵩县就了解了豫西”的感觉，嵩县就是豫西风土人情的代表，城市的风貌要凸显豫西山区县城的特色，人文景观和风土人情要汇聚豫西地区的特色，这样一下子就能吸引住外地人，让人印象深刻。同时建议抢救性挖掘建设陆浑水库时艰苦奋斗的宝贵精神财富，建设陆浑湖博物馆，与两程故里家风教育基地和嵩县其他馆舍一体打造，形成文化高地；还要大胆借鉴洛阳伊滨区先进经验，借鉴倒盏村、中国薰衣草庄园发展思路，围绕城镇打造多个城镇休闲区，比较合适的地点有很多，如纸坊伊尹祠周边，已经与玉皇顶公园连成一片了；纸坊的五道沟、何村的箭口河村，景色不错，很多人星期天都去游玩，可乘势而为，形成一个以嵩北县城为中心的文化休闲旅游圈。吃、住、行、游、购、娱、文、学、闲，样样不少，服务周到，让人来了不想走，走了又想来，来了转不完，转了还能学。

（四）要把养老文化旅游提到议事日程上来，打造康养圣地

《大健康产业蓝皮书：中国大健康产业发展报告（2018）》显示，至2050年，我国60岁及以上老年人口数量将达到4.83亿。我国老年人口呈快速增长趋势，形成了庞大的老年消费市场，多样化需求日益增长，养老产业将成为未来中国产业优化升级的重要领域。党和政府对此给予了高度重视，并做出了制度安排。嵩县要适应这一趋势的发展，发挥自己独特的自然人文优势，及早谋篇布局。

（五）高质量培育文化产业，培育更多有影响力的文化企业

培育本土潜力企业对于促进壮大文化旅游产业发展至关重要，嵩县要积极出台政策，设立文化旅游产业发展扶持引导资金鼎力支持文化实体经济，争取资金加强对文化骨干企业的帮扶，带动其他文化旅游产业快速发展。开发出人们喜闻乐见的动画、影视产品，通过品牌打造，注重市场运作和创意引领，使娱乐带动服务业产业链的集群化发展。通过必要的政策支撑、资金扶持及市场运作等手段推动田湖大铜器、车村抬装、西店背装及民营剧团等传统文化旅游产业转型升级。

（六）积极融合发展、打造共建共享新模式

2019年2月26日，嵩县文化广电和旅游局正式挂牌成立，这为嵩县文化旅游的融合发展奠定了良好的组织保证。嵩县文化旅游要积极完善“景区+民宿”“公司+农户”“旅游+社会公益”“旅游+美丽乡村”等旅游扶贫新模式，变“旅游+”为“+旅游”，着力构建全域旅游发展的新格局。“旅游+”是旅游业寻求与相关产业的相融发展、潜能激发；“+旅游”则是其他领域与旅游业主动融合、合力联动，共绘全域旅游蓝图。要“扶贫+旅游”，嵩县进行“全域旅游”带动“全域脱贫”探索，通过景区带动、公司合作、社会帮扶、美丽乡村建设、异地搬迁，促使景区周边群众脱贫致富，继续深入开展“帮扶一个贫困户、嵩县山水任您游”活动。要“城镇化+旅游”，白云小镇、德亭小镇、黄金小镇等特色旅游小镇建设，勾勒出城市魅力提升的美妙画卷。要“文化+旅游”，云岩寺、两程故里等特色项目，使文化“软实力”成为旅游的“硬支撑”。要“工业+旅游”，大章黄金小镇和饭坡产业集聚区等项目，激活传统工业资源。要“农业+旅游”，田湖闫庄川区、高都川区的休闲农业项目，让乡村寄托浓浓乡愁。要“林业+旅游”，杨山森林人家等森林康养项目，让“好生态”变成“摇钱树”。要“水利+旅游”，陆浑水库、滨河公园等滨水娱乐休闲项目，让水上旅游飞起来。要“交通+旅游”，天桥沟村的骑行绿道、高速口的驿站、滨河公园的步道，串起交通沿线的美丽风景。

（七）建立文化旅游产业发展联动机制

建立文化旅游产业发展领导小组，定期召开联席会议，落实好省、市出台的相关支持政策，积极向县委县政府汇报，争取财政支持，出台支持政策，争取财政、税务部门支持。大力培养文化旅游经营人才，把熟悉本地旅游环境的“土专家”和专业的旅游规划机构相结合，成立专门进行旅游开发宣传推介的机构，打造“5A嵩县”文化旅游发展智囊团。因地制宜，鼓励创新，坚持实事求是、一切从实际出发，要依据资源禀赋、立足区位特点，走特色化、差异化、高质量文化旅游发展道路。

参考文献

[1]《关于促进乡村旅游可持续发展的指导意见》，《经济日报》2018 年 12 月 11 日。

[2]《全国文化和旅游厅局长会议工作报告》，文化和旅游部网站，2019 年 1 月 7 日。

[3]《一年人均出游 4 次　我们已进入大众旅游时代》，《人民日报》2019 年 3 月 8 日。

[4]《嵩县全国率先提出打造 5A 级景区县域》，人民网，2012 年 2 月 23 日。

[5]《嵩县全域旅游发展规划》，2017 年 10 月。

[6]《嵩县文化发展报告》。

[7]《嵩县旅游局 2018 年旅游工作总结》。

[8]《关于嵩县文化产业发展情况的调查》，中共嵩县县委政研室，2018 年 12 月。

案 例 篇

Case Reports

B.20
关于“洛八办”纪念馆传承红色基因弘扬革命精神的调查

张亚飞　沈天鹰*

摘　要： “洛八办”纪念馆全称八路军驻洛办事处纪念馆，是为纪念抗战时期中共中央和八路军前方总部为加强对国民党的统战工作而在洛阳设立的办事机构而成立，是洛阳市目前唯一对外免费开放的革命旧址纪念馆。“洛八办”在爱国主义教育中，传承红色基因弘扬革命精神的情况，从某种程度上，代表着整个洛阳市传承红色基因弘扬革命精神的能力和水平。本文拟通过梳理“洛八办”历史研究的成果和实地调查，了解其历史和现状，总结“洛八办”爱国主义教育开展的成就，查找存在的问题并分析其形成原因，最终提出更好的传

* 张亚飞，洛阳市委党校讲师，博士；沈天鹰，八路军驻洛办事处纪念馆党支部书记。

承红色基因弘扬革命精神的建议。

关键词： “洛八办”纪念馆　红色基因　爱国主义教育　革命精神

习近平同志反复强调，红色基因就是要传承，要加强对革命根据地历史的研究，爱国主义教育要加强，红色基因是要验证的。传承“红色基因”就需要加强对革命根据地和机构的遗迹进行挖掘，提炼出各自所代表的革命精神内涵。洛阳市地处中原战略要地，无论是抗日战争还是解放战争，这里都洒满了革命者的鲜血，处处闪动着中华儿女为了民族独立和人民解放奋斗的身影。“洛八办”就是抗日战争期间中国共产党在洛阳进行轰轰烈烈的全民抗战的红色枢纽之一，也是今天洛阳革命历史最具代表性的纪念馆之一。“洛八办”在爱国主义教育中，传承红色基因弘扬革命精神的情况，从某种程度上，代表着整个洛阳市传承红色基因弘扬革命精神的能力和水平。因此进一步提升“洛八办”开展爱国主义教育活动的能力和在“传承红色基因弘扬革命精神”中的作用就显得尤为迫切。本文拟通过梳理“洛八办”历史研究的成果和实地调查，了解其历史和现状，总结“洛八办”爱国主义教育开展的成就，查找存在的问题并分析其形成原因，最终提出更好传承红色基因弘扬革命精神的建议。

一　“洛八办”纪念馆的历史

（一）“洛八办”纪念馆的历史依据

“抗日战争开始不久，国民党政府和军队虽然进行了英勇抵抗，但是没能抵挡住日本侵略者的猖狂进攻，华北地区大部分领土陷落敌手。从1938年春天开始，日军为了连接华北和华中战场，先后从南、北两面对徐州地区和黄河一线发动进攻。企图夺取武汉、长沙，威胁西安、重庆，逼蒋投降。

5月19日，日军攻陷徐州，6月5日占领开封，直逼郑州、洛阳。”[①] 在这种情况下，1938年6月9日，国民政府三十九军新八师按照蒋介石的命令，炸开郑州花园口黄河大堤，使日军的机械化部队陷入黄河滩的淤泥之中，暂时停止了日军进攻的脚步，但同时也使洛阳成为阻挡日军西进的重要堡垒。国民党第一战区司令部移驻洛阳，使其成为“华北、华东敌后的党政军及特工人员进行联络的中心，财政、物资、军械弹药的补给基地。同时，也是延安的我党中央和八路军总部与在敌人后方进行游击战争、创建敌后抗日根据地的八路军、新四军取得联系的交通枢纽”[②]。因此经过毛泽东、朱德等党的领导人与程潜、卫立煌等国民党党政要员的协调和沟通，1939年11月在洛阳设立了“八路军驻洛通讯处”，后随着卫立煌调任第一战区司令长官，改为“八路军驻洛办事处”。1942年2月，鉴于洛阳形势紧张、国共两党关系恶化，“洛八办”被迫撤销，办事处全体工作人员撤离。

“洛八办”主要机构有接待科、秘书科、机要科、电台室、救亡室、医务室、警卫排、炊事班等。工作人员最多时达到100余人。先后有刘向三、刘子久、袁晓轩三位处长在此主持工作。“洛八办”在延安筹备期间就受到毛泽东同志的高度重视，亲自同负责此事的刘向三谈话并提出了具体任务。“毛泽东在与其谈话时指出：‘河南民性强悍，民间枪支多，如果日军一旦过河，我们就要发动和武装群众，开展广泛的抗日游击战争，在豫西伏牛山、嵩山和桐柏山区建立抗日根据地。’”[③] 刘少奇、朱德、彭德怀、徐海东等我党我军多名重要领导人曾多次亲临办事处，指导和部署工作。特别是刘少奇同志曾三次来到办事处，主持召开了重要的豫西省委会议，传达了党的六届六中全会精神和毛主席的《反投降提纲》，并在此撰写和修改了《论共产党员的修养》。办事处在连接延安与华北、华中等根据地的交通，与一战

① 刘纯凯：《八路军驻洛办事处在抗日战争中的历史地位和作用》，《“九一八”研究》2014年第十四辑，第217～218页。

② 刘纯凯：《八路军驻洛办事处在抗日战争中的历史地位和作用》，《“九一八”研究》2014年第十四辑，第217～218页。

③ 刘向三：《往事的回忆》，黄河水利出版社，2001，第149页。

区的联络，掩护、帮助地方党组织开展工作，统战和情报工作，动员民众投身抗日救亡运动，为我党我军输送干部、青年及转运物资等方面，做了大量而卓有成效的工作。

（二）“洛八办”纪念馆的基本规模

“洛八办”纪念馆全称八路军驻洛办事处纪念馆，是为纪念抗战时期中共中央和八路军前方总部在洛阳设立的办事机构而成立的，是洛阳市目前唯一对外免费开放的革命旧址纪念馆。“洛八办”纪念馆自成立以来，因为在洛阳党史和抗日战争史上的特殊地位，一直受到社会各界的广泛关注，成为革命英雄和先烈家属缅怀革命历程的必选之地，是学者研究抗日战争和党史的重要对象，是洛阳进行“传承红色基因弘扬革命精神”爱国主义教育的红色载体之一。

“洛八办”纪念馆位于洛阳市老城区南关贴廓巷，依其旧址而建。其旧址是坐南朝北并肩的三所建筑结构相同的清代民居院落，均建造于清道光十一年（1831 年），是南关富豪庄延珍家的宅院，系砖木结构。每所院落都分三进，前有临街房，中有一、二厅堂，后有上房，旁边留有过道，每进院落两旁对称建有二层结构的厢房。门、窗上附有雕刻花纹装饰，主要有梅、竹、兰、菊、牡丹、松柏等传统的花卉图案和神话人物传说故事等，雕刻细腻，栩栩如生。整个建筑气派大方，古色古香，具有较高的建筑水平和艺术欣赏价值。纪念馆占地面积 4200 多平方米，拥有房屋 150 多间。

（三）“洛八办”纪念馆的基本陈列

“洛八办”纪念馆的基本陈列分综合陈列和旧址复原陈列两部分。综合陈列以文字、图表、照片、文物等相结合的八路军驻洛办事处纪念馆形式，系统地介绍了八路军办事处的建立、工作和撤退情况，歌颂了八路军办事处在抗日战争胜利过程中发挥的重要作用及所做的突出贡献。旧址复原陈列有刘少奇住室、电台室、处长室、豫西省委会议室、警卫排住室等。随着旧址的逐渐收回和维修，办事处的救亡室、总务室、秘书室也已复原陈列并向社会开放。

纪念馆现有基本陈列分为三部分：“抗战前哨　红色枢纽——八路军驻洛办事处史料陈列”“八路军驻洛办事处旧址复原陈列”“洛阳市廉政教育基地”。所有基本陈列分布于旧址的东、中、西三座院落之中。现有革命文物85件（套）及部分照片、书籍等。文物主要有手枪、证章、手雷、子弹、炮弹、引信、军用锹、铺等军用物品和生活用品。在所有文物藏品中，最主要的当属从办事处旧址水井中淘出的一批军用证章，共43种59枚，大多是抗日战争时期我地下党组织、进步团体、救亡协会等与办事处联系时留下的遗物。如“八路军驻陕办事处证章”，应为西安八办工作人员到洛八办联系工作时所留遗物。“东北救亡总会证章”“朝鲜义勇队证章”等，都是比较珍贵的文物。

二　“洛八办”纪念馆开展爱国主义教育的主要工作

“洛八办”纪念馆于1985年5月开始筹建，1987年4月部分对外开放，2008年10月对公众实行免票开放。自开馆32年来，“洛八办”纪念馆始终是洛阳“弘扬革命传统，培育民族精神和时代精神，激发爱国主义热情，提高全民道德素养”的重要支点之一，接待国内外观众量达400余万人次，是各级国家机关、企事业单位、中小学校、大专院校、部队等100多个单位进行爱国主义、革命传统、德育、国防、廉政等教育的基地，先后被公布为全国重点文物保护单位、国家AAA级旅游景区（点）、河南省优秀爱国主义教育基地、河南省国防教育基地、河南省廉政教育基地、河南省干部教育培训现场教学基地、河南省红领巾体验教育基地、洛阳市文明单位，2017年1月又被列入《全国红色旅游经典景区名录》。近些年，“洛八办”纪念馆依托自身特点和优势，围绕革命历史专题纪念馆和爱国主义教育基地的核心业务，按照博物馆“三贴近”的要求，主要开展了以下工作。

（一）确保古建文物保养维修，丰富爱国主义教育载体

关于对“洛八办”纪念馆爱国主义教育载体的丰富主要通过对古建的

维修、文物的征集和管理来完成。一是对北院东、西厢房进行挑顶维修和油漆，使旧址古建既得到保护，又得到合理利用和规范管理。同时为适应红色旅游和长远发展，“洛八办”纪念馆筹集资金编制《八路军驻洛办事处旧址保护总体规划》，实施了技防改造工程，在展室、财务室、资料室等部位，安装摄像机 20 台，烟感、门磁、防破碎、声音复核、紧急报警、红外线报警器等近 100 个；对消防供水设施进行改造，增加更换消防栓、添置灭火器材等；建立健全安全保卫制度，制定“重大案、事件应急预案”“免费开放应急预案”，确保文物、古建、旅游秩序和游客人身安全。二是建立文物征集管理制度，通过征集购买、接受捐赠、拨交、移交、采集等多种措施丰富藏品。截至 2018 年 12 月，可移动文物收藏量为 459 件/套。其来源为征集购买 135（件/套）、接受捐赠 27（件/套）、拨交 111（件/套）、移交 77（件/套）、采集 107（件/套）。所占比例如图 1 所示。

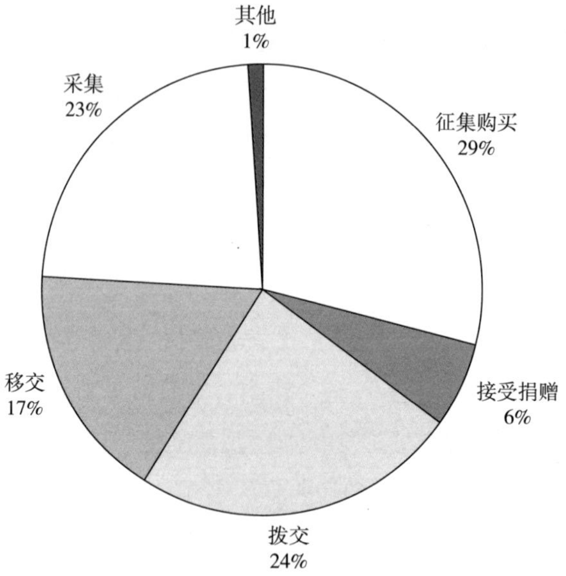

图 1　文物来源

资料来源：《八路军驻洛办事处纪念馆免费开放博物馆绩效考评》，内部资料。

其类别分别为：铁器、其他金属器5（件/套），石器、石刻、瓦砖3（件/套），玺印符牌2（件/套），钱币2（件/套），家具1（件/套），织绣1（件/套），古籍书籍1（件/套），武器44（件/套），文件、宣传品202（件/套），档案文书59（件/套），名人遗物3（件/套），皮革1（件/套），音像制品8（件/套），票据23（件/套），交通、运输工具2（件/套），其他100（件/套）①。所占比例如图2所示。

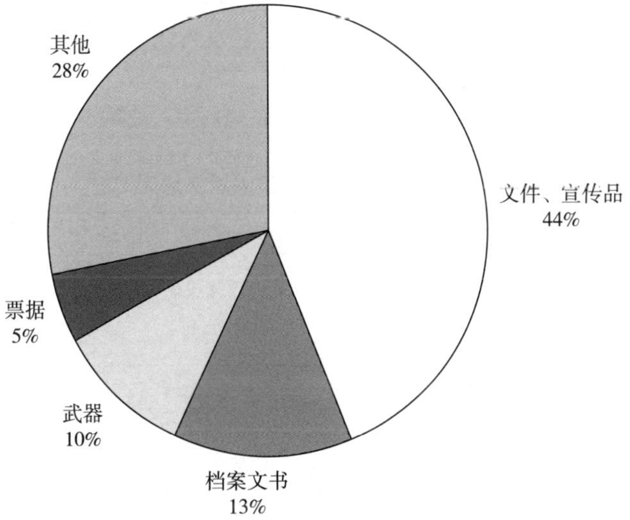

图2　文物类别

资料来源：《八路军驻洛办事处纪念馆免费开放博物馆绩效考评》，内部资料。

（二）完善基础设施，提升管理人员素质

“洛八办”纪念馆为了提高展示质量，更好地开展爱国主义教育，积极完善配套服务建设，组织工作人员参加各类培训。一是完善基础设施。“洛八办”纪念馆投资修建一个面积为400余平方米、可同时停放15台旅游车

① 《八路军驻洛办事处纪念馆培育践行社会主义核心价值观工作汇报材料》，内部资料。

辆的旅游专用停车场，解决游客和旅游团队停车难的问题。为树立洛阳市对外开放的窗口形象，投入人力财力完善游客中心设施，更换沙发，配备雨伞、拐杖、轮椅等。对馆内2个公共厕所进行了改造，增加残疾厕位、厕位隔板、洗漱架、电子感应便池和烘干器，配备专人管理，全天保洁。制作高档、规范、醒目的图文信息符号、标识牌、中英文对照景观说明牌。加强无障碍设施改造，制作安装无障碍坡道、不锈钢栏杆和扶手，为残疾人提供方便。在馆区增加石桌、石凳和长条椅，更换配备垃圾箱，对旅游公厕进行升级改造。二是组织职工参加各类培训。仅2017年举办的培训就有15项，参加人员60人次之多，具体情况见表1。

表1 “洛八办”纪念馆组织职工培训情况

培训时间	培训内容	参加人员	主办单位
2017年3月23日	“文明河南——诚信洛阳”暨“文明礼仪诚信”主题教育培训	李雪雁 毛亚飞	老城区政府
2017年4月16~21日	展览策划培训	张路路	河南省文物局
2017年5月15日	消防安全培训	全体职工	本馆
2017年5月22日	老城区病媒生物防治培训	李雪雁	老城区卫生局
2017年5月25~26日	全国红色旅游经典景区导游讲解员培训	李雪雁 毛亚飞 李晓明	河南省委宣传部 河南省旅游局
2017年6月20日	对外展览培训	沈天鹰	河南省文物局
2017年7月10~11日	讲解员业务培训	全体讲解员	洛阳市文物局
2017年7月17~21日	文物收藏单位保管员培训	李雪雁	河南省文物局
2017年7月26~28日	专业技术人员继续教育	吕九卿 沈天鹰	洛阳市人社局
2017年7月31日至8月2日	红色景区导游培训	濮小英	河南省委宣传部、省旅游局
2017年10月24日	爱国卫生专题培训	全体职工	洛阳市爱卫会
2017年10月30日	消防安全培训	全体职工	本馆

续表

培训时间	培训内容	参加人员	主办单位
2017 年 11 月 11 ~ 23 日	讲解员业务培训	全体讲解员	本馆
2017 年 11 月 12 日	精准扶贫培训	吕九卿 沈天鹰 李雪雁	洛阳市扶贫办
2017 年 11 月 21 ~ 23 日	事业单位入职岗前培训	宋晓武	洛阳市人社局

资料来源：《八路军驻洛办事处纪念馆免费开放博物馆绩效考评》，内部资料。

（三）借助社会力量，提高服务质量

“洛八办”纪念馆借助社会力量，采取多种措施，提高免费开放和服务质量。一是根据国家和河南省有关文件精神，以“充分展示宣传洛阳历史文化，让社会共享文博事业发展成果”为目标，2009 年 10 月 1 日，“洛八办”纪念馆对社会实行免费开放，实行了“免费不免票”的办法，制定了实施方案，健全和完善了各项预案和制度，共接待国内外游客 400 余万人次。二是开展志愿者服务。为了解决人力财力有限与服务工作量迅速增长的要求，“洛八办”纪念馆面向社会招募志愿者并进行专业的培训，让志愿者服务成为联系纪念馆与社会、与公众之间的桥梁。每年“洛八办”纪念馆组织对社会志愿者进行专业的培训 3 次，并由讲解员举行党旗前宣誓、签名留言和讲解实习活动。志愿者的服务范围包括免费讲解、打扫景区卫生和协调治理景区周边环境等。志愿服务规模和服务质量迅速提升，截至 2018 年 12 月，共计有 12000 余人次参加了志愿者行列。三是结合本馆的具体情况，对参观游客进行较为全面的调查问卷活动，以了解各类游客的具体需求，为以后展馆建设及陈展提升提供更多可靠建议。从图 3、图 4、图 5 可以看出，在 2017 年参观游客中，男性占 55%，女性占 45%，参观游客大多数为 30 岁以下，且单位组织参观人数居多。由此可以看出，现阶段各单位、各学校以及各种组织团体都非常重视爱国主义教育，加强爱国主义建设是社会主义精神文明建设主旋律的重要组成部分，同时也是培养四有新人的基本要求。

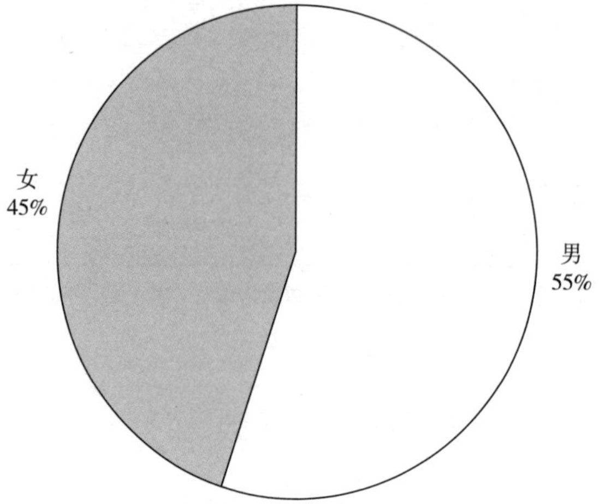

图3　“洛八办”纪念馆参观游客男女比例

资料来源：《八路军驻洛办事处纪念馆免费开放博物馆绩效考评》，内部资料。

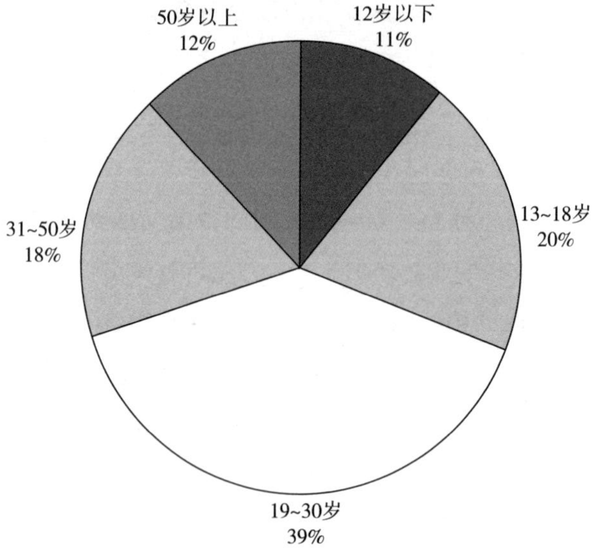

图4　“洛八办”纪念馆参观游客年龄层次

资料来源：《八路军驻洛办事处纪念馆免费开放博物馆绩效考评》，内部资料。

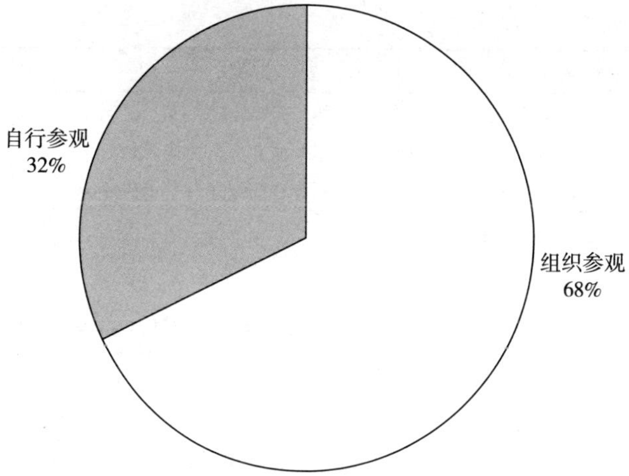

图 5　参观方式

资料来源：《八路军驻洛办事处纪念馆免费开放博物馆绩效考评》，内部资料。

（四）发挥“博物馆”优势，加强学术研究

为了提高开放的专业性和学术水准，在日常工作中，“洛八办”纪念馆坚持把学术研究工作放在业务建设的突出位置，尤其是对“洛八办”历史的研究，不断加强科研工作力度。近几年，专业人员多次参加各类学术会议，先后在省级以上刊物发表学术论文 40 余篇。八路军驻洛办事处纪念馆于 2017 年发起的课题“洛阳民国碑刻的收集与整理”仍在推进当中，完成课题成果《洛阳民国碑刻》（第三卷）的出版发行。2017 年参加的学术会议情况见表 2，发表的学术论文见表 3。

表 2　2017 年八路军驻洛办事处纪念馆人员参加学术会议情况

时间	形式	主题	参与人员
2017 年 5 月 11 日	专题讲座	中国博物馆协会:中国博物馆创新论坛	吕九卿
2017 年 5 月 28 日	专题讲座	洛阳市文物局:神会和他的时代	吕儿卿等 3 人
2017 年 6 月 29 日	专题讲座	洛阳市文物局:唐三彩鉴定新探	吕九卿等 3 人
2017 年 7 月 27 日	专题讲座	洛阳市文物局:洛阳西汉画像空心砖的发现与研究	吕九卿等 3 人

续表

时间	形式	主题	参与人员
2017年9月25日	专题讲座	洛阳市政府:打造洛阳博物馆之都专家论坛	班子成员3人
2017年10月12日	专题研讨	洛阳市政府:隋唐洛阳城和大运河遗产规划	班子成员3人
2017年12月6日	专题研讨	中央文献研讨室:刘少奇研究述评学术研讨会	沈天鹰

资料来源:《八路军驻洛办事处纪念馆培育践行社会主义核心价值观工作汇报材料》,内部资料。

表3　2017年八路军驻洛办事处纪念馆学术论文发表情况

作者	文章	刊物	日期
吕九卿	《洛阳万安山姚崇家族墓地碑志略说》	《姚崇研究文集》(第二辑)	2017年2月
沈天鹰	《试论姚崇为政思想的现实意义》	《姚崇研究文集》(第二辑)	2017年2月
	《试论让抗战文物活起来》	《博物院》第3期	2017年6月
	《刘少奇秘密过唐北地下交通站》	《刘少奇纪念馆馆刊》第2期	2017年6月
	《让抗战文物活起来的实践与思考——以气壮山河:抗战歌曲唱片(史料)展为例》	《英烈与纪念馆研究》第15辑	2017年8月

资料来源:《八路军驻洛办事处纪念馆培育践行社会主义核心价值观工作汇报材料》,内部资料。

(五)借助红色资源，开展专题展览

2008年以来，为适应红色资源爱国主义教育专题化发展的需要，“洛八办”纪念馆通过“引进来”与“走出去”的方式，在馆内外举办了各种专题展览。一是在馆内举办各种专题展览。馆内的展览主要有投资50余万元的“洛阳市廉政教育基地”和“八路军驻洛办事处基本陈列提升调展”两项工程，其基本陈列调展“抗战前哨、红色枢纽”获得省文物局组织的“2007～2008年度河南省优秀陈列展览评选活动”的“最佳综合效益奖”。2008年9月是“九一八”事变78周年，“洛八办”纪念馆举办了“毋忘国耻——侵华日军暴行图片展”。2010年4月清明节期间，“洛八办”纪念馆组织贴廓巷、豫通街小学等学校师生在纪念馆开展了“学习先烈精神，争做时代少年”的红色教育活动，通过举行专题讲解、爱国诗歌朗诵、少先队宣誓仪式等，缅怀革命先烈，对少年儿童进行爱国主义、集体主义和革命英雄主义教育，从而使纪念馆成为学生的第二课堂。2011 年 8 月，“洛八办”纪念馆结合抗战胜利 65 周年，举办了“血泪抗战 50 年”、台湾光复 65 周年历史图片展。2012 年 9 月，“洛八办”纪念馆征集“日军绘制侵华地图”等重要文物，举办了“抗日英雄耿淳事迹展”，2017 年，“洛八办”纪念馆结合“中国人民解放军建军 90 周年”“抗战全面爆发”等专题日举办了“铁军雄风专题展”等，“八路军驻洛办事处纪念馆少年军校”开班仪式，“河南省道德模范评选”等临时展览。先后有 100 余个党政机关、企事业单位、部队、学校在“洛八办”建立了爱国主义、光荣传统、廉政教育、青少年健康成长和德育教育基地。

二是与其他机构合作举办各种展览和爱国主义教育活动。2009 年，“洛八办”联合偃师武装部参与了佛光杨窑“八路军豫西抗日先遣队司令部旧址”的修复和布展。“洛八办”多次组织宣教人员把展览送到远离城市的部队、工矿、农村、学校。为开辟中小学生第二课堂，“洛八办”利用每年的清明节、八一建军节等传统纪念日，把老红军、老八路请到馆里为中小学生做报告，使广大青少年面对面地接受革命传统教育。为培养青少年坚定的意志和乐观向上的革命精神，“洛八办”利用暑期，开办多期“八路军少年军校——励志训练营”活动，通过穿八路军军装，听革命故事，唱革命歌曲，吃小米饭，做军事游戏等形式，使孩子们走进历史、触摸历史、亲身感受八路军当年严明的纪律和艰苦朴素的生活。2009 年 8 月至 12 月，在洛阳广播电台“河洛讲坛”栏目每周一期宣讲“洛八办的故事”，共 14 期。

（六）多种形式宣传，增强教育效果

“洛八办”纪念馆不仅能充分利用各种陈列展览和馆藏资源把展区作为对外宣传的主要阵地，而且重视在市旅游部门网络设宣传网页，在《洛阳晚报》，洛阳电视台，洛阳文物局网站，新浪河南，大河网等省市电视台、广播电台等新闻媒体推广、报道、印制景区宣传资料，制作 VCD、DVD 光

盘免费发放，参加各种旅交会、推介会等提高纪念馆的知名度。另外还开发各种文创产品，利用红色基因传达革命精神。如“洛八办”纪念馆开发的文创炮弹水杯、子弹头钥匙扣、八路军八角帽和革命文件珍藏品等，深受参观者的欢迎。

三 “洛八办”纪念馆爱国主义教育存在的问题及对策

（一）管理队伍规模小，专业人员比例低

“洛八办”纪念馆设有馆长1人，副馆长兼党支部副书记1人，下设办公室、保卫部、业务部。根据洛阳市机构编制委员会核定，“洛八办”纪念馆编制10人，领导职数2人。现有在职在编人数9名。其中：管理人员6人；专业技术人员4人（其中管理人员兼职2人，副高级3人，中级1人）。聘有公益岗位人员15人，劳务派遣1人。[①] 从以上数据可以看出，一是日常在岗人数共26人，总体规模与繁重的工作量相比明显不足；二是除去1人在编不在岗，2人兼职，16名非正式职工，实质上稳定的专职队伍仅有7人，稳定性不够；三是专业技术人员里面没有高级职称，专业人员比例仅为40%，研究能力和水平层次不够，所占比例过低。

（二）教育项目精神内涵单一，缺乏横向联系

红色基因是革命精神的继承和发展，既包括革命战争年代的瑞金、井冈山、遵义、延安、西柏坡等革命遗址和其所代表的革命行动，也包括中国人民传承和发展这些精神的时代传承，如抗洪抢险精神、抗震救灾精神、北京奥运精神、载人航天精神等。从其内容来说，也包括坚定的理想信念、党指挥枪的军魂、不怕牺牲和吃苦的战斗精神、党教干啥咱干啥的组织纪律、独立自主创新品质和全心全意为人民服务的根本宗旨。洛阳除了“洛八办”

① 《八路军驻洛办事处纪念馆培育践行社会主义核心价值观工作汇报材料》，内部资料。

纪念馆，还有焦裕禄创业创新纪念馆和马海明好干部典型代表事迹等众多红色基因及其所代表的革命精神，但是调查中发现，“洛八办”纪念馆很少和这些资源建立横向联系，也没有开展联合活动，因此爱国主义教育的对象范围和规模相对来说还非常有限，其精神内涵还不够丰富。

（三）研究低水平重复比较多，精神挖掘不到位

关于“洛八办”历史和现状的研究，研究主体包括三个方面：一是中国人民解放军和相关当事人，出版了一批研究成果，但是偏重于资料汇编和细节回顾，进行深刻研究和思考的不多；二是“洛八办”纪念馆的研究队伍，经过长期的积累和努力，也出版了不少研究成果，在某些方面的研究也取得了新的突破，但发表期刊的层次和影响力还不够；三是高校等各类科研工作者，他们的研究完全依赖于自己的兴趣和课题研究需要，虽然角度独特，质量较高，但持续性往往不够。更重要的是，到目前为止，无论哪一方面的研究者都没有提出“洛八办”的精神内涵，因此还需要深刻地去挖掘。

四　推进红色基因传承弘扬革命精神的对策

（一）进一步扩大志愿者队伍，借助社会公益力量

机构的设置涉及国家行政改革，作为一个博物馆来说，很难在这个层面施展自己的影响，更不可能在短时间内改变现状。但是这并不意味着就没有办法解决人力不足的问题。一方面，国家这几年对志愿者队伍的建设非常重视，整个社会对志愿服务的热情越来越高，因此扩大志愿者队伍是顺应国家发展趋势和社会各界人士心理趋向的。另一方面，洛阳在文化建设过程中，尤其是国家公共文化示范区创建过程中，形成了自己独特的志愿者队伍建设和管理经验，已经建成了一支相当规模的志愿者队伍。因此“洛八办”纪念馆可以利用这个基础，直接通过相关机构的协调，获得更多志愿者的支持和参与，进一步解决自己人力资源不足的困境。

（二）强化横向联系，与其他红色资源抱团发展

如前所述，洛阳有众多的红色资源，“洛八办”纪念馆就可通过自己的努力促使更多的红色资源扩大开放或者免费开放，进一步放大洛阳爱国主义教育基地的优势，形成自己的特色。如通过“洛八办”纪念馆与焦裕禄精神纪念馆的抱团发展，可以向人们展示革命年代和建设年代革命精神的相同之处。

（三）增加研究深度，提炼革命精神内涵

“洛八办”存续期间的工作是成功的，成就是巨大的。在那样的环境下能够取得革命的成果，绝不是完全按照中央指示做事就行的，肯定有其独特的精神在里面。“洛八办”的革命事迹和革命精神在今天仍对人们具有深刻的启发性和教育意义。那么这些革命精神到底是什么？我们应该从哪些方面来学习？这是必须回答的问题，而要回答这些问题，首先必须增加研究深度，提炼出“洛八办”的革命精神内涵。

B.21

老君山建设《道德经》思想文化廉政教育基地的思考

李银汁　张靖涵*

摘　要： 《道德经》是修德养廉的宝典，其深厚的廉洁、廉政思想和丰硕成果，为当今的廉政文化建设提供了丰富的营养。深入挖掘《道德经》中的廉政文化元素，打造廉政教育基地，传承廉政文化资源，从而借古鉴今，以史育人，也是深入贯彻我党“加强反腐倡廉教育和廉政文化建设”要求的具体举措。作为道家始祖老子归隐地的洛阳市栾川县老君山，是全国著名的道家文化加自然山水旅游名山。因此，以老君山为依托，建设基于《道德经》思想文化的廉政教育基地，深度激活“德廉”文化，着力形成“德廉”文化创建长效机制，让德廉文化深入人心，推动党员干部队伍廉洁从政，并充分发挥“德廉”文化品牌效应、辐射效应，使文化的力量熔铸为建设和谐社会的创造力和凝聚力，具有巨大的可行性。

关键词： 老君山　《道德经》　德廉文化　教育基地

党的十九大报告指出：“深入挖掘中华优秀传统文化蕴含的思想观念、人文精神、道德规范，结合时代要求继承创新，让中华文化展现出永久魅力

---

* 李银汁，中共洛阳市委党校栾川分校高级讲师，主要研究方向为文化、党建；张靖涵，国际关系学院公共管理系政治学理论专业硕士研究生。

和时代风采。”传统廉政文化是中华优秀传统文化的璀璨明珠，传承廉政文化资源，积极借鉴我国历史上优秀廉政文化，发挥传统廉政文化作用，从而借古鉴今，以史育人，以文化人，是我党加强廉政文化建设和深入开展反腐败斗争的有效途径。《道德经》是修德养廉的宝典，它博大精深、源远流长，其深厚的廉洁、廉政思想和丰硕成果，为当今的廉政文化建设提供了丰富的营养。作为老子归隐地的洛阳市栾川县老君山，是全国著名的道家文化加自然山水旅游名山，道家文化氛围浓郁，已经建成的老子文化苑、山顶道观群蔚为壮观。因此，以老君山为依托，打造廉政教育基地，深入挖掘《道德经》中的廉政文化元素，使广大党员干部通过参观学习，不断提高拒腐防变和抵御风险能力大有可为。

一　老君山基于《道德经》思想文化的廉政教育基地建设具有可行性

（一）洛阳市栾川县老君山与老子的渊源

老君山，古号“景室山”，位于洛阳市栾川县城东区，是秦岭余脉八百里伏牛山的主峰，海拔2217米，号称“中原第一峰”。因道家始祖老子归隐修炼于此，“景室山”后更名为“老君山”，并沿袭至今①。

老君山有2000多年道文化历史，北魏时在山中建庙纪念，唐贞观年间受到皇封，修建“铁顶老君庙”，与武当山并称为“南北二顶”，有“南有武当金顶，北有老君铁顶”之说，明万历十九年颁赐老君山道经诏谕，封为“天下名山”。再加上其自然风光“秀压五岳，奇冠三山”，老君山当之无愧地成为中原山水文化的杰出代表，是著名的自然山水加道文化旅游名山。

① 《老子八十一化图》第五十二化《天地数》讲：“太上老君居景室山与五老帝君共谈天地之数撰集经书。”这证实了老君山为老子归隐之地，破解了司马迁《史记》中留下的老子函谷关著经后，“莫知其所终”的疑团。

老君山风景区面积58平方公里，原为国有林场，于2007年8月改制成立了河南省老君山文旅集团，走上了跨越式发展的道路。目前，景区已形成了以老君山为轴线，以寨沟、追梦谷为两翼的游客中心服务区、老子文化体验区、舍身崖观赏区、十里画屏精品区、金顶道观朝圣区、追梦谷生态探险区、寨沟休闲度假区等游览区域，并获得伏牛山世界地质公园、国家5A级旅游景区、国家级自然保护区、国家级老子文化与生态旅游标准化示范单位、省级文物保护单位等殊荣，已经成为国内著名、国际知名的最佳旅游目的地，道家和道教文化体验圣地。

（二）老子及其《道德经》

老子，姓李名耳，字伯阳，号聃，春秋时期思想家、哲学家，道家学派创始人，司马迁在《史记·老子传》中说，老子是“楚苦县厉乡曲仁里（即今天的河南省鹿邑县太清宫镇）人也”。老子做过周朝守藏室之史（管理图书的史官），著有《老子》一书。《老子》又称《道德经》《道德真经》《五千言》《老子五千文》等，共八十一章，是中国历史上首部完整的哲学著作。

老子是伟大的哲学家，老子哲学与古希腊哲学一起构成了人类哲学的两座高峰，老子也因其深邃的哲学思想而被尊为“中国哲学之父”[①]。他的哲学思想和由他创立的道家学派，对我国2000多年来思想文化的发展产生了深远的影响。他所著的《道德经》包含着丰富的辩证法思想，字数虽少，但历经几千年时光的打磨，历久弥新，陈香依旧。学读《道德经》能帮助我们了解宇宙，了解世界，参透社会，领悟人生，从而明心见性，增长智慧。同时，老子也是一位伟大的政治哲学家和政治伦理家，《道德经》中蕴含着丰富的廉政文化思想内涵，是廉政文化建设不可或缺的思想资源，给现代人提出了很多为人、为官、为政的原则和规范。

---

① 孙宏斌：《易学哲学与生态文明》，第三届传统文化与生态文明国际研讨会，2012年11月17日。

（三）老君山道家文化展示区现状

目前，作为老子归隐地的老君山风景区，依托老子文化，已经在老君山景区入口处建成了老君山道家文化的核心展示区——老子文化苑，总面积10万平方米，总投资9000万元，成为传承和弘扬老子思想的圣地。沿中轴线，从阙门依次往上有12项建筑，整座苑区以老子铜像为核心，充分展示了老子“道”本源、“德”高界、“人”本灵以及“万物负阴而抱阳，冲气以为和”的太极和合文化，蕴含着“道行天下，德润古今，尊道贵德，天人合一”的哲学理念。老子文化苑的标志性建筑——老子铜圣像整体造型气势磅礴、大气沉着，该巨型老子像呈站立式，像高38米，通高59米，用360吨锡青铜铸造，由288块特制青铜焊接而成，焊缝长度达5000余米。2014年，该像成功申报吉尼斯世界纪录，成为目前全球最大的露天老子铜圣像。老子圣像身后是《道德经》墙，《道德经》墙长81米，高4.8米，墙上是大陆以及港、澳、台82位著名书法家书写的《道德经》全文，集真草隶篆行为一体。这面国内名家书法墙在全国是独一无二的，有很高的艺术价值。老子像下方设有三层圆坛，第一层设置栏板81块，雕刻着《道德经》中的警句和成语；第二层设计64块栏板，雕刻着历代64位书法名家如王羲之、赵孟頫、米芾等笔下的“道”字，为阳刻，每个道字释义有一条含“道”字的四字成语，为阴刻，意为“一阴一阳为之道”。这都为廉政教育基地营造了浓郁的文化氛围，成为教育基地不可或缺的部分。

几年前，中共栾川县纪委曾在老子文化苑挂牌“老君山老子道德教育圣地”，但没有进行专门的教育场馆建设，道德教育圣地的作用发挥不够充分，老君山的廉政文化资源还有待于继续深入挖掘，廉政教育基地场馆建设已经成为当务之急。

（四）打造廉政教育基地的外部支撑

在老子文化苑老子巨型铜圣像下方基座里面，有上千平方米的空间有待开发利用，可以作为廉政教育基地的场馆展示区域，为老君山廉政文化教育基地建设提供了场地支撑。

同时，在“大众创业、万众创新”背景下，近年老君山文旅集团又成立了河南省老君山实业有限公司，下属子公司洛阳景界企业孵化服务有限公司成立了“栾川县道德经国学文化产业园”，着手在老君山风景区内打造《道德经》国学研修基地、老君山影视创作基地、道家文化养生养老产业园，并拟建设崇道苑廉政教育基地。有了产业园经营主体，这将为老君山廉政教育基地建设提供许多便利因素。

结合习近平新时代中国特色社会主义思想中全面从严治党的相关部署，汲取传统文化的精华，用文化的手段开展廉政建设，在廉政建设中蕴含文化品位，是当代廉政教育的新途径。老子的廉政思想博大精深，他的主张往往是标本兼治，防患于未然，是廉政文化建设不可或缺的思想资源，至今仍散发着智慧的光芒，给人以无尽的启示。所以，以老君山老子文化苑为依托，深入挖掘《道德经》中廉政思想文化内涵，打造廉政文化教育基地，有极大的可行性和必要性。

二　打造廉政教育基地，必须深入挖掘《道德经》的廉政思想文化内涵

要打造基于《道德经》思想文化的廉政教育基地，深入挖掘其廉政思想的精髓应该是首要环节。有了丰厚的廉政文化基础，我们的场馆建设才有内容，才有魂魄。因此，在廉政教育场馆建设之前，必须搞清楚我们要展示什么样的廉政思想，我们要传递给参观者的价值理念是什么。

老子《道德经》廉政文化思想主要体现在以下几个方面。

（一）尊道贵德，融道于心

一部《道德经》，上半部为“道经”，下半部为“德经”，无不是围绕“道”和“德”来阐述老子心中的道德规范。“尊道贵德”是整部《道德

经》的核心。

“尊道贵德”语出《道德经》第五十一章：“道生之，德畜之，物形之，势成之，是以万物莫不尊道而贵德。”[①] 意思是说，自然之道生成了万事万物；自然之德养育了万事万物；各种各样的事物呈现出不同的形态，事物发展的趋势使万物成长起来；所以，万事万物无不是尊崇道而又珍贵德；道是事物生长的根本和遵循的规律，德是道的体现，是高尚的操守和行为规范。[②] 那么，我们每一个人，尤其是党员干部，也要循道而行，遵从规范。

老子提出要以道诚心。《道德经》第十五章说：“古之善为士者，微妙玄通，深不可识。夫唯不可识，故强为之容。豫兮若冬涉川；犹兮若畏四邻；俨兮其若容；涣兮若冰之将释；敦兮其若朴；旷兮其若谷；混兮其若浊。孰能浊以静之徐清，孰能安以久动之徐生。保此道者不欲盈。夫唯不盈，故能蔽而新成。”这是教我们怎样掌握和运用“道”的规律。善于运用道的规律的人，他们具有高超的精神境界，行事稳妥谨慎，对人恭敬严肃，处事融和可亲，性格敦厚质朴，为人洒脱旷达，他们不张扬、不自满，不孤傲，对自己严加要求，时刻不放松，以“道”制欲，这样才能使德行如捆绑在自己身上一般，只有德行如润物细无声的细雨进入血肉心灵之中，才是治身的最高境界。

老子倡导要以德加身。《道德经》第五十四章中说：“善建者不拔，善抱者不脱，子孙以祭祀不辍。修之於身其德乃真，修之於家其德乃馀，修之於乡其德乃长，修之於邦其德乃丰，修之於天下其德乃普。”就是说那些善于立身、立国的人，身心都应当深植于道德之中，这样就不会轻易被摇动。就如百年的参天大树，根系深扎于土石之中，任凭风狂雨骤，只能晃动它的枝叶，而难以撼动它的根本，所以不会轻易被拔除。做人，若能不离根本，时时处处坚守道德，心身持正，则天地不能改，鬼神不能移，阴阳不能易。

---

① 本文引用《道德经》原文皆出自国学典藏书系《道德经·老子》，吉林出版集团有限公司，2012。

② 魏纪东：《中原经济区的历史传承与人文环境特点研究》，《经营者》2015 年 3 月 1 日。

老子在第五十一章还提出了“玄德”的概念：“生而不有，为而不恃，长而不宰，是谓玄德。”要求人不能自私自利，不能居功骄傲，不能主宰群众，做到了这些就具有了高尚的品德。这是老子倡导的官员应秉持的人生观和价值取向以及应具备的官德，即要为民奉献。老子的这种思想与我们党全心全意为人民服务的宗旨具有一定的相通性。

《道德经》基于“道德”的表现形式，提出了“上善”的标准。第八章讲：“上善若水，水善利万物而不争，处众人之所恶，故几于道。居善地，心善渊，与善仁，言善信，政善治，事善能，动善时。夫唯不争，故无尤。”老子认为，上善的人，就如同水一样。水滋润养育了万物，却不和万物争名夺利，这才是最为谦逊的美德。我们应该效仿水的德行：心胸要像水渊一样宽广无边、清湛悠然；要像水势一样谦虚卑下，不可处处与人争高低；要善养上德、包容万物；要善待地位、处下不争；要善为民谋、恩泽大众；要善守信诺、言行一致；为政要清澈明净、正人正己；做事要善于变通、勇于进取；能够因时善动、动静无患。这些话饱含着深邃的哲理，要求做人应该像水一样，至柔之中又有至刚、至净、能容、能大的胸襟和气度，这样才能成为“上善”的具有“玄德”之人。

因此，每个人都要遵从大道，养厚德之本。尤其是作为党员干部，要始终做到自觉、自重、自省、自励。

（二）节俭戒奢，清心养廉

老子从道法自然的思想出发，崇尚节俭，反对奢靡；崇尚内敛，反对张扬；崇尚养生，反对纵欲。提倡少私寡欲，见素抱朴；提倡淡泊生活，知足之足。这是一种正确的、合理的、健康的、有益的生活态度和人生价值观。学习这种观点，持守这种态度，保留一颗单纯、善良、朴实的心，就能达到人生至高境界。

《道德经》第五十八章说：“是以圣人方而不割，廉而不刿，直而不肆，光而不耀。”这是目前史籍中所见到的较早关于“廉”的论述，其核心是“廉而不刿”。王弼曰：廉，清廉也。刿，伤也。以清廉清民，令去其邪，令去其污，不以清廉刿伤于物也。[①]

清心寡欲是修身养廉之要。老子认为，要涵养道德，就要做到清心养廉，少私寡欲。《道德经》第九章说：“持而盈之，不如其已；揣而锐之，不可长保；金玉满堂，莫之能守；富贵而骄，自遗其咎。”可理解为：积蓄财物，执持盈满，不如适可而止；锋芒毕露，锐势一定不能长久保持；金玉满堂，也不可能长期守住；如果富贵又骄横，那是给自己留下了祸根。老子认为，人要恬淡俭啬，摆脱名利观念的束缚，以保障人的身心健康和社会的井然有序。在第十二章也说：“五色令人目盲；五音令人耳聋；五味令人口爽；驰骋畋猎，令人心发狂；难得之货，令人行妨。”意即五颜六色的视觉刺激使人眼花缭乱；纷乱的音调妨碍人的听觉；饮食丰盛奢侈使人味觉失灵；纵情狩猎玩乐使人心境浮躁放荡；奇珍异宝使人操行受到损伤。因此圣人追求内心的纯净、朴素，而不追求物欲享乐，要摒弃物质诱惑而保持恬淡简朴的生活。

那我们到底要怎么做呢？这就是老子在第十九章中强调的“见素抱朴，少私寡欲”，即参透世界的本来面貌就是自然素净单纯的，保持质朴的原始真性情，减少名利之心，去除过多的欲望。老子认为，治理国家，修身养性的最好方法，莫过于对百姓爱惜其财物，对自己则要控制欲望，克除贪婪之心。老子希望，有志于造福大众百姓的圣人，能抵制这些“难得之货”的诱惑，不要追逐浮华，过分追求声色娱乐等奢侈的享受，清心寡欲，过着简朴生活。一个人若能素净而单纯，淳厚而朴实，就会“虽有荣观，燕处超然”，积极倡导人们保持纯洁朴实的本性，减少私欲杂念。《道德经》第三十七章又说，“不欲以静，天下将自定”，如果万事万物没有贪欲了，天下便自然而然达到稳定、安宁。老子告诫世人遏制欲望，要守住心灵的宁静，以保持心理平衡，而这种内心的宁静和平衡是精神上永远的富足，应该格外珍惜。

如何做到清心寡欲？老子用一个“俭”字作为治国、事天和养生的根

① 钱凤仪：《道德经哲学原理》，北方妇女儿童出版社，2015。

本原则。《道德经》第二十九章中说："圣人去甚，去奢，去泰。"老子认为，节俭自持是富裕安康的前提条件之一。《道德经》第五十九章说："治人事天，莫若啬。"持家治国要俭啬，对大自然资源也同样要爱惜节约，"俭""啬"既是维持社会、国家、环境和谐的法宝，更是稳固根基、长久生存的根本。

老子高度概括大道的德行，总结出人的三种基本美德：慈德、俭德和让德，即第六十七章中说的："我有三宝。持而保之：一曰慈，二曰俭，三曰不敢为天下先……"第二宝"俭"，极好地说明了节俭戒奢的重要性。老子认为，对声色货利的过度贪欲，会影响人的品行修养，是致使人迷失本性的根源。"成由勤俭败由奢"是一条永恒不变的真理，是兴国安邦的守则，是反腐倡廉的利剑。

作为有志于造福大众百姓的人民公仆，必须守住为人为官的底线，树立正确的幸福观，始终保持清醒的头脑，做到慎权、慎欲、慎独、慎微，抵制"难得之货"的诱惑，清心寡欲，节俭戒奢，这才是修德养廉的根本所在。

（三）知足知止，持正守节

我们每个人生于这世间，都不可避免地会去争取功名利禄，会有荣辱得失等烦恼，但若将荣宠和功名利禄看得比生命还重，就会走向极端。老子认为只有那些对一切声色货利无动于衷的人，才能够倚重。他倡导人要有知足常乐的思想，"知足者富"，知道满足的人，才能感到自己富有，"甚爱必大费，多藏必厚亡。知足不辱，知止不殆，可以长久"。过分追求名利就一定要付出巨大的代价，贪婪地追求财富也必定会招致惨重的损失，这就是物极必反的道理。如果懂得满足就不会遭受耻辱，知道适可而止就不会遇到危险，这样才能够长久平安。

他告诫我们："罪莫大于可欲，祸莫大于不知足，咎莫大于欲得。故知足之足，常足矣。"他认为，罪、祸、咎是自己找的。人最大的罪过就是任意放纵自己的欲望，最大的祸害就是不知道满足，最大的过失就是贪婪。知道欲望有度，适时满足的人，就会永远满足。放纵私欲，追求过度的享受，贪婪地聚敛财物，会给自己带来灾难和不幸。老子的这种警示入木三分，提醒为政者一定要把握住自己，保持清醒头脑，对名利、待遇、享受等个人利益要看淡些，防止罪、祸、咎落到自己身上。

我们可以看到，当前一些官员不知足不知止，党的十八大之后仍不收手，最后坠入堕落犯罪的深渊。正所谓“贪如火，不遏则燎原；欲如水，不遏则滔天”。因此，作为国家公职人员，必须不断警示自己，做到知足知止，始终持正守节。

（四）以民为本，应天顺民

除了修德养廉方面的大智慧之外，老子“道法自然”的思想，用于治国安民，自然形成了“应天顺民”的行为。《道德经》以道家独特的思维方式表达了丰富而深刻的民本思想。老子认为以民为本、应天顺民才是真正的治国安邦之道，这从特定的文化视角推动了我国古代“民本”思想的发展。

1. 以谦下之心待民

《道德经》第六十六章说：“江海之所以能为百谷王者，以其善下之，故能为百谷王。是以圣人欲上民，必以言下之；欲先民，必以身后之。是以圣人处上而民不重，处前而民不害。是以天下乐推而不厌。以其不争，故天下莫能与之争。”意思是说，江海所以能纳百川，是因为能够处于卑下之位。因此，圣人想要领导民众，必须用言辞对人民表示谦下，把自己的利益放在人民之后。这样，他不和人民争利，天下也没有人能同他相争。今天，我们要涵养官德，极为重要的一点就是要俯首甘为孺子牛，甘心情愿做“人民公仆”，而不是处处颐指气使，“当官做老爷”。

2. 以仁慈之心恤民

《道德经》第四十九章说：“圣人无常心，以百姓之心为心。”意即圣人的心境非同一般，而是要有一颗爱民之心，时时处处谋民利，解民忧，想百姓之所想，思百姓之所思。宽厚仁慈就是为官者的安心立命之本，“道家三宝”的其中一宝“慈”，即慈德，它是世间一切美德的基础。执政者如果具备了这种美德，治国则爱民，用兵则爱兵。进而百姓拥戴，民无所惜其力；士卒亲附，兵无所惜其命。故能上下一心、战无不胜、守无不坚。所以老子说："天将救之，以慈卫之。"意即上天要挽救一个人，就让他变得仁慈。这与我们党"执政为民"的理念是高度一致的。2015 年在减贫与发展高层论坛主旨演讲中，习近平总书记引用西汉经学家刘向在《说苑·政理》中的一句话："善为国者，遇民如父母之爱子，兄之爱弟，闻其饥寒为之哀，见其劳苦为之悲。"足以体现其殷殷爱民情怀。

3. 以"无为而治"安民

老子提倡以正治国，以无为的态度来治理天下，主张采取"我无为，而民自化；我好静，而民自正；我无事，而民自富；我无欲，而民自朴"的不干扰政策，"治大国如烹小鲜"的不折腾政策，也就是"道法自然，无为而治"。其目的就是让老百姓"甘其食，美其服，安其居，乐其俗"。这是道家的治国策略，老子希望统治者效法"道常无为而无不为"，营造宜于万物和百姓自由生长的环境，而不替万物做主宰。尽量不用繁杂的关卡衙门、苛刻的政刑法令来滋扰百姓；不用一己或少数人的意志取代百姓的意志，不以救世主、代言人自居来强奸民意。而是用宏观调控来营造适宜的环境，让人民"全其天性而不害其长"，使百姓各安其居，各乐其业，休养生息。当"功成事遂"之时，百姓皆谓"我自然"。

长期以来，有人对"无为而治"的理解有歧义，认为无为就是不作为。其实，无为就是不肆意妄为，是无主观臆断的作为，是一切顺应自然、遵循客观规律的合理作为，因而也是积极的作为。

因此，我们要积极弘扬《道德经》里边的民本思想，重民、贵民，安民、恤民，亲民、爱民，从而做到重视民生，顺应民意。

三　打造老君山廉政文化教育基地的几点思考

当前，老君山廉政教育基地建设有基础，缺场馆；有想法，缺实施。那么到底应怎样推动廉政教育基地的高品质落地？

纵观国内廉政教育基地建设成效显著的地方，无不是发挥了政府、社会等各方面的合力。比如湖北省十堰市举全市之力，成立了“道廉”文化教育基地共建委员会，着力打造独具特色的道家廉政文化品牌，建立武当山“道廉文化教育基地”，开通道家廉政文化旅游专线，实现了廉政文化建设的新突破。所以，老君山廉政文化教育基地的建设，也需要整合资源，多方联动，共同谋划，以期取得良好效果。

（一）充分发挥政府的主导作用

1. 县纪委监委牵头，清晰定位

习近平总书记强调，要加强反腐倡廉教育和廉政文化建设，督促领导干部坚定理想信念，保持共产党人的高尚品格和廉洁操守，提高拒腐防变能力，在全社会培育清正廉洁的价值理念，使清风正气得到弘扬。近年来全面从严治党的实践表明，“制度治党”与“思想建党”需要双管齐下，反腐不仅要约束行为，更要培育健康向上的党内政治文化、营造风清气正的党内政治生态，从思想上防微杜渐，使“不敢腐、不能腐”真正发展为“不想腐”。所以我们说，廉政文化建设是构筑“不想腐”堤坝的重要路径，也是营造风清气正的党内政治生态和党内政治文化氛围的重要抓手。

因此，老君山廉政文化教育基地建设不能只是景区行为，而是需要县委县政府主导、多方配合的大工程。建议由县纪委监委牵头，把准方向，然后相关职能部门分工负责，参与共建，在教育基地建设、干部教育培训、党风廉政建设等具体工作中通力协作，为廉政文化建设和发展注入源源不断的财力、智力和人才支持，实现社会资源整合和优势互补。

2. 文化广电旅游体育局配合，廉旅融合

因为“老君山廉政文化教育基地”本身是依托老君山老子文化和《道德经》的思想文化内涵而建的，老君山又是全国知名的风景名胜区，所以基地建设离不开文化旅游部门的密切配合，一个景区也必须有文化的底蕴和内涵，才能做得更大更强。旅游管理部门要主动作为，为基地建设、发展出谋划策。通过廉政文化建设，让栾川的文化旅游产业抓住重大的发展机遇。

栾川人杰地灵，是我国古代倡廉第一人——元圣伊尹的躬耕之地，在县城西有伊尹廉政文化公园；在潭头镇九龙山，有明代忠臣、谏臣齐鲁“齐都御血谏”的传奇；在重渡沟河南省道德模范马海明纪念园，有党的群众路线教育实践基地……因此，文化旅游管理部门要清晰定位廉政文化教育基地的发展方向，配合做好廉政思想的深度挖掘，在全域旅游的大背景下，有力促进文化旅游的产业化发展，产生经济效益，再去反哺滋养廉政文化，形成良性循环。

3. 老君山风景区承建，保证质量

推荐将德廉文化教育基地场馆，建在老君山风景区老子文化苑内，因此可以由河南省老君山实业有限公司具体承建，在县纪委监委主导下，多方筹措资金，统筹考虑选址以及建设用地、项目实施和已有项目整合等问题，切实负起责任，确保建设质量。

4. 宣传部门助力，凸显品牌

“老君山廉政文化教育基地”建设可以突出“德廉”品牌，打造目标可以定位为既是广大党员干部、职工修德养廉的廉政教育基地，也是普通群众提升道德修养传播廉洁文化的窗口。因此，需要宣传部门做好相应的外宣内宣工作，大力配合推进德廉文化建设，形成特色鲜明的有老君山印记的廉政文化品牌。

（二）规划先行，高品位、高质量建设基地，深度激活“德廉”文化

1. 规划必须先行，突出特色

建设德廉文化教育基地，必须要把规划放在基地建设的首要位置。要有高起点、宽视野的规划和设计，做到不规划不设计，不设计不建设。我们要立足国内廉政建设教育基地的实际情况，根据老君山的地域特点，结合《道德经》的思想文化内涵，着眼长远，制订具有高标准、前瞻性和可操作性的科学规划，切忌设想“空中楼阁”。不规划或者低层次的规划都建不成精品，盲目建设只能浪费财力物力。可以通过招标等形式，由具有资质和实

力的文创公司来进行基地的规划设计。

2. 把《道德经》传统廉政思想和现代表现手段完美结合

建设基于《道德经》廉政思想的德廉文化教育基地，核心在其具有深厚的思想精髓，但是如何把廉政思想用丰富多彩的手段表现出来，易于大众接受，是需要特别用心考究的问题。在规划建设中，要恰当适度地采用声光电等多媒体技术，运用现代化表现手段，把古老的哲学思想、廉政文化通过创新的形式呈现出来。既不呆板单一，又不虚张声势，依道而行，德润人心。

3. 做到《道德经》廉政思想文化和自然山水的交融

以老君山丰厚的道家廉政文化思想为媒，让《道德经》廉政文化思想与自然山水、景观建设相结合，使教育基地不突兀，使山水景观更添文化的底蕴。让廉政文化与党员干部群众生活更贴近，使廉洁精神更加具体化。

（三）做好廉政文化的传播和弘扬工作

1. 以县委县政府为主导，着力形成廉政文化创建长效机制

作风建设永远在路上，全面从严治党永远在路上，所以廉政文化建设也需要常抓不懈。廉政教育基地建设不能是一阵风，要以县委县政府为主导，以基地为依托，让德廉文化创建形成长效机制，始终做到围绕中心、服务大局，进而拓展渗透全县每一个角落。比如可以在“清风栾川”网页开辟廉政文化网上展馆，集中展示以《道德经》为主要内容的地方特色廉政文化，使人们不受时间空间限制随时随地“入馆”参观。督促各级党政机关和企事业单位，以《道德经》修德养廉名语警句、文化作品等为主要内容，安装廉政版面。在农村，大力推进《道德经》“廉政文化长廊”建设，综合运用漫画、打油诗、书法等群众喜闻乐见的形式，宣传德廉文化，传播廉洁理念。在学校，可以设立“道德经读书节”，通过师生朗诵《道德经》等活动，在全社会形成人人争诵《道德经》的氛围。

基地还可以创新方式扩大影响面，比如建立德廉文化智库，充分发挥全国各地老子研究会以及相关专家学者的智囊作用，建立起合作关系，定期聘请研究《道德经》与廉政文化建设的知名专家学者莅临基地举办论坛、讲

座，指导廉政文化建设，让廉政文化建设不断推向深入，助力反腐倡廉，实现政治生态、社会生态的净化。

2. 以党校现场教学为突破口，让廉政文化深入人心，推动党员干部队伍廉洁从政

近年来，中共栾川县委党校着力创新教学方式，在干部培训中，把传统理论教学和现场教学、体验式教学、访谈式教学、案例式教学等新的教学形式结合起来，取得了良好的培训效果，树立了良好的社会形象。老君山廉政文化教育基地可以作为党校现场教学基地，认真锤炼讲解词，通过各级各类干部培训，把德廉文化浸润每一位党员干部心中。同时设立基地讲堂，配合国学智慧、反腐倡廉、党规党纪等专题讲座，推动党员干部廉洁从政，干净用权。

可以针对党员干部及其他公职人员岗位差异性的特点，精心选聘一批政策理论水平高、宣讲能力强、工作经验丰富的人员，组建廉政教育讲师团，分类施教，传播廉政文化和廉政理念，从而使德廉文化深入人心。

3. 充分发挥廉政文化品牌效应、辐射效应，使文化的力量熔铸为全县人民建设和谐社会的创造力和凝聚力

紧紧围绕服务经济社会发展大局和实施“生态立县、旅游富县、产业强县”战略，找准廉政文化建设的切入点和着力点，将廉政文化建设与旅游产业发展有机结合，综合运用廉政文化教育基地和老君山风景区的老子文化广场、文化柱、老子文化苑、道德天书等多种展示形式，整合伊尹廉政文化公园、重渡沟马海明精神学习教育基地、抱犊寨红色教育基地、七英雄六烈士纪念园、李干城烈士殉难地，乃至“洛阳老子纪念馆”，打造“廉政”旅游专线，充分发挥廉政文化品牌辐射效应，在全社会形成廉洁文化动力，汇聚起崇德尚廉、修德养廉的正能量，营造良好的社会氛围，进而使文化的力量熔铸为全县乃至全洛阳市人民建设和谐社会的创造力和凝聚力。

结　语

“文以载道，以文化人”，传统文化瑰宝《道德经》，在治国理政、修德

养廉等方面提出的诸多精辟见解，不因时代变迁而黯然，不因历史尘封而失色。因此，建设基于《道德经》思想文化的廉政教育基地，必然会大有可为。我们要善于汲取《道德经》的思想精髓，深入挖掘《道德经》的廉政文化内涵，用恰当的表现形式和创新的举措，去传承弘扬老子廉政思想，以丰富我们的廉政文化建设。这对于唤起广大党员干部积极借鉴我国历史上优秀的廉政文化、不断提高拒腐防变和抵御风险的能力，从而修德养廉、以德促廉、提高修养、提升境界都具有十分重要的意义。

参考文献

[1]《道德经·老子》，吉林出版集团有限公司，2012。
[2] 钱凤仪：《道德经哲学原理》，北方妇女儿童出版社，2015。
[3] 张记：《大道老君山》，中华诗词出版社，2014。
[4] 张岂之：《中国传统文化》，高等教育出版社，2009。
[5]《道廉文化：十堰文化新品牌》，《十堰日报》2010 年 11 月 17 日。
[6]（魏）王弼注《老子道德经注》，中华书局，2014。
[7] 张红云：《从“天道自然”到“人道无为”——论老子〈道德经〉的民本思想》，《名作欣赏》2011 年第 5 期。

大　事　记

Memorabilia

B.22
2018年洛阳文化发展大事记

余　洁*

1月

1月2日　国家新闻出版广电总局官网发布《关于农家书屋全面建设十周年先进集体和先进个人表扬的通报》，洛阳市文广新局获得全国先进集体称号，偃师市岳滩镇西谷村农家书屋获得全国示范农家书屋称号，孟津县平乐镇刘坡村邓红斌获得“全国优秀农家书屋管理员”称号。

1月5日　“在当代——洛阳美术新力量优秀作品展”在洛阳美术馆开展，该展览汇集了洛阳本土1980年至2000年出生的青年美术家与美术爱好者的120余幅优秀作品。

1月7日　作为第四届中国诗歌春晚分会场活动之一，“书香洛阳·谭

* 余洁，洛阳市委党校教师。

杰诗赋专场朗诵会”在洛阳理工学院举行。

1 月 9 日 省政府发文公布第二届河南省杰出专业技术人才名单，全省 30 名专家入选，洛阳市 6 人榜上有名。

1 月 12 日 “清心娴雅”——洛阳市女画家学会第四届年展在市图书馆隆重开幕，年展共展出洛阳市女画家常丽霞、李东霞等人的作品 80 余幅。

1 月 13 日 洛阳市作协在建安门举办了 2018 迎春诗会。

1 月 13 日 洛阳小伙儿王向阳登上央视《星光大道》舞台，被评为该节目 2017 年度全国优秀选手。

1 月 15 日 “我心中的洛阳”演讲比赛落幕，经过初赛、复赛、决赛的层层选拔，司育歌等 20 人分获一等奖、二等奖、三等奖和优秀奖。

1 月 18 日 第 14 届联合国世界旅游组织大会在西班牙马德里举行，洛阳龙门石窟景区“互联网 + 龙门”行动计划，作为中国唯一进入总决赛的参赛项目，喜获“公共政策和管理创新”三等奖，本届大会上共有 55 个国家的 128 家单位参加此奖项的评选，最终龙门石窟的“互联网 + 龙门”行动计划脱颖而出、斩获大奖，成为世界旅游先进理念和行动的又一标杆。

1 月 18 日 河南省住建厅下发通知，对列入第五批河南省传统村落名录的 220 个村落进行公示，洛阳市共有 30 个村入围，数量居全省首位。其中孟津县 8 个村，洛宁县 7 个村，嵩县 7 个村，伊滨区、伊川县、新安县、偃师市各2 个村。

1 月 19 日 由市委宣传部、市文明办等主办的第六届洛阳社区春晚在洛阳广播电视台举行。

1 月 23 日 “初心 · 使命 · 新征程”——2018 政务 V 影响力峰会在北京举行，洛阳市公安局官方微博@ 平安洛阳从全国 13. 5 万个政务机构微博中脱颖而出，跃居 2017 年度全国公安政务微博第 6 名，连续两年被评为“全国十大公安系统微博”。在此次峰会上，@ 平安洛阳还荣获“2017 年度十佳矩阵应用案例”“2017 年度十佳快速响应案例”。矩阵成员@ 平安洛阳—车站派出所荣获“2017 年度十佳基层政务微博”，@ 平安洛阳—伊滨派

出所 荣获“全国十大治安管理微博”，市公安局民警李向鑫荣获“金牌政务主编”。

1月27日 由中国科协调研宣传部主办，中国科协创新战略研究院、中国城市规划学会承办的“中国工业遗产保护名录”发布会在中国科技会堂举行。洛阳一拖入选首批“中国工业遗产保护名录”。

1月 洛龙区科技园办事处社区居民王麦立、王建设等人历时5年多共同编写的“百科全书”——《陈李寨村志》由中州古籍出版社正式出版，这也是洛龙区首部正式出版的村志。

1月 洛阳市出台《洛阳市牡丹产业发展规划（2017～2025年）》，首次以专项规划的形式绘就牡丹产业发展蓝图。

1月 中共中央宣传部第七届全国“双服务”基层电影放映集体命名，全国共有64个县区电影放映队入选，河南省包括栾川县数字电影工作站在内的两个县区电影放映集体入选。

1月 2017年12月28日，中央人才工作协调小组办公室发布了《关于公示第三批国家“万人计划”领军人才入选的公告》，洛阳市有两人入选：首批“河洛英才计划”团队带头人刘雪松教授入选科技创业领军人才，中科信息产业研究院吕科博士入选科技创新领军人才。

1月 大型舞台剧《冰雪奇缘》全国巡演洛阳站演出精彩上演。

1月 2017全国候鸟旅居小城共建大会暨第四届国际候鸟健康旅居产业论坛在深圳举行。洛阳市栾川县荣获“2017中国候鸟旅居小城”称号。

1月 教育部认定1036所第二批全国中小学中华优秀文化艺术传承学校，河南省有40所学校上榜，其中洛阳有4所。这4所学校为：涧西区东升第二小学、涧西区青岛路小学、孟津县平乐镇初级中学、洛阳市第二十二中学，传承项目分别为：木版年画、河洛大鼓、牡丹画、三彩艺术。

2月

2月1日 老城区“诚邀全国作家写洛阳老城”活动颁奖典礼在洛邑古

城举行。来自全国各地作家及文学爱好者的300多篇作品参与活动，从不同侧面讲述了洛阳故事。

2月5日 一部反映大学毕业生创业的轻喜剧《七喜街》在洛阳开拍。

2月8日 2018年洛阳市春节联欢晚会在洛阳广播电视台一号演播厅举行。

2月11日 “芳华正茂”——中原优秀青年美术家作品巡展在市文化馆正式启动，巡展展出了18位中原优秀青年美术家的60余幅作品，包括洛阳画家高登峰、康栋良、赵明洋、张宏图等人的精品力作。

2月13日 由市委宣传部、市文广新局联合举办的2018洛阳市新春戏曲晚会在洛阳歌剧院举行。

2月26日 2017年度全国十大考古新发现初评结果揭晓，全国共有40个项目参加角逐，洛阳东汉帝陵考古调查与发掘项目入围终评。东汉王朝共有12座帝陵，除献帝禅陵位于河南省焦作市修武县境内，其余11座帝陵均位于洛阳境内。

2月 洛阳市印发《洛阳市文化产业转型行动计划（2018～2020年）》，提出到2020年，全市将建成18个以上文化产业园区，培育壮大一批龙头文化企业，实现文化产业增加值280亿元以上。

2月 在洛阳市2017年度考古工作汇报会上，栾川县龙泉洞遗址项目考古负责人透露，通过近年的持续发掘，该遗址发现了大量人类活动遗迹，生活在这里的古人类不仅能制作精美的石器和骨器，还会用火。

3月

3月7日 市总工会女职工委员会四届三次全委（扩大）会议暨庆祝“三八”国际劳动妇女节表彰大会召开，来自全市不同领域、不同行业的110名巾帼英雄、50个先进集体和单位、30名女职工工作者受表彰。

3月10日 《人民政协报》整版刊发《千年运河出洛阳 喜迎盛世谱华章——隋唐大运河的历史价值与当代意义》《活化隋唐大运河遗产 弘扬

隋唐大运河文化》两篇文章。文章指出，大运河之于洛阳不仅在古代，就是在21世纪的今天，仍然有着巨大的现实意义。

3月12日 全省智慧旅游暨“华游”项目启动会议在洛阳召开，龙门石窟景区在会上作为典型进行发言。

3月15日 河南省现代公共文化服务体系建设考核组对洛阳偃师、宜阳县进行实地考核。

3月18日 第19届洛阳灵山文化庙会在灵山主景区举行开幕式，本届庙会以“国泰民昌民俗民韵”为主题，以“民俗韵中原味河洛风宜阳情”为特色，以独具特色的精彩文艺演出和民俗节目为游客奉上为期8天的文化盛宴。

3月19日 由天瑞鸿图旅游开发有限公司投资兴建的宜阳县莲庄历史文化旅游小镇尚书里项目正式签约并开工建设。宜阳县莲庄镇是明代兵部尚书王邦瑞故里。

3月21日 河南省“一带一路”语言服务研究中心在洛阳师范学院揭牌成立。该中心由省人民政府外事侨务办公室与洛阳师范学院共建，是一个集科研、教学、服务于一体的省级语言服务研究平台。

3月21日 由偃师市纪律检查委员会、偃师农商银行、洛阳市作家协会、洛阳市洛神诗词学会共同主办的“清风杯”全国廉政原创诗歌征文大赛在偃师农商银行五楼会议室正式启动，来自社会各界的近百名诗词爱好者参加了启动仪式。

3月22日 第36届中国洛阳牡丹文化节新闻发布会在郑州举行，50余家中央、省、市主流新闻媒体记者参加新闻发布会。省政府副秘书长王梦飞、省文化厅副巡视员闫敬彩出席新闻发布会。市领导刘宛康、杨炳旭、魏险峰对牡丹文化节相关活动进行推介，并回答记者提问。

3月25日 《海棠花》特种邮票原地首发仪式在嵩县滨河公园举行，这是嵩县事物首次入选“国家名片”，也是洛阳县区形象又一次以邮票的形式进行展示。

3月27日 洛阳旅游发展集团有限公司与维也纳交响乐团战略合作暨

洛阳百部剧签约仪式举行，洛阳旅发集团将与维也纳国家歌剧院、维也纳交响乐团、星成长国际文化发展（北京）有限公司等合作，引入《冰雪奇缘》《海底总动员》等百余部中外优秀剧目，于今年陆续上演。

3月28日 市城乡规划委员会2018年第四次会议召开，审议并原则通过了《白马寺释源大道总体规划设计方案》《龙门石窟景区东北出口片区概念规划设计》等。

3月29日 2017年度“河南省五大考古新发现”评选结果出炉。本次评选共有11个发掘项目入围，最终评出2017年度“五大考古新发现”，洛阳二里头遗址宫殿区东北部5号基址发掘和洛阳东汉帝陵考古调查与发掘名列其中。

3月 省委宣传部公布了河南省第七批爱国主义教育示范基地名单，全省共12个单位被命名，洛阳民俗博物馆是洛阳唯一入选单位。省委宣传部还确立了50个单位为河南省第二批社会主义核心价值观建设示范点，其中包括偃师市岳滩镇岳滩村、中信重工机械股份有限公司。

3月 洛阳作家李淑瑜创作的诗文集《姝玉集》由人民日报出版社编辑出版。《姝玉集》收录了李淑瑜2013年至2017年上半年创作的600多首格律诗词。

4月

4月1日 第36届中国洛阳牡丹文化节赏花启动暨《丝路花都（第四组）》邮票发行暨“万人拍牡丹”开镜仪式在中国国花园举行。

4月1日 2018中国（洛阳）赏石文化艺术展暨交易会在洛阳市赏石文化主题公园——南关公园开幕，本次石展以“老友新朋会河洛、‘一带一路’展新颜”为主题，来自全国各省（市、自治区）以及新加坡、马来西亚、韩国等国家的10万多方奇石悉数亮相，其中展出精品奇石约600方。

4月2日 第36届中国洛阳牡丹文化节“河洛欢歌·广场文化月”活动在周王城广场开幕。

4月3日 “纪念洛阳解放70周年美术书法作品展”在洛阳牡丹书画院开展，共展出美术作品110幅、书法作品70幅。

4月4日 第36届中国洛阳牡丹文化节主体活动——第二届河洛文化大集在洛阳会展中心击鼓开集，本届大集吸引来自全国的400多家文化企业参加。

4月4日 “纪念洛阳解放70周年成就展”在洛阳博物馆开展，展览以习近平新时代中国特色社会主义思想和党的十九大精神为指导，精选涉及各个历史时期、各行各业的近600幅作品进行展示。

4月8日 “2018丝路中国·洛阳第二届非物质文化遗产博览会”在洛阳会展中心开幕，本届博览会以“传统华章 时代品格”为主题，面向全国各地入选国家级、省级、市级名录的非遗项目免费提供420个标准展位。

4月8日 “守望龙门·2018丝绸之路石窟造像当代绘画艺术展”在洛阳丝绸之路美术馆开展。同日，龙门石窟艺术传承研讨会在龙门石窟研究院召开。

4月10日 由河南省政府主办，省文化厅和市政府承办的第36届中国洛阳牡丹文化节在隋唐洛阳城定鼎门遗址广场隆重开幕。本届牡丹文化节以“花开新时代，开启新征程”为主题。十一届全国政协副主席王志珍，省委常委、洛阳市委书记李亚，省人大常委会副主任徐济超，副省长戴柏华，省政协副主席张亚忠，省文化厅厅长宋丽萍，省旅游局局长姜继鼎，以及来自俄罗斯、日本等国外友好城市代表及重要客商代表出席了开幕式。

4月10日 2017年度全国十大考古新发现终评结果出炉，由洛阳市考古研究院、郑州大学历史学院共同开展的东汉帝陵考古调查与发掘项目从26个候选项目中脱颖而出，获此殊荣。至此，洛阳入选历次全国十大考古新发现的考古项目达到12个。

4月10日 中国电影股份有限公司与老城区政府、洛阳中渡文化科技有限公司签约，将共建洛邑古城影视基地。中国电影股份有限公司总经理江平、洛阳市副市长贺敏等参加签约仪式。

4月13日 河南省副省长戴柏华到嵩县调研公共文化服务体系建设情况。

4月14日 第36届中国洛阳牡丹文化节重点活动——大运河文化论坛在洛阳师范学院举行。本次论坛由中国国土经济学会、河南省社会科学院、洛阳师范学院、北京物资学院联合主办。来自大运河沿线城市的100多位专家学者围绕大运河历史遗产的保护、传承和利用，交流研究成果，共话文化发展。

4月17日 以“推动河南高质量发展”为主题的第八届中原智库论坛在洛阳举办。本届论坛由河南省社会科学院、省政府发展研究中心、洛阳理工学院联合主办。来自中国社会科学院、河南省社科院等高校和研究机构的近200名专家学者参与了本次研讨会。

4月18日 “写意中国·2018中国国家画院美术作品展（洛阳）”及“中国·平乐第八届农民画邀请展”，分别在洛阳美术馆和平乐牡丹画创意园区开幕。

4月18日 在江苏省常州市召开的全国报纸自办发行年会上，洛阳日报报业集团发行公司再次荣获“全国报纸自办发行先进集体”称号，洛阳日报集团总经理郭万志荣获“全国报纸自办发行2017年度十大领军人物”称号。

4月20日 世界古都论坛在洛阳正式开幕，本次论坛由中国博物馆协会、中国古都学会、河南省文物局、洛阳市政府主办。来自埃及、德国、意大利、英国等20多个国家和地区的专家学者，国际博物馆协会、中国博物馆协会等国际国内相关组织的官员，我国著名古都北京、西安及中国社会科学院、故宫博物院、北京大学等科研机构、高校、学术团体的嘉宾和代表参与了本次论坛。

4月20日 第四届国际牡丹产业博览会在洛阳会展中心开幕。来自广东、四川、湖南、湖北、山东、山西、辽宁、安徽、河北等10多个省份的牡丹产业企业代表参展。

4月20日 洛阳市国土资源局和环球健康与教育基金会签订标本捐赠协议，双方将深入贯彻新发展理念，共同建设洛阳自然博物馆。

4月21日 世界古都论坛顺利完成各项议程后在洛阳圆满闭幕。论坛闭幕式通过并发表了《世界古都论坛洛阳宣言》，向世界传递保护好、传承好、利用好古都文化遗产的“洛阳声音”。

4月22日 第四届“魏碑圣地”全国魏碑隶书书法大赛（参赛者含在校大、中学生）颁奖暨作品展览在偃师市张海书法艺术馆开幕。本届大赛历时3个月，共收到全国各地稿件4172件，大赛共评出各组获奖作品95件、入展作品105件。

4月23日 首届洛阳市“书香之家”推荐评选活动结果揭晓，洛阳市28个家庭荣获“书香之家”称号。

4月26日 河洛区域（豫西北）发展论坛成立会议暨第一届年会举行。河洛区域（豫西北）发展论坛由洛阳、平顶山、焦作、三门峡、济源五市的市委党校联合成立，旨在建立河洛区域（豫西北）市级党校之间教学科研资政交流协作的平台。

4月26日 在京召开的纪念中国报业协会成立30周年大会、中国报协五届四次理事会暨中国报业发展大会上，洛阳日报报业集团荣获“中国报业融合发展创新单位”称号。

4月27日 首届“河南最美大学生”宣传推介活动结果揭晓，10名个人和1个集体获殊荣。河南科技大学车辆与交通工程学院硕士研究生魏斐名列其中。

4月 洛阳作者成跃生的诗集《生命·火光》由中华古籍出版社出版。

4月 由中央文明办主办、中国文明网承办的“我推荐、我评议身边好人”活动，在4月“中国好人榜”网络投票评议中，伊川县鸣皋镇鸣皋村村民朱温霞入围“孝老爱亲好人”候选人。

4月 2017“河南最美村官”评选结果揭晓，伊滨经开区庞村镇西庞村党总支原书记张会群上榜。

5月

5月5日 第36届中国洛阳牡丹文化节圆满落幕。据市旅游发展委员会统计，本届牡丹文化节期间，洛阳市共接待游客2647.31万人次，同比增长6.15%；旅游总收入241.96亿元，同比增长8.26%。其中，全市接待入境游客28.71万人次，同比增长6.06%；旅游创汇8497.96万美元，同比增长8.04%。

5月7日 新安县第六届餐饮文化节开幕，2018年的餐饮文化节以“培育、创新、引进、推介”为主题，上百家餐饮企业参与，新安特色餐饮一一登场亮相。

5月14日 第十四届中国（深圳）国际文化产业博览交易会举行，洛阳展馆获优秀展示奖，九朝文物复制品有限公司的唐三彩作品“百兽之王”获中国工艺美术文化创意奖金奖，李学武牡丹瓷股份有限公司的“小花匠”系列饰品获银奖，得雅夏布的麻本《萧翼赚兰亭图》获铜奖。

5月16日 洛阳市社区“读者之家”在洛龙区定鼎门社区党群服务中心进行授牌仪式。自此，洛报集团与市民政局联合成立的社区“读者之家”，在全市34个优质社区成功落地。

5月16日 文化和旅游部官方网站公布了第五批国家级非物质文化遗产代表性项目代表性传承人名单，洛阳“中医正骨疗法”（平乐郭氏正骨法）传承人郭艳幸入选，至此洛阳共有国家级非物质文化遗产代表性项目代表性传承人5位。

5月17日 李贺故里宜阳县喜获“河南省诗词之乡”称号。

5月18日 第十五届（2017年度）全国博物馆十大陈列展览精品推介终评会在上海举行，河南博物院和洛阳博物馆申报的“谁调清管度新声——丝绸之路音乐文物展”获精品奖。这也是洛阳博物馆第三次获此殊荣。

5月19日 为庆祝第八个中国旅游日，洛阳市中国旅游日主题活动在泉舜广场举行，今年旅游日主题活动的口号为“新时代，新旅游，新获得，全域旅游，全新追求”。

5月20日 在云南省腾冲市举行的第十三届中国传媒大会上，洛阳日报报业集团再获殊荣：《洛阳日报》获得“金长城传媒奖·2017中国十大地市党报”称号，《洛阳晚报》获得“金长城传媒奖·2017 中国十大地市晚报”称号。中国传媒大会由中国人民大学、复旦大学等国内著名大学的新闻学院联合主办。

5 月 23 日 洛阳市社科界纪念马克思 200 周年诞辰理论研讨会在洛阳理工学院召开。驻洛高校、市委党校等马克思主义研究领域专家学者围绕学习习近平总书记在纪念马克思 200 周年诞辰大会上的重要讲话精神，交流马克思主义理论学习研究成果。

5 月 24 日 全省“扫黄打非”工作推进会召开，洛阳再次获得全省“扫黄打非”工作先进集体荣誉。新安县郭功兵等 3 名同志获得全省“扫黄打非”工作先进个人称号。

5 月 26 日 “2018 中国城市大会”召开，会上发布了中国城市品牌（地级市）综合分值前 100 名城市榜单，洛阳以 392.48 分的成绩排全国第二十名，在省内地级市中排名第一。

5 月 29 日 2018 中国（郑州）国际旅游城市市长论坛系列活动之——“洛阳旅游之夜”旅游推介活动在洛阳举行。世界旅游联盟秘书长刘士军，河南省旅游局副局长朱建伟，洛阳市领导刘宛康、魏险峰等参加了推介会。

5 月 30 日 2018 中国（郑州）国际旅游城市市长论坛系列活动之旅游文化·洛阳论坛举行，来自俄罗斯、加拿大、意大利等 28 个国家的 90 多个旅游城市的代表、涉旅企业负责人、专家学者共同参与。

5 月 共青团洛阳市委命名表彰一批 2017 年度洛阳市青年文明号和洛阳市青年岗位能手。全市有 100 个青年集体获评“2017 年度洛阳市青年文明号”，150 名优秀青年获评“2017 年度洛阳市青年岗位能手”。

5 月 文化和旅游部、工业和信息化部联合发布了第一批国家传统工艺振兴目录，洛阳唐三彩烧制技艺入选。

6月

6 月 6 日 2017～2018 年度全国优秀企业家评选结果揭晓，新安县万基控股集团有限公司董事长、党委书记李跃民获得证书和奖杯。此次全国共有150名企业家获此殊荣，河南省有3名，除洛阳外另2名上榜企业家分别是河南能源化工集团有限公司董事长、党委书记马富国，安阳钢铁集团有限责任公司董事长、党委书记李利剑。

6月7日 2018年“河洛飞花”洛阳市非物质文化遗产创新成果大赛暨洛阳市非物质文化遗产成果展在洛阳市文化馆一楼开展，涵盖了国家级、省级、市级、县区级等60余个非遗项目的70余套200余件非遗作品集中亮相。

6月18日 中央电视台新闻频道《朝闻天下》栏目，报道了黎明化工研究设计院、我国火箭推进剂的创始人之一李俊贤院士的感人事迹。

6月22日 中国作家网公布了“2018年中国作家协会重点作品扶持选题名单”，其中“全国网络文学重点园地工作联席会议2018年度重点作品扶持选题名单”确定30项选题入选，新安三高教师石吉刚的长篇小说《河庄梦情》名列其中。

6月22日 由洛阳歌舞剧院有限公司打造的大型民族舞剧《关公》在新加坡滨海艺术中心大剧院成功上演，这是该剧第一次走出国门。

6月27日 中国报业第二届融合创新大会举行2017～2018年度中国报业深度融合发展系列奖项颁奖仪式，洛阳日报报业集团的“掌上洛阳”手机客户端荣获“2017～2018年度中国报业优秀创新性平台”称号。

6月29日 由中国（河南）自由贸易试验区研究院编纂的《河南自贸区蓝皮书：中国（河南）自由贸易试验区发展报告（2016～2017）》在洛阳市发布。这是河南自贸区的首部发展蓝皮书。

6月30日 由洛阳市总工会主办的市首届职工文化艺术节开幕式在新区体育馆隆重举行，本届职工文化艺术节的主题是“奋斗新时代·改革再出发”。

6月 洛阳市姓氏文化研究学者、知名书法家李发立主编的历史文化书籍《姓氏起源中堂画页》由方志出版社出版发行。

7月

7月2日 90岁的李俊贤院士被授予“洛阳市道德模范”荣誉称号。

7月4日 洛阳市委党校举行“焦裕禄精神在洛阳”系列教材首发仪式。系列教材由中央党校出版社出版，分别是《新时代焦裕禄精神干部学习读本》《焦裕禄精神在洛阳》《生活中的焦裕禄》。

7月5日 经洛阳市人民政府批准，洛阳市首批历史建筑名录对外公布。首批历史建筑共81处，全部位于老城区东西南隅历史文化街区。

7月9日 第三十五届（2017年度）河南新闻奖结果揭晓，在全省51家新闻媒体参评的作品中，共有343件获奖。洛阳日报报业集团旗下的《洛阳日报》《洛阳晚报》和洛阳网等共有18件作品获奖，其中一等奖4件、二等奖5件、三等奖8件、新闻论文奖二等奖1件。

7月15日 洛阳画家康东良的作品《心中的玫瑰》入选“中国精神——第四届中国油画精品展”，在中国美术馆圆形展厅中心位置展出。

7月17日 由人民日报社河南分社等中央驻豫主要媒体组成的采访团来洛，就洛阳市融入“一带一路”建设进展和成果等进行集中采访。采访团成员包括人民日报社河南分社、新华社河南分社、光明日报社河南记者站、经济日报社河南记者站等多家中央驻豫媒体的主要负责人。

7月18日 国务委员兼外交部部长王毅和柬埔寨驻华大使共同为《中柬建交60周年》外交封进行揭幕。此次发行的外交封将主题图案设定为洛阳龙门石窟卢舍那大佛和柬埔寨吴哥窟。此外，柬埔寨邮政部门近日发行纪念邮票一套四枚，其中两枚图案是“洛阳龙门石窟”和“白马寺”。

7月21日 “诗歌龙门”平台上线启动仪式在龙门石窟景区举行。“诗歌龙门”平台是龙门石窟智慧旅游发展的创新举措，平台通过“科技+文化+旅游”模式，将不同年代、不同诗人歌咏洛阳、龙门、牡丹的60首经典诗词融入龙门石窟旅游的各个环节。

7月21日 由中华文化促进会音乐产业联盟主办的“2018贺绿汀杯·

中国风流行民谣大赛”总决赛在北京举行，洛阳歌手许峥凭着扎实的演唱功力荣获金奖。

7 月 24 日 全国文物系统先进集体和先进工作者表彰会议在北京举行，洛阳博物馆在会上受到表彰，并获“全国文物系统先进集体”称号。同时荣获“全国文物系统先进集体”称号的还有河南博物院社会教育部。

7 月 25 日 河南省政协副主席张震宇带领省政协调研组来洛阳，围绕“城市建设中的文化遗产保护和利用”进行专题调研。

7 月 27 日 由偃师市纪委、洛阳市作家协会、洛阳市洛神诗词学会和偃师农商银行共同举办的“清风杯”全国廉政原创诗词征文大赛颁奖典礼暨优秀诗词朗诵会在偃师电视台演播大厅举行。活动历时近 3 个月，共有来自全国的 444 人的 1068 件作品参赛。

7 月 30 日 话剧《焦裕禄》在洛阳市演出并举行专家研讨会。话剧《焦裕禄》由民盟河南省委、省文化厅出品，民盟中央艺术团、民盟河南省委艺术团制作，省话剧艺术中心演出。

7 月 30 日 河南省第八届优秀复转军人年度人物颁奖典礼在郑州举行，洛阳市复转军人、洛阳牡丹瓷股份有限公司董事长、洛阳牡丹瓷创始人——李学武获年度人物奖。

7 月 中国科协办公厅函告洛阳市科协，同意在洛阳市设立河南省首个中国科协“海智计划”工作基地。海外智力为中国服务行动计划是由中国科协和 35 个海外科技团体于 2004 年 2 月启动的海外高层次人才引进机制。

7 月 教育部等五部门公布了第三批国家级农村职业教育和成人教育示范县名单，栾川县上榜。

8月

8 月 4 日 “出彩河南”优秀原创歌曲创作采风团来洛阳市开展采风活动。此次采风活动是省委宣传部组织开展的 2018 年“出彩河南”优秀原创歌曲征集活动的重要组成部分。

8月16日 洛阳摄影家王昆峰的“照地初开锦绣段——王昆峰微距牡丹摄影作品展”在北京恭王府拉开帷幕，此次展出的微距牡丹摄影作品，以独特视角为来自全国的观众展示了牡丹雍容华贵背后的神秘之美。

8月18日 由洛阳豫剧院演出的新编历史剧《北魏孝文帝》在北京长安大戏院上演。

8月21日 2018“洛阳蓝皮书”主要成果发布会在洛阳理工学院举行，现场发布《洛阳经济社会发展报告（2018）》。

8月30日 2018年河南省文物工作座谈会在洛阳市召开，省文物局局长田凯，省文物局副局长郑小玲、贾连敏，洛阳市副市长魏险峰等出席会议。

8月30日 第九届《洛阳日报》县（市）区好新闻评选表彰会在宜阳县召开，会议共评出一等奖作品9篇、二等奖作品13篇、三等奖作品21篇。

8月 洛阳市委宣传部荣获河南省“百姓宣讲直通车”进基层巡演活动先进集体称号，全省共有6家省辖市委宣传部获表彰。

9月

9月2日 中国企业联合会、中国企业家协会在2018中国500强企业高峰论坛上发布“中国企业500强”排行榜。万基控股集团有限公司以342.1979亿元的营业收入列排行榜第463位，这是该企业第11次入围“中国企业500强”。

9月3日 “纪念洛阳解放70周年成就展”巡回展览在汝阳县实验高中综合健身馆举办，汝阳县四大班子领导及县直各委局广大干部职工参观展览。

9月3日 河南省研学旅游大会在安阳召开，省旅游局公布了首批55家河南省研学旅游示范基地，洛阳的中国一拖东方红工业游基地、老君山风景名胜区、二程文化园等7家景区入选。

9月5日 河南省旅游局发布了《2018年拟认定第一批乡村旅游特色村名

单公示》，拟认定75个村庄为首批乡村旅游特色村，洛阳市有8个村入选。

9月8日 中国夏都文化产业园与洛阳神州牡丹园战略合作签约仪式暨2018洛阳牡丹产业高质量发展研讨会举行，双方将共建一座现代化牡丹园——“华夏第一牡丹园”。

9月10日 洛阳市庆祝第34个教师节暨2018“洛阳最美教师”颁奖典礼举行，10位“洛阳最美教师”和10位“洛阳最美教师提名奖”获得者受到隆重表彰。

9月11日 中国之声推出特别策划《先生》第三季，以《李俊贤：舍尽人间烟火，只见山河远阔》为题，专题报道了我国火箭推进剂的创始人之一、聚氨酯工业的奠基人之一、中国工程院资深院士、原黎明化工研究设计院院长和总工程师李俊贤。

9月12日 “华夏瑰宝”文物展在沙特阿拉伯利雅得国家博物馆开幕，本次展览共展出264件展品，包括文物展品173件，一级品数量38件，其中，涉及洛阳博物馆的20件（套）和洛阳市文物考古研究院的4件（套）。

9月15日 “根在河洛——客家文化学术交流会”在洛阳市成功举办，来自21个国家和地区的近百名客家社团领袖、客家文化研究专家等参加交流活动。

9月16日 应韩国扶余郡邀请，受市政府委派，洛阳市文化广电新闻出版局组成文化交流团，赴韩国扶余郡参加第64届百济文化节。

9月18日 中国博物馆协会公布了第三批国家二级、三级博物馆名单，洛阳市总共有5家博物馆入选。其中，洛阳龙门博物馆、洛阳民俗博物馆、洛阳匾额博物馆3家博物馆被评为国家二级博物馆，新安县博物馆、洛阳隋唐大运河博物馆被评为国家三级博物馆。

9月18日 河南省旅游局公布一批新增的国家4A级景区名单，其中，洛阳凤翔温泉旅游区、豪泽国际郁金香花海欢乐城榜上有名。至此，洛阳拥有5A级景区5家，4A级景区23家。

9月20日 2018洛阳河洛文化旅游节系列活动之一——“丝路起点·异域风情”文艺巡演拉开帷幕，首场演出活动在伊滨区七彩大峡谷景区举行。

9月22日　首届中原文化旅游产业博览会“一带一路”文化旅游产业论坛在洛阳城市会客厅举行。本次论坛的主题是“文旅新时代、产融新思路”。

9月23日　首届中原文化旅游产业博览会暨2018洛阳河洛文化旅游节开幕式在洛阳会展中心举行。由洛阳市人民政府、河南省旅游局、河南省文化厅共同主办的博览会以“创新、融合、共赢、发展”为主题，来自国内外的约1000家文化旅游企业参展；由市政府、省文化厅、省旅游局共同主办的2018洛阳河洛文化旅游节以“情满河洛·诗和远方”为主题。

9月25日　第二届“书香洛阳·河洛诗词大会”在洛阳广播电视台一号演播厅拉开帷幕，37名“诗词达人”参加了首日的比赛。

9月27日　际会河洛——2018第二届全国省市中国画学会会长作品展在洛阳美术馆开展。该展览由洛阳市委宣传部、河南省中国画学会、河南省美术家协会主办，河北省、山西省等17个省（市、自治区）及香港特别行政区的中国画学会协办。

10月

10月10日　教育部公示了2018年全国中小学生研学实践教育项目评议结果，377个单位获评全国中小学生研学实践教育基地，洛阳的中国一拖东方红农耕博物馆、洛阳博物馆名列其中。

10月13日　第四届中国“互联网+”大学生创新创业大赛总决赛在厦门大学举行，河南科技大学的6个参赛项目分别斩获1金2银3铜佳绩。

10月15日　洛阳古代艺术博物馆古代壁画保护研究中心通过初步验收，将于近期正式投入使用。

10月15日　河南省旅游局发布了《2018年拟认定第二批乡村旅游特色村名单公示》，拟认定74家乡村旅游特色村，洛阳市共有10个村入选。

10月16日　河南省旅游局发布《拟认定2018年河南省乡村旅游创客示范基地名单》，共认定全省10家基地，洛阳市伊滨区诸葛镇倒盏民俗村、河洛印象地——卫坡古民居、孟津县凤凰山田园综合体3个单位入选。

10 月 17 日 “洛阳蓝皮书”系列之一——《洛阳文化发展报告(2018)》正式发布。该报告已连续出版了 4 部，是洛阳市文化领域重要的科研成果。

10 月 17 日 2018 年度“河南省脱贫攻坚奖”表彰名单揭晓。全省 57 名脱贫攻坚战线上的先进个人获奖，其中洛阳市共有 4 人获此殊荣。

10 月 18 日 洛阳市政协主席、市委宣传部部长杨炳旭带领相关单位负责同志，实地调研督导二里头遗址博物馆及考古遗址公园建设项目，并召开座谈会。

10 月 21 日 第七届河南省专业声乐器乐大赛“文华奖”暨第四届河南音乐“金钟奖”评选活动在郑州落幕，洛阳选手获得佳绩，其中 2 名选手荣获一等奖。

10 月 26 日 “洛台赋——海峡两岸文化创意成果展”在洛阳博物馆开幕，本次展览由河南省台办、洛阳市政府主办，洛阳市台办、恒生科技园、洛阳创意产业孵化器设计中心承办。

10 月 30 日 河南省文化厅印发《关于命名河南省第八批省级文化先进县的决定》（豫文字〔2018〕41 号），决定命名 14 个县（市、区）为河南省文化先进县（市、区）。其中，洛阳市老城区、洛龙区、伊川县名列其中。

10 月 十一黄金周，洛阳市共接待境内外游客 628.36 万人次，全市各旅游景点（区）接待游客 355.73 万人次，旅游总收入 53.27 亿元。以龙门石窟、白马寺、洛邑古城、隋唐洛阳城国家遗址公园等景区为代表的文化游吸引了大批中外游客，据统计，龙门石窟景区累计接待游客 28.71 万人次。

10 月 豫剧《清风明月》入选“全国优秀现实题材舞台艺术作品展演”。

11月

11 月 5 日 2018 年“名校联盟杯”全国中学生围棋联赛在华阴市落幕，洛阳东升二中代表队夺得团体第三名的好成绩。

11 月 7 日 洛阳市印发《洛阳市文化产业“双十”工程实施方案》，

将选出10个重点文化产业园区和10个重点文化企业进行培育和扶持，到2020年，形成一批在全市全省有影响的重点文化企业和文化产业园区，力争使洛阳文化产业增加值占全市生产总值的比重达到5%。

11月10日　《中国诗词大会》（第四季）河南赛区决赛10日在洛阳举行，200余名诗词"高手"齐聚洛阳巅峰对决。

11月13日　河南省第十七届中国画艺术展暨第四届河南省中国画学会学术展在洛阳开展。本届大展共征集到全省596位艺术家创作的中国画作品600余幅，最终200余幅作品入选。

11月18日　第五届龙门诗会在洛阳师范学院举行。本届诗会围绕"运河诗情"主题，分为水运、物运、城运、国运4个篇章展开。

11月20日　全国工会职工书屋品牌建设交流会在河北沧州举行，洛阳市西工区上阳宫职工书屋获得"职工书屋品牌建设示范单位"称号，是河南省唯一入围中华全国总工会职工书屋品牌建设示范单位。

11月21日　工业和信息化部网站发布了"工业和信息化部关于公布第二批国家工业遗产名单的通告"，全国共有42个项目入选。洛阳市第一拖拉机制造厂（今中国一拖集团）、洛阳矿山机器厂（今中信重工机械股份有限公司）入选，这也是河南省目前仅有的两处国家工业遗产。

11月21日　河南省旅游局公示了2018年河南省省级旅游度假区名单，拟定5家单位为河南省省级旅游度假区，洛阳市万安山旅游度假区、老君山山地旅游度假区、西泰山旅游度假区入选。

11月22日　河南省第二届红色故事会活动圆满落幕，洛阳市2名选手包揽一等奖，洛阳市委宣传部荣获全省优秀组织奖。

11月23日　在福州召开的第八届中国博物馆及相关产品与技术博览会上，洛阳博物馆"吃货博物馆"主题文创产品备受观众青睐。

11月27日　由洛阳豫剧院演艺有限公司创作排演的豫剧《北魏孝文帝》，在清华大学惊艳亮相。

11月　洛阳市考古工作者在西工区保利大都会工地上发现一大型西汉家族墓，其中一座空心砖券大墓规格较高，随葬品奢华。

11 月　国家文化产业发展重点项目——CCTV 大型纪录片《大戏记忆》豫剧篇《穆桂英挂帅》在洛阳市取景拍摄。

12月

12 月 1 日　洛阳河流文化书系《河洛水韵》首发式暨座谈会在洛阳市水务局举行。该书系是洛阳文化界首次对母亲河进行全面系统地探访考察和解读写作。

12 月 2 日　中央电视台中文国际频道《城市 1 对 1》栏目播出了“瑰丽古城　中国洛阳—捷克布拉格”节目。

12 月 2 日　“2018 首届美丽乡村财富论坛”在信阳市举行。会上，中国美丽乡村联盟公布“中国 50 佳美丽乡村”名单，新安县铁门镇土古洞村是洛阳市唯一入选“乡风文明 10 佳村”的村子。

12 月 8 日　国家艺术基金 2018 年度传播交流推广资助项目“贞石风华——洛阳唐代墓志拓片巡展”在河南省文化馆举行首展，甄选的 300 余件洛阳唐代墓志拓片集体亮相郑州。

12 月 13 日　《献血法》实施 20 周年暨 2016～2017 年度无偿献血表彰大会在北京召开，洛阳市获得全国“无偿献血先进市”荣誉称号。这已是洛阳市第 11 次获得此项殊荣。

12 月 14 日　河南省首批传统工艺振兴目录公布，洛阳市 9 个省级非物质文化遗产项目入选。

12 月 15 日　中国生态文明论坛南宁年会在广西南宁举办，生态环境部公布第二批“绿水青山就是金山银山”实践创新基地名单，洛阳市栾川县成为全省唯一获此殊荣的地区。

12 月 20 日　2018 年全国报纸印刷质量检测审议会在北京召开，在中国报业协会年度报纸印刷质量评比中，《洛阳日报》同《人民日报》《解放军报》《河南日报》等报纸一起进入精品行列。此次全国共有 86 家中央、省、市级报社的 90 个报品参评，获得国家精品级报纸荣誉的地市级报纸仅有 10 家。

12 月 25 日 “出彩河南好少年　童声唱响新时代”——2018 年河南省“新时代好少年”先进事迹暨优秀童谣作品发布活动举行，栾川县第一高级中学高二学生孙千里获评河南省第二批“新时代好少年”。

12 月 27 日 由新华社主办的第六届中国新兴媒体产业融合发展大会在成都举行，伊川县委宣传部荣获全国“现场云优秀创新奖”。

12 月 洛阳市建成并面向公众开放“河洛书苑”城市书房 103 座，总面积 1.57 万余平方米，座席数超过 4000 个，总藏书量 57 万余册。其中，城市区 58 座，总藏书量 33 万余册。

Abstract

Annual Report on Development of Luoyang's Culture (2019) is compiled by the Party School of Luoyang Municipal Committee and the Luoyang Social Science Association. The book consists of the Main Report, Reports on Subject, Reports on Regional Culture, Case Reports and Memorabilia. It is a collection of research results of experts and scholars from Party School of Luoyang Municipal Committee, higher education institutions in Luoyang and Luoyang municipal government departments. This book comprehensively summarizes the basic situation, development ideas and main achievements of the development of Luoyang's culture in 2018. It also analyzes problems of and strategies for Luoyang's cultural development, as well as provides theoretical foundation for making Luoyang a famous international cultural tourism city. This book is an important scientific research achievement in the field of Luoyang's culture.

According to the Annual Report, Luoyang has continued focusing on the goal of building a famous international cultural tourism city and the "9 + 2" overall work arrangement of the city in 2018. In the meantime, Luoyang has been pushing ahead the building of cultural inheritance innovation system and a modern public service system, as well as improving public cultural service system. The "Shuxiang Luoyang" program has made some concrete results. The efficiency of public libraries, urban reading-rooms, rural reading rooms and municipal park services has been increased continuously. The integration of cultural tourism industry has been accelerated. Luoyang also successfully hosted the 36th Peony Culture Festival of Luoyang China, the 1st International Ancient Capitals Forum and 2018 Loyang Heluo Culture Tourism Festival. Luoyang has witnessed the healthy development of preservation of cultural relics, including the acceleration of the construction of Suitang Luoyang National Historic and Cultural Park and the Erlitou Site Museum. Other projects of preservation and utilization of cultural relics have also been running smoothly. Luoyang has gained very good results in many aspects such as improving the efficiency of public cultural services, preservation and exhibition of grand site program, construction of "city of museums", transformation and upgrade of cultural tourism and upgrade of the city's civilization level.

Looking into 2019, Luoyang will follow the guidance of the Thought on Socialism with Chinese Characteristics for a New Era, adhere to the people-centered approach, focus on providing excellent cultural products and services, enhance the cultural inheritance and innovation system in every aspect, dig deeply in historic cultural resources, actively push ahead the "three transformations" of cultural tourism, prolong the city's cultural bloodline, highlight the special features of an ancient capital and achieve high quality development of Luoyang's Culture.

Contents

Ⅰ Main Report

Abstract: Luoyang has continued focusing on the goal of building a famous international cultural tourism city and the "9 +2" overall work arrangement of the city in 2018. In the meantime, Luoyang has been pushing ahead the building of cultural inheritance innovation system and a modern public service system. The "Shuxiang Luoyang" program has made some concrete results. The efficiency of public libraries, urban reading rooms, rural reading rooms and municipal park services has been increased continuously. The integration of cultural tourism industry has been accelerated. Luoyang also successfully hosted the 36th Peony Culture Festival of Luoyang China, the 1st International Ancient Capitals Forum and 2018 Loyang Heluo Culture Tourism Festival. Luoyang has witnessed the healthy development of preservation of cultural relics, including the acceleration of the construction of Suitang Luoyang National Historic and Cultural Park and the Erlitou Site Museum. Other projects of preservation and utilization of cultural relics have also been running smoothly. Looking into 2019, Luoyang will enhance the cultural inheritance and innovation system in every aspect, dig deeply in historic cultural resources, upgrade the protection and utilization of cultural relics, actively push ahead the "three transformations" of cultural tourism, prolong the city's cultural bloodline and highlight the special features of an ancient capital.

Keywords: Luoyang; Cultural Tourism; Public Culture; Preservation of Cultural Relics

Ⅱ Reports on Subject

B. 2 Academic Review and Prospect on Studies of Heluo Culture

Xue Ruize, *Xu Zhiyin* / 018

Abstract: In the last 30 years, studies of Heluo culture have made some significant progress. Different topics were emphasized in different phrase of the studies. In the first 10 years, the main purpose was to look for the culture's roots and provide assistance for economy. In the second decade, the main purpose was changed to find culture connotation and create cultural industry centers. In the most recent 10 years, the main purpose was to build Chinese Civilization Historic Inheritance New District and enhance our nation's cultural confidence. As the studies deepened, a series of research centers named after Heluo Culture were established, which guaranteed the orderly advance and more comprehensive development of the studies of Heluo Culture. Nowadays, the studies of Heluo Culture have achieved many exciting results, including not only the completion of several national level projects, but also the publication of systematic monographs and yearly collection of theses from International Conference on Heluo Culture. In the future, we should improve the planning of the studies, coordinate scholars from everywhere, gather all our strength on difficult topics, improve academic level and push the studies of Heluo Culture ahead.

Keywords: Heluo Culture; Studies of Heluo Culture; Academic Review

B.3 Research Report of Making Luoyang a "City of Museums"

Abstract: Museum is the main place to exhibit human history and rich culture, as well as the special feature of a city. As soon as the concept of "City of Museums" was proposed, many cities in China was eager to become one, some even carried out a series of actions and made great progress. Luoyang made an official claim to become a "City of Museums" in 2017. In the last two years, related works have been done quickly. By the end of 2018, 69 museums and memorial halls have been built. However, there have been some problems concerning venues, personnel, expenditure, academic studies and government policies. So, the next step should be focusing on improving government support, accelerating the concentrated development of non-state museums and completing the strategic planning, so that the goal of making Luoyang a "City of Museums" could be realized successfully.

Keywords: Museum; City of Museums; Luoyang

B.4 Studies on the Preservation, Development and Utilization of Luoyang's Red Resource

Abstract: Red resource is an important element of an advanced socialist culture. It can be used to govern the country and educate the people. Luoyang is in possession of proud red tradition and rich red resources, which are great advantages. However, the red resources in Luoyang are poorly developed. There is no sense of preservation and development and no enough funding. The management system is not running smoothly, either. No special attention is paid to innovation. It will require multiple approaches and great strength to solve all these problems and improve the development and utilization of red resources.

Keywords: Red Resources; Protection of Resources; Development and Utilization

Abstract: Luoyang is famous for Luohe River, and Luohe River brings prosperity to the city. To build the Luohe Cultural Belt is not only an important part of the national strategic of building the Grand Canal Cultural Belt, but also a responsibility that Luoyang has to bear for being the starting point of the Grand Suitang Canal. It is not only a cultural cause for Luoyang to build a Chinese Historic Inheritance Innovation New Zone, but also a necessity of the times. Although preliminary results were achieved in the construction of Luohe Cultural Belt, there are some problems to be solved, including the brand of "Center of the Grand Suitang Canal" is not emphasized enough, top-level design needs to be strengthened, the studies of canal culture needs to be deepened and the quality of landscape construction needs to be improved. Learning from the successful experiences in culture development of other advanced cities in our nation, Luohe Cultural Belt should become an important development strategy for Luoyang. We need to find, organize, protect and exhibit the cultural inheritance and historic relics of Luoyang's canal culture, and create a signature cultural landscape. The focus should be promoting cultural tourism and "Luohe +" culture industry. As the birth place and center of the Grand Suitang Canal, Luoyang should and will play an important role in building the Grand Canal Cultural Belt in our country. Luoyang will not only actively take the major responsibility of building the Grand Canal Cultural Belt, but also highlight its special advantage and charm that none of other cities along the canal has. We believe that as the building of Luohe Cultural Belt developed, Luoyang will become an ideal city full of ancient and modern glamour.

Keywords: Luoyang; the Grand Canal Cultural Belt; Luohe Cultural Belt

Abstract: This article analyzes the features and shortcomings of the exhibition of Luoyang's intangible cultural heritage based on the situation of all kinds of exhibitions of intangible cultural heritage held in Luoyang in recent years. To improve the exhibition of intangible cultural heritage, we need to enhance the studies, integration and innovative utilization of intangible cultural heritage in the following aspect, namely construction of exhibition sites, methods of virtual presentation and launching activities related to intangible cultural heritage. We should also pay great attention to the cultivation of inheritors of intangible cultural heritage and related staff, so the foundation for sustainable development of intangible cultural heritage can be built.

Keywords: Intangible Cultural Heritage; Exhibition

Abstract: Educational excursion is a series of off campus educational activities including collective excursion and collective accommodation. It is a combination of educational research and excursion experiences. Luoyang's educational excursion resources are very rich, which can be divided into six topics: 1. Luohe River is the root of civilization; 2. Luoyang was the capital for various dynasties in the early days of China; 3. Luoyang is a city full of literary talents; 4. Luoyang is a city full of scientific and technological innovation; 5. Luoyang is a city of rich beautiful natural scenery; 6. Luoyang has rich intangible cultural heritage and gifted craftsmen. Based on these resources, various travel agencies, cultural attractions, study bases, primary schools and high schools are actively organized and participated in educational excursion. The results of these activities are good, but there are some problems need to be solved. The high road for Luoyang's educational excursion is to efficiently combined schools, cultural attractions and travel agencies; travel agencies should improve their services; the society's understandings of educational excursion need to be improved.

Keywords: Development and Utilization of Resources; Educational Excursion; Luoyang

Abstract: Luoyang has a very rich and profound culture. Its rural culture also has some special advantages. In recent years, Luoyang has been focusing on building a National Cultural Innovation Demonstration Zone. Great attention has been paid to the construction of basic level public service system, the inheritance and innovation of excellent traditional culture and the development of new cultural formats. Luoyang has scored phased achievements. In the future, we should focus on solving existing problems, improving the quality of public services, vigorously developing the cultural industry and cultivating talents in rural area.

Keywords: Rural Area; Culture; Revitalization

Abstract: Papercutting is a traditional folk art with a long history and profound meaning. In 2006, papercutting was included in the first batch of

National Level Intangible Cultural Heritage. Papercutting is a widespread art among people in both urban and rural area in Luoyang, but it is on the verge of disappearance. Since the establishment of Luoyang papercutting Research Association on December 24, 2014, the art of papercutting has been better preserved and inherited. The Association has organized many activities, including exhibition and observation, papercutting TV show, outdoors publicity on weekends and holidays, fundraising, education in multiple levels, enhancing exchanges and innovation of inheritance. However, due to the lack of permanent site and financial support, especially when the force of inheritance innovation is not strong enough, the development of Luoyang's papercutting is facing great limitation. Therefore, in this new historical era, government has the responsibility to protect and inherit folk art, as well as promote and develop folk art. The government should provide more financial support to papercutting art; industry association should play a more active role in organizing activities; folk artists and inheritors should improve their comprehensive qualities. By promoting the innovation of papercutting, Luoyang's papercutting art will gain greater development in the future.

Keywords: Luoyang; Papercutting Art

Abstract: Basic level ideology and culture propaganda has always been the main focus of the Party and government. The building of New Era Civilization Practice Center is an important carrier for the propaganda of Xi Jinping's Thoughts on Socialism with Chinese Characteristics for a New Era. The purpose of it is to enhance the cohesion of the people, guide the people, educate the people, establish good customs, mobilize all forces, integrate all resources, create new methods, using Socialist culture with Chinese characteristics and socialist ideological and moral system to occupy the ideological and cultural field in the rural area, and mobilize and encourage the rural masses to devote themselves to socialist modernization. At present, it is necessary to clearly understand the situation of basic level ideology and culture propaganda. The main purpose of this research is to ensure the holding ability of what thoughts and policies the rural masses are learning and how deeply they involved themselves in the construction of Socialist culture. On the basis of thorough research, we summarize the merits of basic level ideology and culture propaganda and objectively acknowledged the shortcomings and problems in the building of New Era Civilization Practice Center. With these knowledge, we can improve basic level ideology and culture propaganda and the building of New Era Civilization Practice Center. This research is based on the situation of Luoyang Civilization Practice Center, by combining case study and theoretical study, with through survey of Yiyang Civilization Practice Center and Luoning Civilization Practice Center as two samples, we focus on the building of New Era Civilization Practice Center, and analyze the experience and shortcomings of these works. Our goal is to provide solutions to volunteer service, publicity, finance and institutional improvement, as well as to promote the long-term development of the research on basic level ideology and culture propaganda and the normalization of New Era Civilization Practice Center.

Keywords: New Era Civilization Practice Center; Ideology and Culture; Propaganda

Abstract: The building of Heluo Library is an innovation method in building the "15 Minutes Reading Circle Program" and "Shuxiang Luoyang"

Culture Benefit People Program. This method has efficiently enlarged the space and time of public cultural services and solved the problem of "last kilometer" between public library services and the people. This article is based on the background and meaning of the building of Luoyang's urban reading rooms. By introducing the construction, operation and achievements of urban reading rooms, it explores the solutions to the improvement and upgrade of Luoyang's public cultural services in aspects such as service supply, service efficiency and sustainable development.

Keywords: Urban Reading Room; Heluo Library; Nationwide Reading Program; Public Cultural Services

Ⅲ Reports on Regional Culture

B. 12 Report on the Development of Yanshi City's Tourism Industry

Research Group on Yanshi City County Tourism / 171

Abstract: Yanshi City has a comparatively perfect variety of tourism resources. The cultural tourism resource there is especially rich. Culture is the root and soil for tourism, but reasonable and efficient operation is the key for tourism to flourish. With a lack of investment and management, cultural resources will only be a castle in the air. People can talk about it, but cannot be benefited from it. Rich tourism resources will be wasted if people don't have the ability to transform it to tourism industry. At present, the cultural resources of Yanshi City weighted more towards cultural meaning. Its productive value is comparatively low and its development is not sustainable. The development of tourism will make culture "more valuable" and the historic relics in Yanshi City "alive", so more and more people can feel and understand Yanshi's culture. This article discusses the current situation and problems of the development of Yanshi's tourism, as well as the solutions to these problems. By figuring out the main reasons that caused Yanshi's tourism lagging behind, we will make real progress for a better future to come.

Keywords: Yanshi City; Tourism Industry; the Erlitou Site Museum

Abstract: In recent years, the sustainable development of tourism industry has become a key topic which attracts widespread concern. Under the background of high-speed development of tourism industry in our country, Mengjin County has increased strategical adjustment of industrial structure. In order to further promote the development of Mengjin County's tourism industry, this research group has studied the situation of Mengjin's development. This article analyzes the situation in the following four aspects: basic situation of Mengjin County's tourism resources; current situation of the development of Mengjin County's tourism industry; problems that limits the development of Mengjin County's tourism industry and solutions to these problems.

Keywords: Mengjin County; Tourism Industry

Abstract: Xin'an County has rich historic relics. The preservation and development of historic relics there are solid and brilliant. However, Xin'an County is struggling with problems such as demonstration ways are poor, further cultural connotation of historic relics are not discovered, red resources are not fully utilized, disconnection with local cultural, economic and political construction. Based on the current situation of the preservation and development of Xin'an County's historic relics, this report summarizes the problems in Xin'an County's development of historic relics, and provides targeted solutions from the aspects of cultural, economic and political construction.

Keywords: Xin'an County; Preservation of Historic Relics; Development

B. 15 Report on the Development of Yichuan County's Culture

Yuan Liping / 210

Abstract: Yichuan County has won the titles of Outstanding County in Science and Technology, National Garden County, National Hygienic County, National Advanced County of Ecological Demonstration Zone, Famous County in Chinese Poetry Culture, County of Chinese Pen Calligraphy, Famous County in Henan Province in Chinese Poetry Culture and so on. In recent years, Yichuan has been focusing on building of Provincial County of Advanced Culture. By promoting cultural inheritance and innovation, this county has been transformed from a resource-oriented county to a quality-oriented county. This article is based on thorough research of the cultural development of Yichuan County. The purpose of this article is to find new driving force for accelerated and leaping development and explore paths for further innovative development.

Keywords: Yichuan County; Culture; Challenge; Innovative Development

B. 16 Report on the Development of Luoning County's Cultural Tourism Industry

Ma Pingna, *Wu Peng* / 224

Abstract: In recent years, Luoning County has fully explored its special advantages in the areas of green agricultural development and humanity history to push ahead its tourism industry and promote poverty elimination program and the county's economic development. Cultural tourism is becoming a name card of Luoning. This article is based on thorough research. It analyzes the current situation of the development of Luoning's cultural tourism, points out the problems in the industry and causes of these problems and provides targeted solutions to these problems.

Keywords: Luoning County; Cultural Tourism Industry

Abstract: Yiyang County has a long history and rich talents. The quality of its cultural resources is excellent. In recent years, Yiyang County has been focusing on building a "rich and beautiful Yiyang" by sticking to the principles of "county leading, towns supporting" and "every village should be benefited" . As a result, the county's construction of public cultural services system has been improved and public cultural industry has been developed. The county has also paid great attention to carrying out people-benefit projects, highlighting the themes of the times, bringing culture to every family and so on. Great results have been achieved in the fields of preservation of historic relics, development of cultural industry, cultural poverty alleviation and cultural regulation. People's spiritual and cultural needs have been met and the cultural construction has achieved brilliant results. This article summarizes the current situation of Yiyang County's cultural development, analyzes the main problems in cultural development and provides advises for promoting cultural development.

Keywords: Yiyang County; Cultural Development; Cultural Industry

Abstract: Culture is the "soul" of tourism; tourism is the "carrier" of culture. Without culture, tourism has no charm; without tourism, culture has no vitality. The strength of tourism lies in the market, while the strength of culture lies in its connotation. From the perspective of tourism, having a good grasp of culture means obtaining the core value; from the perspective of culture, tourism means market. In conclusion, tourism industry and culture industry intertwine and co-exist.

Keywords: Ruyang County; Culture; Tourism

B. 19 Report on the Development of Song County's Cultural Tourism

Research Group on Song County's Cultural Development / 252

Abstract: Song County has a long history and rich cultural relics. Its tourism has flourished; its culture has blended perfectly with tourism. However, problems do exist, such as too much attention is paid to eco-tourism, while not enough attention is paid to cultural tourism; imitating others rather than find its special features; and lack of focus and so on. The solutions to these problems will be: following the new trends of tourism development; improving tourism supply, comprehensive understanding of the concept of "quintuple a Song County, whole area tourism", carrying out whole area tourism development planning, realizing new-type urbanization, coordinating with the construction of Luhun Lake Wetland Park, highlighting Songbei Forest Park cultural tourism, cultivating new growth pole for Song County's tourism development, putting retirement tourism on the agenda; building health resort, strengthening key cultural enterprises, cultivating more enterprises with influence, building development linkage mechanism of cultural tourism industry.

Keywords: Song County; Cultural Tourism

Ⅳ Case Reports

B. 20 Studies on Luobaban Memorial Hall Inheriting Red Gene and Carrying forward the Revolutionary Spirit

Zhang Yafei, *Shen Tianying* / 265

Abstract: The full name of Luobaban Memorial Hall is the Memorial Hall of

Chinese Eighth Route Army Office in Luoyang. It is built to commemorate the office established by the Central Committee of the Communist Party of China and front headquarters of Chinese Eighth Route Army. This memorial hall is the only free revolution site open to the public. How Luobaban Memorial Hall inheriting red gene and carrying forward the revolutionary spirit in patriotism education can on some level show the ability and level of Luoyang in inheriting red gene and carrying forward the revolutionary spirit. This article combs the research results and field surveys of Luobaban, introduces the history and current situation, summarizes the results of carrying out patriotism education, discovers problems and causes, and provides advises for better inheriting red gene and carrying forward the revolutionary spirit.

Keywords: Luobaban Memorial Hall; Red Gene; Patriotism Education; Revolutionary Spirit

Abstract: *Tao Te Ching* is a treasure for the cultivation of morality and integrity. Its profound thoughts of integrity and clean governance provide rich nutrition to today's construction of clean governance culture. To dig deeper in *Tao Te Ching* for the elements of clean governance culture and to build clean governance culture education base are good ways to inherit clean governance culture resources and learn from history. It is also a specific measure to thoroughly implement the requirement of "strengthen anti-corruption education, promote clean governance construction". Laozi is the earliest ancestor of Taoism. He found seclusion on Laojun Mountain, Luanchuan County, Luoyang City at last. Therefore, Laojun Mountain has become a famous Taoism culture center and tourist attraction. Based on the resources of Laojun Mountain, building of *Tao Te*

Ching Clean Governance Education Base will activate "morality and integrity" culture, create "morality and integrity" development mechanism, internalize culture of morality and integrity, make Party members and cadres carry out clean governance, realize the brand effect and radiation effect of "morality and integrity", and make it possible for the force of culture to contribute to the cause of building a harmonious society.

Keywords: Laojun Mountain; *Tao Te Ching*; Culture of Morality and Integrity; Educational Base

V Memorabilia

S 基本子库
UB DATABASE

中国社会发展数据库（下设 12 个子库）

全面整合国内外中国社会发展研究成果，汇聚独家统计数据、深度分析报告，涉及社会、人口、政治、教育、法律等 12 个领域，为了解中国社会发展动态、跟踪社会核心热点、分析社会发展趋势提供一站式资源搜索和数据分析与挖掘服务。

中国经济发展数据库（下设 12 个子库）

基于"皮书系列"中涉及中国经济发展的研究资料构建，内容涵盖宏观经济、农业经济、工业经济、产业经济等 12 个重点经济领域，为实时掌控经济运行态势、把握经济发展规律、洞察经济形势、进行经济决策提供参考和依据。

中国行业发展数据库（下设 17 个子库）

以中国国民经济行业分类为依据，覆盖金融业、旅游、医疗卫生、交通运输、能源矿产等 100 多个行业，跟踪分析国民经济相关行业市场运行状况和政策导向，汇集行业发展前沿资讯，为投资、从业及各种经济决策提供理论基础和实践指导。

中国区域发展数据库（下设 6 个子库）

对中国特定区域内的经济、社会、文化等领域现状与发展情况进行深度分析和预测，研究层级至县及县以下行政区，涉及地区、区域经济体、城市、农村等不同维度。为地方经济社会宏观态势研究、发展经验研究、案例分析提供数据服务。

中国文化传媒数据库（下设 18 个子库）

汇聚文化传媒领域专家观点、热点资讯，梳理国内外中国文化发展相关学术研究成果、一手统计数据，涵盖文化产业、新闻传播、电影娱乐、文学艺术、群众文化等 18 个重点研究领域。为文化传媒研究提供相关数据、研究报告和综合分析服务。

世界经济与国际关系数据库（下设 6 个子库）

立足"皮书系列"世界经济、国际关系相关学术资源，整合世界经济、国际政治、世界文化与科技、全球性问题、国际组织与国际法、区域研究 6 大领域研究成果，为世界经济与国际关系研究提供全方位数据分析，为决策和形势研判提供参考。

法律声明

“皮书系列”（含蓝皮书、绿皮书、黄皮书）之品牌由社会科学文献出版社最早使用并持续至今，现已被中国图书市场所熟知。“皮书系列”的相关商标已在中华人民共和国国家工商行政管理总局商标局注册，如LOGO（ ）、皮书、Pishu、经济蓝皮书、社会蓝皮书等。“皮书系列”图书的注册商标专用权及封面设计、版式设计的著作权均为社会科学文献出版社所有。未经社会科学文献出版社书面授权许可，任何使用与“皮书系列”图书注册商标、封面设计、版式设计相同或者近似的文字、图形或其组合的行为均系侵权行为。

经作者授权，本书的专有出版权及信息网络传播权等为社会科学文献出版社享有。未经社会科学文献出版社书面授权许可，任何就本书内容的复制、发行或以数字形式进行网络传播的行为均系侵权行为。

社会科学文献出版社将通过法律途径追究上述侵权行为的法律责任，维护自身合法权益。

欢迎社会各界人士对侵犯社会科学文献出版社上述权利的侵权行为进行举报。电话：010-59367121，电子邮箱：fawubu@ssap.cn。

社会科学文献出版社